법조윤리

[이론과 사례]

법조윤리

[이론과 사례]

인 쇄 2020년 11월 25일
발 행 2020년 11월 30일

저 자 장윤순
발행인 정병석
발행처 전남대학교출판문화원

등 록 1981. 5. 21. 제53호
주 소 61186 광주광역시 북구 용봉로 77
전 화 062-530-0571~2
영업부 062-530-0573
팩 스 062-530-0579
홈페이지 http://www.cnup.co.kr
이메일 cnup0571@hanmail.net

값 15,000 원

ISBN 978-89-6849-745-2 (93360)

이 도서의 국립중앙도서관 출판예정도서목록(CIP)은 서지정보유통지원시스템 홈페이지(http://seoji.nl.go.kr)와 국가자료종합목록 구축시스템(http://kolis-net.nl.go.kr)에서 이용하실 수 있습니다.
(CIP제어번호: CIP2020047862)

UNDERSTANDING LAWYERS' ETHICS

법조윤리

[이론과 사례]

장윤순 저

전남대학교출판문화원

머리말

2009년부터 시행된 법학전문대학원에서는 법조윤리가 필수과목으로 중요하게 다루어지게 되었습니다. 시대적으로는 전관예우 문제, 법조브로커 사건등 법조비리가 발생했을 때에 법조윤리의 중요성은 부각되었습니다. 그러나 실제 법조윤리가 중요한 이유는 개개의 변호사가 업무를 수행할 때 변호사법과 변호사윤리장전에서 규정된 이해충돌이 우려되는 사안에 접하거나 다양한 법률 내외적 판단이 필요할 때에 그 기준으로 삼을 수 있는 지표가 된다는 것입니다.

공정한 경쟁을 위한 변호사 정원의 확대, 국내 법률서비스의 국제화와 선진화를 위한 외국법자문사의 도입, 전자소송의 도입 등 법조현실이 급격하게 변화하고 있습니다. 또한 변호사의 역할, 의무, 직업관도 변모하고 있습니다. 이에 따라 변호사윤리장전은 2017년 전면적 개정을 통해서 변호사의 권리와 의무를 재정립하였고 2016년 개정된 외국법자문사법은 「대한민국과 미합중국 간의 자유무역협정」 등의 국제통상협상 중 법률서비스 분야의 3단계 대외 개방에 관한 합의에 따라 합작법무법인의 설립 및 업무수행범위가 확대되었습니다.

본서는 변호사법과 변호사윤리장전, 대한변호사협회의 질의회신내용을 먼저 변호사의 일반의무부터 징계까지 다룬 후에 특별한 직역인 사내변호사, 외국법자문사, 법관과 검사의 윤리까지 정리하였습니다. 이에 더하여 실무에서 문제되는 판례와 변호사시험에서 다루어진 사례들을 다루어 학생들의 이해를 도울 수 있게 하였습니다. 본서가 법조윤리시험을 보는 법학전문대학원 학생들에게 도움이 되길 바랍니다. 또한 학생들이 변호사가 되어 변호사법 관련 사건을 접하게 되면 찾아볼 수 있는 법조윤리 책이 되길 희망합니다.

법조윤리 수업과 집필 과정에서 도움을 주신 김태봉 교수님, 성승현 교수님, 홍관표 교수님께 깊은 감사의 말씀을 드립니다. 마지막으로 사랑과 신뢰로 저를 키워주신 부모님, 사랑하는 남편과 세 딸들에게 감사의 마음을 전합니다.

Chapter

01 법조윤리의 의의

Ⅰ. 법조윤리의 특징

1. 윤리로서의 법조윤리

법조란 법의 운용에 관련된 전문직 집단으로서의 법관, 검사 및 변호사의 3자를 말한다. 법조윤리는 이러한 법조가 그 직무수행을 함에 있어서 준수해야 할 가치·원리·규칙 등의 행동기준을 말한다. 법조윤리의 내용은 법조로서 마땅히 지켜야 할 자세나 갖추어야 할 덕성을 의미하는 자율적 규범으로부터, 징계나 형벌의 근거규정이 되는 강제적인 실정법규정까지 다양하다. 일반적으로는 실정법규범을 포함하여 법조가 직무수행을 함에 있어서 준수해야 할 행동기준 전체를 법조윤리라고 부른다.[1]

2. 전문직이론 및 특성

1) 전문직이론은 주로 의사·변호사·성직자를 염두에 두는 이론으로 전문직이 취급하는 분야는 인간의 삶에서 각별히 중요한 가치들이므로 직업을 수행할 수 있는 엄격한 자격을 가져야 하고 영리의 수단으로 삼기에는 적합하지 않다는 것이다.

2) 전문직이론에서는 다음과 같은 특성이 있다. 장기간의 공식적인 교육과 훈련과정을 거쳐 전문적인 지식을 갖추어야 한다(전문성). 그리고 전문적 지식이 검증되지 않는 사람은 이러한 이러한 업무를 하게 허용해서는 안 된다(배타성). 어떤 사람의 전문적 지식을 검증하는 것은 오직 그 분야의 전문가들만이 할 수 있기 때문에, 그 직역의 전문가들이 그 검증을 위한 조직을 만들고 검증작업을 수행하고 필요한 경우 징계를 하거나 퇴출하는 제도를 운영한다(자율성). 이들 전문가들은 인간의 본질적 필요를 충족시켜 주는 공공적 성격의 일을 하기 때문에, 보수의 다과와 상관없이 흠 없는 서비스를 제공해야 하며 결코 자신의 직무를 자신의 이익을 위해서 이용해서는 안 된다(공공성/비영리성).[2]

---

1 박휴상, 『핵심 법조윤리』, 신정3판, 도서출판 피데스, 2016. 17면.

3. 전문직이론에 대한 비판

1) 전문직이론에 대한 비판은 공공성을 빌미로 한 배타성과 자율성에 대한 것이다. 변호사 단체가 교육의 기준을 강화하여 시장의 진입장벽을 세우고 외부로부터의 경쟁을 저지하거나 규제의 자율성을 유지하고자 하는 이론이라는 것이다.

2) 또 다른 견해로는 개개의 변호사는 시장원리에 따라 행동할 뿐이고 다만 그것의 총합이 결과적으로 공익적 성격을 갖는다고 보는 것이 현실에 적합하다는 것이다(시장모델).

4. 전문직이론과 시장모델과의 조화

1) 대법원은 근래에 전문직업인의 직무 관련 활동이 점차 상업적 성향을 띠게 됨에 따라 사회적 인식도 일부 변화하여 변호사가 유상의 위임계약 등을 통하여 사실상 영리를 목적으로 그 직무를 행하는 것으로 보는 경향이 생겼다 하더라도, 변호사의 영리추구 활동을 엄격히 제한하고 그 직무에 관하여 고도의 공공성과 윤리성을 강조하는 변호사법의 여러 규정에 비추어 보면, 위임인·위촉인과의 개별적 신뢰관계에 기초하여 개개 사건의 특성에 따라 전문적인 법률지식을 활용하여 소송에 관한 행위 및 행정처분의 청구에 관한 대리행위와 일반 법률사무를 수행하는 변호사의 활동은, 간이·신속하고 외관을 중시하는 정형적인 영업활동을 벌이고, 자유로운 광고·선전활동을 통하여 영업의 활성화를 도모하며, 영업소의 설치 및 지배인 등 상업사용인의 선임, 익명조합, 대리상 등을 통하여 인적·물적 영업기반을 자유로이 확충하여 효율적인 방법으로 최대한의 영리를 추구하는 것이 허용되는 상인의 영업활동과는 본질적으로 차이가 있다고 할 것이라고 하였다.[3]

2) 변호사의 상인적 성격이 강화되는 것이 현실이다. 그에 맞서 공공성을 강조하는 윤리적 요청이 또한 강화되는 실정이다. 오늘날 변호사윤리는 결국 그 사이에서 조화롭게 직업윤리를 규정하고 실천하는 것으로 귀결되어야 할 것이다.

5. 법조윤리의 기능

1) 법조윤리의 주된 기능은, 법조단체로 하여금 그 구성원인 법조가 직무를 수행함에 있어서 자율적으로 준수해야 할 윤리적 행위규범을 정하도록 하고, 그러한 자기규율을 통해 직업윤리를 유지하고 향상시키려는 데 있다.

2) 그러나 법조 개개의 자기규율과 상호비판만으로 법조윤리가 반드시 실효성 있게 유지하고 향상되는 것은 아니다. 따라서 법조단체의 자치기능은 위 윤리적 행위규범에 추가하여, 중대한

---

2 이상수, 『법조윤리의 이론과 실제』, 서강대학교출판부, 2009. 40, 41면.

3 대법원 2007. 7. 26. 자 2006마334 결정.

규범위반에 대해 징계 등의 제재를 가함으로써 공공성을 유지하는 권한도 포함된다. 변호사 징계제도는 변호사의 공익적 활동은 국가기관에 대한 비판적 활동이 있을 때, 비판의 대상이 되는 기관이 징계권을 갖게 되면 변호사 활동이 억압될 수 있기에 변호사의 자치를 유지하게 한다.[4] 이와 같이 법조윤리위반이 징계사유로 되는 경우에는 단체 내부의 일종의 행정처분을 위한 재결규범으로서의 기능을 갖게 된다.

3) 법조윤리규범 위반 중에는 법률과오 등으로 인한 민사상 손해배상책임, 비밀누설죄 등의 형사책임, 판사·검사에 대한 국가배상책임 등의 법적 책임이 따른다.

4) 법조윤리는 자율보다는 강제의 계기가 강화됨에 따라, 법조윤리의 규정 방식도, 법조가 지켜야 할 자세나 갖추어야 할 덕성을 지도하는 일반적 추상적인 이상·가치의 원리로부터 시작하여 법조가 준수해야 할 의무나 책임의 구체적 내용에 대하여 법률요건과 효과를 명확히 하는 방향으로 나아가고 있다.

Ⅱ. 법조윤리의 근거

우리나라 법조윤리는 윤리적 행위규범부터 강제적인 실정법 규범까지 다양하게 포함하고 있다.

1. 법령

법조윤리와 관련한 실정법 규범으로는 변호사법, 변호사법 시행령, 민법, 민사소송법, 형법, 형사소송법, 외국법자문사법, 외국법자문사법 시행령, 외국법자문사법 시행규칙, 법관징계법, 법관징계규칙, 법관윤리강령(대법원 규칙), 검사징계법, 감사윤리강령(법무부 훈령)이다.

2. 대한변호사협회의 회칙, 규칙, 규정

가. 종류

대한변호사협회의 회칙으로 변호사윤리장전, 대한변호사협회 회칙(법무부장관의 인가사항, 법 제79조) 등이 있고, 규칙은 변호사 등록규칙, 변호사 연수규칙, 규정으로 변호사업무광고규정, 변호사 전문분야 등록에 관한 규정, 공익활동등에관한규정 등이 있다.

4 사법연수원, 『법조윤리론』, 2006. 197면.

나. 변호사윤리장전

1) 변호사의 전형적인 윤리규정으로는 변호사윤리장전이 있다. 이 윤리장전은 대한변호사협회의 자율적인 규정으로, 윤리강령 부분과 윤리규약 부분으로 나누어져 있다. 이 윤리장전은 1962. 6. 30. 선포되었는데, 수차례의 개정을 거쳐, 2014. 2. 25. 전면 개정이 이루어졌다. 전면 개정은 로스쿨 제도 도입 및 법률시장개방에 따른 변호사 수의 증가, 변호사 직역의 확대, 법무법인의 대형화 및 국제화와 법조일원화제도의 도입 등으로 인해 법조 환경이 크게 변화함에 따라, 변호사의 윤리의식을 더욱 공고히 하면서도 현실에 보다 잘 부응하는 내용과 표현으로 바꾸려는 데 그 취지가 있다.[5]

2) 윤리강령은 다음과 같이 변호사의 행동을 지도하는 일반적, 추상적인 가치·원리를 담고 있다. 이 내용은 추상적이고 선언적이어서 이로부터 직접 구체적인 직무규범을 도출할 수는 없다.

① 변호사는 기본적 인권의 옹호와 사회정의의 실현을 사명으로 한다(제1호).
② 변호사는 성실·공정하게 직무를 수행하며 명예와 품위를 보전한다(제2호).
③ 변호사는 법의 생활화 운동에 헌신함으로써 국가와 사회에 봉사한다(제3호).
④ 변호사는 용기와 예지와 창의를 바탕으로 법률문화향상에 공헌한다(제4호).
⑤ 변호사는 민주적 기본질서의 확립에 힘쓰며 부정과 불의를 배격한다(제5호).
⑥ 변호사는 우애와 신의를 존중하며, 상호부조·협동정신을 발휘한다(제6호).
⑦ 변호사는 국제법조 간의 친선을 도모함으로써 세계평화에 기여한다(제7호).

3) 변호사윤리장전은 징계 등에 의한 강제규범이 아니라, 개개의 변호사가 직무를 수행함에 있어서 자율적으로 준수해야 할 윤리적 행위규범이다. 따라서 변호사윤리장전의 위반이 직접 변호사법 제91조의 징계사유가 되는 것은 아니다. 그러나 변호사윤리장전을 위반한 행위가 변호사법 제91조 제2항 제3호상 변호사로서의 품위를 손상하는 행위로 인정되는 경우에는 징계사유가 된다.

---

5 대한변호사협회의 변호사윤리장전 개정 목적 참조.

Chapter
02 변호사의 일반적 윤리

Ⅰ. 변호사의 사명과 직무

1. 변호사의 사명

가. 인권옹호와 사회정의 실현

1) 변호사는 기본적 인권을 옹호하고 사회정의를 실현함을 사명으로 한다(법 제1조). 변호사의 공익적 역할, 즉 공공성은 변호사의 존재근거와 직결된 가치이기 때문에 이와 같이 변호사법 제1조에서 이를 선언한 것이다.

2) 변호사윤리장전도 윤리강령 제1호에서 위와 동일하게 선언함과 아울러, 윤리규약에서도, 변호사의 사명에 관하여 ① 변호사는 인간의 자유와 권리를 보호하고 향상시키며, 법을 통한 정의의 실현을 위하여 노력한다(제1조 제1항). ② 변호사는 공공의 이익을 위하여 봉사하며, 법령과 제도의 민주적 개선에 노력한다(동조 제2항)고 규정하고 있다.

3) 변호사윤리장전은 변호사의 공공성을 강조하여 기본윤리로서 다음과 같이 규정하고 있다.

① 변호사는 공정하고 성실하게 독립하여 직무를 수행한다(제2조 제1항). ② 변호사는 그 직무를 행함에 있어서 진실을 왜곡하거나 허위진술을 하지 아니한다(동조 제2항). ③ 변호사는 서로 존중하고 예의를 갖춘다(동조 제3항). ④ 변호사는 법률전문직으로서 필요한 지식을 탐구하고 윤리와 교양을 높이기 위하여 노력한다(동조 제4항).

4) 변호사의 공공성이 강조되는 이유에 대해서 서울지방법원은, "변호사는 전문적인 지식을 보유하고 있는 소위 전문직으로서, 사회(법)는 일정한 전문직에 대해서 엄격한 심사를 통해 일정한 지식과 기술을 보유한 것으로 인정되는 자들에게만 그 직무를 수행할 수 있는 자격을 주고 그러한 자격이 없는 자가 전문직의 직무를 수행하는 것을 처벌함으로써 그 독점적인 지위를 보장하여 주고 있다. 이는 전문직에 종사하는 사람들의 이익을 지켜주기 위함이라기보다 이를 이용하는 일반 공공의 이익을 보호하기 위한 것으로 사회(법)는 일정 전문직에게 독점적인 지위를

보장하는 대가로 공공성을 요청하고 있는 것이다"라고 한다.[1]

나. 성실한 직무수행과 법제도에 대한 충실

1) 변호사법 제1조 제2항은 변호사는 그 사명에 따라 성실히 직무를 수행하여야 한다고 규정하고 있다. 변호사윤리장전도, 변호사는 의뢰인에게 항상 친절하고 성실하여야 한다고 규정한다(제13조 제2항).

2) 변호사는 위와 같이 의뢰인의 이익을 성실히 옹호해야 하지만, 어디까지나 법의 허용범위 내에서 옹호해야 한다. 변호사가 의뢰인의 이익을 옹호하는 것이 법제도에 대한 충실과 모순되어서는 안 되며, 양자가 모순되는 경우 변호사는 법제도에 대한 충실의무를 우선해야 한다.

이러한 법제도의 충실의무는 다음 5가지로 요약할 수 있다.

① 변호사는 법을 준수해야 한다. 변호사윤리장전은 변호사는 법령과 대한변호사협회 및 소속 지방변호사회의 회칙·규정·규칙 등을 준수해야 한다고 규정한다(제3조).

② 사법권의 독립과 사법제도의 원활한 운영에 협조해야 한다. 이와 관련하여 변호사윤리장전은 변호사는 사법권을 존중하며, 공정한 재판과 적법 절차의 실현을 위하여 노력한다고 규정함과 아울러(제35조), 재판절차에서의 진실의무(제36조), 소송촉진(제37조) 등의 규정을 두고 있다.

③ 변호사는 의뢰인의 위법행위에 조력해서는 안 된다. 변호사윤리장전은 변호사는 의뢰인의 범죄행위, 기타 위법행위에 협조하지 아니 한다. 직무수행 중 의뢰인의 행위가 범죄행위, 기타 위법행위에 해당한다고 판단된 때에는 즉시 그에 대한 협조를 중단한다고 규정한다(제11조 제1항).

④ 변호사는 사회질서와 법률제도 개선에 노력을 해야 한다(법 제1조 제2항 후단). 변호사윤리장전도 법령과 제도의 민주적 개선에 노력한다는 규정을 두고 있다(제1조 제2항).

2. 변호사 직무의 범위

1) 변호사는 당사자와 그 밖의 관계인의 위임이나 국가·지방자치단체와 그 밖의 공공기관의 위촉 등에 의하여 소송에 관한 행위 및 행정처분의 청구에 관한 대리행위와 일반 법률 사무를 하는 것을 그 직무로 한다(법 제3조). 이에 의하면 변호사의 직무는 ① 소송에 관한 행위, ② 행정처분의 청구에 관한 대리행위, ③ 일반 법률사무로 분류할 수 있다.

2) 변호사법 제109조 제1호에서는 이를 좀 더 구체적으로 소송 사건, 비송 사건, 가사 조정 또는 심판 사건, 행정심판 또는 심사의 청구나 이의신청, 그 밖에 행정기관에 대한 불복신청 사건, 수사기관에서 취급 중인 수사 사건, 법령에 따라 설치된 조사기관에서 취급 중인 조사 사건, 그 밖에 일반의 법률사건으로 규정하고 있다.[2]

---

1 서울지방법원 2003. 12. 17. 결정 2003비단19.

2 판례는 변호사법 3조에서 정한 변호사의 직무 범위와 109조 1호에서 정하고 있는 비변호사의 취급금지 업무범위가 같다고 본다.

① 변호사의 직무는 법률사건에 관한 법률사무를 행하는 것으로서, 여기서 법률사건은 법률상의 권리·의무에 관하여 다툼 또는 의문이 있거나 새로운 권리의무 관계의 발생에 관한 사건 일반을 뜻하며, 위 제109조 제1호에 열거된 소송 사건 등은 이에 대한 예시이다.[3]

② 여기서 법률사무를 행하는 것은 그 분쟁이나 논의의 해결을 위하여 법률상의 효과를 발생, 변경 또는 보전하는 사항을 감정·대리·중재·화해·청탁·법률상담 또는 법률관계 문서작성 및 당사자를 조력할 수 있는 기타의 방법 등으로 처리하는 것이라 할 수 있다.[4] 위와 같은 변호사의 직무는 법률상 전문지식에 기하여 제공되는 소송 및 행정처분의 청구에 관한 대리행위와 기타 법적 서비스를 처리하는 것이라고 하여야 할 것이며, 법률사건에 관한 일체의 사무를 취급하는 것을 의미하는 것은 아니라고 할 것이다.[5]

사례

① 민사상의 법률사무로는 내용증명·계약서·유언장의 작성행위, 법인의 설립행위, 등기와 등록의 대리 등이 있다.

② 채권추심행위는 채무자에 대한 소재파악 및 재산조사, 채권에 대한 변제 요구, 채무자로부터 변제 수령 등 채권의 만족을 얻기 위한 일체의 행위(채권의 공정한 추심에 관한 법률 제2조 제4호)로 법률사무이다.[6]

③ 서류의 작성 및 제출대행업무도 변호사의 직무에 포함되므로 이를 행함에 있어 별도로 법무사 등록을 할 필요가 없다.[7]

④ 일반의 법률사무에 부동산 중개행위가 당연히 포함되는 것이라고 해석할 수 없다. 법률사무는 거래당사자의 행위를 사실상 보조하는 업무를 수행하는 데 그치는 구 부동산중개업법 제2조 제1호 소정의 중개행위와는 구별되는 것이다.[8,9]

⑤ 법률사무소를 개설한 변호사 또는 법무법인이 행하는 온라인 법률사무는 일반 법률사무이다.

⑥ 지적재산권 업무(변리)는 법률사무이다. 변리사 등록 없이 변호사로서 지적재산권 업무를 할 수 있다. 변리사로서 하려면 변리사 실무수습을 마친 후 변리사 등록 및 변리사회 가입이 필요하다(변리사법 제3조 제2호, 제5조 제1항, 제11호).[10] 변리사로 등록하고 변리사 업무를 하는 경우 소속 지방변호사회의 허가

---

3 대법원 1998. 8. 21. 선고 96도2340 판결.

4 대법원 1995. 2. 14. 선고 93도3453 판결, 1998. 8. 21. 선고 96도2340 판결, 2001. 11. 27. 선고 2000도513 판결.

5 대법원 2006. 5. 11. 선고 2003두14888 판결.

6 대한변협 2008. 10. 28. 법제 제2501호.

7 대한변협 2008. 9. 2. 법제 제2212호.

8 대법원 2006. 5. 11. 선고 2003두14888 판결.

9 법무부 2002. 1. 22. 자 질의회신 : 변호사는 공인중개사처럼 중개대상물의 매도인, 매수인 등 당사자 양측의 사이에서 계약을 성사시키기 위한 알선행위는 할 수 없다. 다만 변호사는 부동산 매매의 매수인과 매도인이 정해진 상태에서 그 일방으로부터 매매계약체결의 위임을 받고 매매계약체결을 대리하거나 당사자 일방으로부터 매수·매도 등을 위임받아 이를 대리하여 처리하는 것은 가능하며, 이때 부수하는 일부 사실행위는 가능하다고 할 것이다.

10 헌법재판소 2010. 2. 25. 2007헌마956 결정 : 변리사시험은 지적재산권에 관련된 법률을 주요 시험과목으로 하고 있는데 변호사는 법률사무 전반을 다루는 대표적인 직역인 점, 변리사의 업무는 지적재산권 분야에 있어 특허청 및 법원에 대한 사항의 대리가 주요한 부분을 이루고 있는데 권리·의무에 관한 법률사항의 대리는 변호사의 주요 업무인 점 등을 고려하면 변리사법 제3조 제1항 제2호가 변호사에게 변리사의 자격을 부여하는 것이 합리적인 이유없이 변호사와 변리사시험의 일반 응시자인 청구인들을 차별한다고 보기 어려우므로 위 조항은 청구인들의 평등권을 침해하지 아니한다.

는 필요하지 않다. 특허법인에 소속하여 직무 수행하는 경우에는 소속 지방변호사회의 허가가 필요하다.

⑦ 세무대리 업무는 법률사무이다. 세무사 등록 없이 변호사 업무로 할 수 있다. 그러나 세무사로서 하려면 세무사 자격시험에 합격하여 기획재정부에 세무사 등록해야 한다. 변호사 자격으로 세무사로 등록할 수 없고 세무사 명칭을 사용할 수 없다(세무사법 제6조, 제20조).[11]

⑧ 법무법인 구성원 변호사는 자기 또는 제3자의 계산으로 변호사의 업무를 행할 수 없다(법 제52조 제1항). 따라서 변리사로 등록한 법무법인의 구성원 변호사는 법무법인과는 별도로 변리사 개인 자격으로 변리사 업무를 행할 수 없다. 세무사도 동일하다.[12]

3. 비변호사의 법률사무취급 금지

가. 형사처벌 및 취지

변호사법은 비변호사의 법률사무취급을 금지하고, 이를 형사처벌의 대상으로 하고 있다(법 제109조 제1호). 즉, 변호사가 아니면서 금품·향응 또는 그 밖의 이익을 받거나 받을 것을 약속하고 또는 제3자에게 이를 공여하게 하거나 공여하게 할 것을 약속하고 법률사건에 관하여 감정·대리·중재·화해·청탁·법률상담 또는 법률 관계 문서 작성, 그 밖의 법률사무를 취급하거나 이러한 행위를 알선한 자는 형사처벌의 대상이다. 그 요건은 ① 비변호사가 금전적 대가를 받거나 받을 것을 약속하고 ② 법률사무를 취급하거나 그 행위를 알선한 경우이다.

일반적으로 변호사는 기본적 인권의 옹호와 사회정의의 실현을 사명으로 하여 널리 법률사무를 행하는 것을 그 직무로 하므로 변호사법에는 변호사의 자격을 엄격히 제한하고 그 직무의 성실, 적정한 수행을 위해 필요한 규율에 따르도록 하는 등 제반의 조치를 강구하고 있다. 그런데 그러한 자격이 없고, 규율에 따르지 않는 사람이 처음부터 금품 기타 이익을 얻기 위해 타인의 법률사건에 개입함을 방치하면 당사자 기타 이해관계인의 이익을 해하고 법률생활의 공정, 원활한 운용을 방해하며 나아가 법질서를 문란케 할 우려가 있다. 비변호사의 법률사무취급을 금지하는 변호사법 제90조 제2호는 변호사제도를 유지함으로써 바로 그러한 우려를 불식시키려는 취지라고 보아야 할 것이다.[13]

---

11 홍관표, 『핵심 법조윤리』, 제7판, 에듀비, 2020. 13면

① 2003. 12. 31. 전에 변호사 자격이 있는 자와 사법연수원(사법시험 합격자 포함)는 세무사 자격이 있고 세무사 자격시험 없이 세무사 등록을 할 수 있었다.

② 2003. 12. 31.부터 2017. 12. 31. 까지는 변호사는 세무자 자격이 있다. 그럼에도 불구하고 세무사 자격시험 합격해야 세무사 등록을 할 수 있게 하였다. 이에 대하여 헌법재판소는 세무사 자격 보유 변호사가 세무사 자격이 인정됨에도 불구하고 세무사로서는 그 직무에 해당하는 세무대리를 일체할 수 없도록 규정한 세무사법 제6조 제1항 및 제20조 제1항에 대하여 과잉금지원칙을 위반하여 직업선택의 자유를 침해하였다고 판단하면서, 늦어도 2019. 12. 31.까지 개선입법하도록 헌법불합치결정을 하였다(헌법재판소 2018. 4. 26. 선고 2015헌가19 결정)

③ 2018. 1. 1. 이후 변호사 자격이 있는 자는 세무사 자격이 없고 세무사 자격시험을 합격해야 세무사 등록을 할 수 있다.

12 대한변협 2008. 7. 25. 법제 2027호.

13 대법원 1998. 8. 21. 선고 96도2340 판결.

나. 금품 등의 수수 약속 및 이익

그 대가로서의 보수(이익)를 알선을 의뢰하는 자뿐만 아니라 그 상대방 또는 쌍방으로부터 받거나 받을 것을 약속한 경우도 포함하며, 이러한 보수의 지급에 관한 약속은 그 방법에 아무런 제한이 없고 반드시 명시적임을 요하는 것도 아니다.[14] 단순한 실비변상을 받았음에 불과한 경우[15]에는 위 법 소정의 법률사무취급이 있어도 범죄가 된다고 할 수 없다. 실비변상을 빙자하여 법률사무의 대가로 경제적 이익을 취득한 경우는 이익 수수에 해당한다.

다. 법률사무 취급

1) 감정

변호사법 제109조 제1호에 규정된 감정이란, 법률상의 전문지식에 기하여 구체적 사안에 관하여 판단을 내리는 행위로서, 법률 외의 전문지식에 기한 것은 제외된다.[16] 소송자료제공의 일환으로 법률적 전문지식에 기하여 실시한 하자 감정행위 등이 이에 해당한다.

단순한 등기부상의 권리조사행위,[17] 한국감정원의 부동산시가감정업무,[18] 교통사고 분석보고서, 아파트관리 및 하자보수공사 회사의 통상적인 하자보고서는 법률사무 취급행위라고 볼 수 없다. 단, 손해배상청구에 필요한 자료제공의 일환으로 실시한 아파트 하자감정은 변호사법상 감정에 해당한다.

2) 대리

대리는 본인의 위임을 받아 대리인의 이름으로 법률사건을 처리하는 법률상의 대리뿐만 아니라, 법률적 지식을 이용하는 것이 필요한 행위를 본인을 대신하여 행하거나, 법률적 지식이 없거나 부족한 본인을 위하여 사실상 사건의 처리를 주도하면서 그 외부적인 형식만 본인이 직접 행하는 것처럼 하는 경우도 포함된다.

법무사 사무원이 독자적으로 경매입찰을 사실상 대리한 행위,[19] 경찰의 교통사고 현장검증 등에 의뢰인 대신 참가하여 의견을 개진하는 행위, 의뢰인 대신에 고소장을 작성하고 제출하는 행위, 개인회생신청사건, 개인파산·면책신청사건의 모든 절차를 실질적으로 대리하는 행위 등이 이에 해당한다.

3) 중재·화해

화해는 법률사건의 당사자 사이에서 서로 양보하도록 하여 그들 사이의 분쟁을 그만두게 하

14 대법원 2002. 3. 15. 선고 2001도970 판결.
15 대법원 1996. 5. 10. 선고 95도3120 판결.
16 대법원 1999. 12. 24. 선고 99도 771 판결.
17 대법원 2009. 2. 28. 선고 2007도1039 판결.
18 대법원 1988. 4. 12. 선고 86도5 판결.
19 대법원 2009. 4. 23. 선고 2007도3587 판결.

는 것을 말하며, 이에는 재판상 화해뿐만 아니라 민법상 화해도 포함된다. 손해사정인이 보험회사와의 중재나 합의를 주선한 행위,[20] 상가의 분양 및 임대 분쟁에서 일부 이해관계인들을 대행하여 다른 이해관계인들과의 화해를 한 경우가 이에 해당한다.

4) 법률상담

법률상담은 법적 분쟁에 관련되는 실체적, 절차적 사항에 관하여 조언 또는 정보를 제공하거나 그 해결에 필요한 법적, 사실상의 문제에 관하여 조언, 조력을 하는 행위를 말한다.

민사소송의 당사자로부터 소송에 관한 법률적인 지원을 부탁받고 당사자를 만나 변호사선임 문제 등을 논의한 후 소송 관련 서류와 함께 착수금 명목의 금원을 교부받은 경우[21]이다.

5) 그 밖의 법률사무

단지 부동산등기부등본을 열람하여 등기부상에 근저당권, 전세권, 임차권, 가압류, 가처분 등이 등재되어 있는지 여부를 확인·조사하거나 그 내용을 그대로 보고서 등의 문서에 옮겨 적는 행위는 일종의 사실행위에 불과하여 이를 변호사법 제109조 제1호 소정의 법률사무 취급행위라고 볼 수는 없다.[22]

라. 알선

알선이라 함은 법률사건의 당사자와 그 사건에 관하여 대리 등의 법률사무를 취급하는 상대방 사이에서 양자 간에 법률사건이나 법률사무에 관한 위임계약 등의 체결을 중개하거나 그 편의를 도모하는 행위를 말하고, 따라서 현실적으로 위임계약 등이 성립하지 않아도 무방하다.[23] 비변호사가 법률사건의 대리를 다른 비변호사에게 알선하는 경우는 물론 변호사에게 알선하는 경우도 이에 해당한다.

마. 변호사법 제109조 제1호 위반행위의 사법적 효력

변호사법 제109조 제1호는 강행법규로서 같은 법조에서 규정하고 있는 이익취득을 목적으로 하는 법률행위는 그 자체가 반사회적 성질을 띠게 되어 사법적 효력도 부정된다. 그리고 변호사법 제109조 제1호를 위반하여 소송 사건을 대리하는 자가 소송비용을 대납한 행위는 성격상 대리를 통한 이익취득 행위에 불가결하게 수반되는 부수적 행위에 불과하므로, 위와 같이 대납하는 소송비용을 소송 종료 후에 반환받기로 하는 약정은 특별한 사정이 없는 한, 이익취득 약정과 일체로서 반사회질서의 법률행위에 해당하여 무효라고 보아야 하고 이 부분만을 따로 떼어 효력을 달리한다고 볼 것은 아니다.[24]

---

20 대법원 2001. 11. 27. 선고 2000도513 판결.

21 대법원 2005. 5. 27. 선고 2004도6676 판결.

22 대법원 2008. 2. 28. 선고 2007도1039 판결.

23 대법원 2002. 3. 15. 선고 2001도970 판결.

사례

아파트 관리수탁업체인 甲 주식회사가 무이자로 소송비용을 대납하는 방법으로 乙 입주자대표회의가 아파트 하자보수보증업체를 상대로 제기하는 하자보수보증금 청구소송을 진행하기로 한 사안에서, 甲 회사가 소송비용을 부담하고 사실상 변호사를 선임하여 하자보수보증금 청구소송을 제기하고 진행을 주도하였다고 보아 甲 회사가 위 소송에 관여한 행위는 변호사법 제109조 제1호에서 금지하는 '대리'에 해당하고, 甲 회사가 대납하는 소송비용을 乙 입주자대표회의가 소송 종료 후 반환하기로 하는 약정 등은 반사회질서의 법률행위로서 무효라고 한 사례.[25]

바. 비변호사의 법률사무 취급에 따른 소송대리인 선임의 효력

대가 약정 부분이 아닌 소송대리인에 대한 선임권한 위임 부분까지 무료로 볼 수 없다.

II. 변호사의 지위

1. 법률전문직

변호사는 공공성을 지닌 법률전문직으로서 독립하여 자유롭게 그 직무를 수행한다(법 제2조). 이 규정은 변호사법 제1조(변호사의 사명)와 더불어, 변호사의 지위를 전문직으로 정의하면서 그 특성으로서 공공성, 전문성, 독립성이 요청됨을 선언한 것으로 볼 수 있다.

2. 공공성 및 전문성

가. 공공성

우리나라 변호사법과 변호사윤리장전은 변호사의 직무에 관하여 고도의 공공성과 윤리성을 강조하고, 변호사의 영리추구 활동을 엄격히 제한하고 있다(법 제1조, 제2조, 제38조 등).

나. 상인성 문제

1) 변호사는 일반상인과 같이 사업자등록을 하고, 수임료를 신고하고, 소득세와 부가가치세를 납부할 의무를 지고 있다. 이로 인하여 변호사도 상법상의 상인에 해당하는 것이 아닌지 논란이 되고 있다.

상법상 상인이란 자기명의로 상행위를 하는 자이다(상법 제4조). 당연상인은 상법 제46조에서 정하는 매매 등과 같은 22개에 해당하는 기본적 상행위를 영업으로 하는 자이다. 변호사의 직무

24 대법원 2014. 7. 24. 선고 2013다28728 판결.

25 대법원 2014. 7. 24. 선고 2013다28728 판결.

는 기본적 상행위에 포함되지 않기 때문에 당연상인에 해당하지 않는다. 점포 기타 유사한 설비에 의하여 상인적 방법으로 상법 제46조의 기본적 상행위가 아닌 행위를 영업으로 하는 자를 의제상인이라고 한다(상법 제5조 제1항). 의제상인은 점포 기타 유사한 설비를 갖춰야 하고(설비상인), 상인적 방법으로 영업을 하여야 한다(영업성). 변호사가 법률사무소가 있으므로 설비상인의 요건은 충족하나 그 업무가 영업성을 인정할 수 있는지가 문제된 사안이다.

2) 판례는 변호사의 상인성을 부정하고, 법원의 상업등기소에 상호 신설등기를 할 수 없다고 한다.[26]

사례

① 변호사 甲은 상호 '승소 법률사무소', 사업장 소재지 '서울시 서초구 서초대로123, 202호 (서초동, 00서초빌딩)', 업태 '서비스', 종목 '변호사'로 사업자등록을 하였다. 변호사 甲은 그 사업자 등록증을 첨부하여 법원의 상업등기소에 상호신설등기를 신청하였다. 등기관은 이러한 등기신청에 대해서 각하하였다. 변호사 甲은 각하처분에 대하여 이의를 신청하였고 법원은 상호등기신청을 각하한 처분이 적법하다고 한 사례.

변호사의 영리추구 활동을 엄격히 제한하고 그 직무에 관하여 고도의 공공성과 윤리성을 강조하는 변호사법의 여러 규정에 비추어 보면, 위임인·위촉인과의 개별적 신뢰관계에 기초하여 개개 사건의 특성에 따라 전문적인 법률지식을 활용하여 소송에 관한 행위 및 행정처분의 청구에 관한 대리행위와 일반 법률사무를 수행하는 변호사의 활동은, 간이·신속하고 외관을 중시하는 정형적인 영업활동을 벌이고, 자유로운 광고·선전활동을 통하여 영업의 활성화를 도모하며, 영업소의 설치 및 지배인 등 상업사용인의 선임, 익명조합, 대리상 등을 통하여 인적·물적 영업기반을 자유로이 확충하여 효율적인 방법으로 최대한의 영리를 추구하는 것이 허용되는 상인의 영업활동과는 본질적으로 차이가 있다 할 것이고, 변호사의 직무 관련 활동과 그로 인하여 형성된 법률관계에 대하여 상인의 영업활동 및 그로 인한 형성된 법률관계와 동일하게 상법을 적용하지 않으면 아니 될 특별한 사회경제적 필요 내지 요청이 있다고 볼 수 도 없다. 따라서 근래에 전문직업인의 직무 관련 활동이 점차 상업적 성향을 띄게 됨에 따라 사회적 인식도 일부 변화하여 변호사가 유상의 위임계약 등을 통하여 사실상 영리를 목적으로 그 직무를 행하는 것으로 보는 경향이 생겨나고, 소득세법이 변호사의 직무수행으로 인하여 발생한 수익을 같은 법 제19조 제1항 제11호가 규정하는 '사업서비스업에서 발생하는 소득'으로 보아 과세대상으로 삼고 있는 사정 등을 감안한다 하더라도, 위에서 본 변호사법의 여러 규정과 제반 사정을 참작하여 볼 때, 변호사를 상법 제5조 제1항이 규정하는 '상인적 방법에 의하여 영업을 하는 자'라고 볼 수는 없다 할 것이므로, 변호사는 의제상인에 해당하지 아니한다.

변호사가 변호사법 제40조에 의하여 그 직무를 조직적·전문적으로 행하기 위하여 설립한 법무법인은, 같은 법 제42조 제1호에 의하여 그 정관에 '상호'가 아닌 '명칭'을 기재하고, 같은 법 제43조 제2항 제1호에 의하여 그 설립등기시 '상호'가 아닌 '명칭'을 등기하도록 되어 있으므로, 이러한 법무법인의 설립등기를 '상호' 등을 등기사항으로 하는 상법상 회사의 설립등기나 개인 상인의 상호등기와 동일시할 수 없다.[27]

---

26 대법원 2007. 7. 26. 자 2006마334 결정.

27 대법원 2007. 7. 26. 자 2006마334 결정.

② 변호사 甲이 乙과의 소송대리 위임계약에 따라 성공보수금 지급을 구하는 소를 제기한 사안에서, 성공보수금 지급채무가 민법 제467조 제2항 단서에서 의미하는 '영업에 관한 채무'라거나 혹은 甲의 변호사 사무소가 위 조항에서 의미하는 '영업소'라고 볼 수는 없고, 이때 乙의 이행채무는 지참채무로서 甲의 주소지 관할법원에 관할권이 있다고 한 사례.[28]

원심은, 변호사인 재항고인이 상대방과의 소송대리 위임계약에 따라 그 성공보수금의 지급을 구하는 소를 재항고인의 주소지 관할법원인 서울동부지방법원에 제기한 데 대하여, 위 약정금 소송은 재항고인이 그 영업에 관하여 발생한 채권의 변제를 구하는 것임이 분명하고, 민법 제467조 제2항 본문은 특정물인도 이외의 채무변제는 채권자의 현주소에서 해야 한다고 규정하고 그 단서는 영업에 관한 채무변제는 채권자의 현영업소에서 해야 한다고 규정하고 있으므로, 위 약정금 채무의 의무이행지를 관할하는 법원은 서울동부지방법원이 아니라 재항고인의 영업소(변호사 사무소를 의미하는 것으로 보인다) 관할법원인 서울중앙지방법원이라고 하여, 상대방의 보통재판적이 있는 제주지방법원으로 이송한 제1심결정은 정당하다고 판단하였다. 그러나 이 사건 성공보수금 지급채무가 민법 제467조 제2항 단서에서 의미하는 '영업에 관한 채무'라거나 혹은 재항고인의 변호사 사무소가 위 조항에서 의미하는 '영업소'라고 볼 수는 없고, 이 사건에서 상대방의 이행채무는 지참채무로서 재항고인의 주소지 관할법원인 서울동부지방법원에 관할권이 있다고 할 것이므로, 결국 원심의 위와 같은 판단에는 민사소송법 제8조의 의무이행지에 관한 법리를 오해한 위법이 있다고 할 것이다. 그러므로 원심결정을 파기하되, 이 사건은 대법원에서 직접 결정하기에 충분하다고 인정되므로 이를 자판하기로 하며, 위에서 본 바와 같이 이 사건 소는 서울동부지방법원에 관할권이 있다고 할 것임에도 그 법원에 관할권이 없다고 하여 제주지방법원으로 이송한 제1심결정은 위법함이 명백하므로 이를 취소하기로 하여, 관여 대법관의 일치된 의견으로 주문과 같이 결정한다.

3. 독립성

1) 변호사는 독립하여 자유롭게 그 직무를 수행한다(법 제2조). 이는 변호사의 본질이 독립성에 있으며, 권력이나 물질에 좌우되어서는 아니 됨을 선언한 것이다. 변호사윤리장전도 이를 반영하여 변호사는 공정하고 성실하게 독립하여 직무를 수행한다고 규정하고 있다(제2조 제1항).

2) 독립성은 권력으로부터의 독립, 의뢰인으로부터의 독립, 다른 변호사와의 관계에서의 독립이라는 3가지 내용을 가지고 있다. 이들 중 핵심을 이루는 의뢰인과의 관계에서는 판단의 독립성, 행동의 독립성, 경제적 독립성이 강조된다.

3) 그러나 독립하여 행사해야 할 변호사의 재량권의 범위는 전문적 기능의 행사(법적 수단의 선택 및 법률판단)와 관련된 것에 한정한다. 그 범위에 속하지 않는 사항에 관해서는 당사자인 의뢰인에게 지시·결정을 요구하여 그에 따라야 할 의무를 부담한다.

---

28 대법원 2011. 4. 22. 자 2011마110 결정.

Ⅲ. 변호사 자치

1. 변호사 자치의 이념

변호사 자치란 일반적으로 변호사의 자격심사나 징계를 변호사의 자율에 맡기고, 변호사의 직무활동이나 규율에 관해서 법원, 검찰청 또는 행정관청의 감독을 받지 않는다는 원칙을 말한다.

2. 변호사법상 변호사 자치의 내용

현행 변호사법은 변호사의 등록·활동·징계에 관한 사항을 변호사회에서 자율적으로 시행함으로써 변호사의 직무의 독립성을 보장하려고 하는 것이다.

① 변호사로서 개업을 하려면 대한변호사협회에 등록을 하여야 한다(법 제7조 제1항). 이때 등록을 하려는 자는 가입하려는 지방변호사회를 거쳐 등록신청을 한다(같은 조 제2항). 대한변호사협회는 등록거부사유가 있으면 등록심사위원회의 의결을 거쳐 등록을 거부할 수 있다(법 제8조).

② 변호사에 대한 지도·감독권은 소속지방변호사회와 대한변협이 가진다(법 제64조 제1항, 제78조 제1항).

③ 변호사에 대한 징계사유가 발생할 때에도 대한변협이 변호사징계위원회를 열어, 징계사건을 심의하고 징계여부 및 징계종류를 결정한다(법 제90조 이하).

3. 지방변호사회

① 변호사의 품위를 보전하고, 변호사 사무의 개선과 발전을 도모하며, 변호사의 지도와 감독에 관한 사무를 하도록 하기 위하여 지방법원 관할 구역마다 1개의 지방변호사회를 둔다. 다만, 서울특별시에는 1개의 지방변호사회를 둔다(법 제64조 제1항). 지방변호사회는 법인으로 한다(같은 조 제2항).

② 지방변호사회를 설립할 때에는 회원이 될 변호사가 회칙을 정하여 대한변호사협회를 거쳐 법무부장관의 인가를 받아야 한다. 회칙을 변경할 때에도 또한 같다(법 제65조).

③ 대한변호사협회에 따른 등록을 한 변호사는 가입하려는 지방변호사회의 회원이 된다(법 제68조 제1항). 소속 변경등록을 한 변호사는 새로 가입하려는 지방변호사회의 회원이 되고, 종전 소속 지방변호사회를 당연히 탈퇴한다(같은 조 제2항). 등록이 취소된 변호사는 소속 지방변호사회를 당연히 탈퇴한다(같은 조 제3항).

④ 지방변호사회는 그 회원인 변호사 상호간 또는 그 회원인 변호사와 위임인 사이에 직무상 분쟁이 있으면 당사자의 청구에 의하여 이를 조정할 수 있다(법 제74조).

⑤ 지방변호사회는 의뢰인의 변호사 선임의 편의를 도모하고 법률사건이나 법률사무 수임의

투명성을 확보하기 위하여 회원들의 학력, 경력, 주요 취급 업무, 업무 실적 등 사건 수임을 위한 정보를 의뢰인에게 제공하여야 한다(법 제76조 제1항).

⑥ 지방변호사회는 대한변호사협회와 법무부장관의 감독을 받는다(법 제77조 제1항). 지방변호사회는 총회의 결의 내용을 지체 없이 대한변호사협회와 법무부장관에게 보고하여야 한다(같은 조 제2항).

⑦ 지방변호사회의 임직원이거나 임직원이었던 자는 법률에 특별한 규정이 있는 경우가 아니면 수임사건의 건수 및 수임액의 보고(제28조의2), 공직퇴임변호사의 수임 자료 등 제출제(89조의4 제1항) 및 특정변호사의 수임 자료(제89조의5 제1항)에 관한 업무처리와 관련하여 알게 된 비밀을 누설하여서는 아니 된다(법 제77조의2).

4. 대한변호사협회

① 변호사의 품위를 보전하고, 법률사무의 개선과 발전, 그 밖의 법률문화의 창달을 도모하며, 변호사 및 지방변호사회의 지도 및 감독에 관한 사무를 하도록 하기 위하여 대한변호사협회를 둔다(법 제78조 제1항). 대한변호사협회는 법인으로 한다(같은 조 제2항).

② 지방변호사회는 연합하여 회칙을 정하고 법무부장관의 인가를 받아 대한변호사협회를 설립하여야 한다. 회칙을 변경할 때에도 또한 같다(법 제79조).

③ 대한변호사협회는 법무부장관의 감독을 받는다(법 제86조 제1항). 대한변호사협회는 총회의 결의 내용을 지체 없이 법무부장관에게 보고하여야 한다(같은 조 제2항). 법무부장관은 총회의 결의가 법령이나 회칙에 위반된다고 인정하면 이를 취소할 수 있다(같은 조 제3항).

④ 대한변호사협회의 회원은 단체회원(지방변호사회), 법인회원[법무법인·법무법인(유한)·법무조합 및 공증인가합동법률사무소], 개인회원(개업신고를 한 변호사), 외국회원(외국법자문사)로 한다(대한변호사협회 회칙 제7조).

⑤ 대한변호사협회의 준회원은 개업신고를 하지 않았거나 휴업신고를 한 변호사는 이 회의 준회원이 된다. 준회원에 대하여는 회원의 권리·의무와 변호사의 지도·감독에 관한 규정을 적용하지 아니한다(대한변호사협회 회칙 제10조). 따라서 준회원은 대한변호사협회의 회원으로서 권리와 의무가 없고, 대한변호사협회 역시 준회원에 대하여 지도, 감독할 권한이 없다. 또한 휴업한 경우에는 변호사법이 정하는 겸직제한 규정을 적용하지 아니한다(법 제38조 제3항). 그러나 개업신고를 하지 않았거나 휴업신고를 한 변호사도 등록변호사의 지위를 갖는 것이므로 변호사법을 위반하는 경우에는 징계대상이 된다(대한변호사협회 회칙 제48조의 2).

Chapter

03 법률사무소의 개설과 운영

Ⅰ. 변호사의 등록과 법률사무소의 개설

1. 변호사의 자격

가. 자격

변호사의 자격은, ① 사법시험에 합격하여 사법연수원의 과정을 마친 자, ② 판사나 검사의 자격이 있는 자, ③ 변호사시험에 합격한 자에게 있다(법 제4조).

나. 결격사유

1) 다음 중 어느 하나에 해당하는 자는 변호사가 될 수 없다(법 제5조).

① 금고 이상의 형(刑)을 선고받고 그 집행이 끝나거나 그 집행을 받지 아니하기로 확정된 후 5년이 지나지 아니한 자(제1호)

② 금고 이상의 형의 집행유예를 선고받고 그 유예기간이 지난 후 2년이 지나지 아니한 자(제2호)

③ 금고 이상의 형의 선고유예를 받고 그 유예기간 중에 있는 자(제3호)

④ 탄핵이나 징계처분[1]에 의하여 파면 또는 변호사법에 따라 제명된 후 5년이 지나지 아니한 자(제4호)

---

1 **변호사법 제90조(징계의 종류)**
변호사에 대한 징계는 다음 다섯 종류로 한다.
1. 영구제명 2. 제명 3. 3년 이하의 정직 4. 3천만원 이하의 과태료 5. 견책
국가공무원법 제79조(징계의 종류)
징계는 파면·해임·강등·정직(停職)·감봉·견책(譴責)으로 구분한다.
대한민국헌법 제106조
① 법관은 탄핵 또는 금고 이상의 형의 선고에 의하지 아니하고는 파면되지 아니하며, 징계처분에 의하지 아니하고는 정직·감봉 기타 불리한 처분을 받지 아니한다.
법관의 징계의 종류는 정직, 감봉, 견책
검사징계법 제3조(징계의 종류)
① 징계는 해임(解任), 면직(免職), 정직(停職), 감봉(減俸) 및 견책(譴責)으로 구분한다.

⑤ 징계처분에 의하여 해임된 후 3년이 지나지 아니한 자(제5호)

⑥ 징계처분에 의하여 면직된 후 2년이 지나지 아니한 자(제6호)

⑦ 공무원 재직 중 징계처분에 의하여 정직되고 그 정직기간 중에 있는 자(이 경우 정직기간 중에 퇴직하더라도 해당 징계처분에 의한 정직기간이 끝날 때까지 정직기간 중에 있는 것으로 본다)(제7호)

⑧ 피성년후견인 또는 피한정후견인(제8호)

⑨ 파산선고를 받고 복권되지 아니한 자(제9호)

⑩ 이 법에 따라 영구제명된 자

2) 변호사 결격사유가 발생한 자에 대해서는 변호사의 등록을 취소해야 하는데(법 제18조 제1항 제2호), 변호사명부의 등록의 취소는 그에 의하여 변호사로서의 신분 또는 자격 그 자체를 상실시키는 행위가 아니고, 변호사로서의 신분 또는 자격을 상실하고 있다는 사실을 공적으로 증명하는 행위라고 해석하여야 할 것이므로 따라서 비록 변호사가 제5조의 결격사유에 해당되면 바로 변호사로서의 신분 또는 자격을 상실하는 것으로서 변호사명부의 등록이 취소되지 아니하고 남아있다 하더라도 이는 변호사라 할 수 없고, 변호사의 직무를 행할 수 없다.[2]

2. 변호사의 등록과 개업

가. 등록

1) 변호사로서 개업을 하려면 대한변협에 등록을 하여야 한다(법 제7조 제1항). 위 등록을 하려는 자는 가입하려는 지방변호사회를 거쳐 등록신청을 하여야 하므로(동조 2항), 변호사는 지방변호사회에 반드시 가입하여야 한다.

2) 이와 같이 등록하여야 변호사의 표시 및 직무를 행할 수 있다. 등록을 하지 아니하고 변호사의 직무를 수행한 경우에는 형사처벌의 대상이다(법 제112조 제4호).

나. 등록거부

1) 대한변호사협회는 등록을 신청한 자가 다음 어느 하나에 해당하면 등록심사위원회의 의결을 거쳐 등록을 거부할 수 있다. 이 경우 ④ 제4호에 해당하여 등록을 거부할 때에는 등록심사위원회의 의결을 거쳐 1년 이상 2년 이하의 등록금지기간을 정하여야 한다(법 제8조 제1항).

① 변호사법 제4조에 따른 변호사의 자격이 없는 자(제1호)

② 변호사법 제5조에 따른 결격사유에 해당하는 자(제2호)

③ 심신장애로 인하여 변호사의 직무를 수행하는 것이 현저히 곤란한 자(제3호)

④ 공무원 재직 중의 위법행위(직무 관련 요구하지 않음)로 인하여 형사소추(과실범으로 공

2 대법원 1974. 5. 14. 선고 74누2 판결.

소제기되는 경우는 제외한다) 또는 징계처분[파면, 해임, 면직 및 정직(해당 징계처분에 의한 정직기간이 끝나기 전인 경우에 한정한다)은 제외한다]을 받거나 그 위법행위와 관련하여 퇴직한 자로서 변호사 직무를 수행하는 것이 현저히 부적당하다고 인정되는 자(제4호)

⑤ 제4호에 해당하여 등록이 거부되거나 제4호에 해당하여 제18조 제2항에 따라 등록이 취소된 후 등록금지기간이 지나지 아니한 자(제5호)

2) 대한변호사협회는 등록을 거부한 경우 지체 없이 그 사유를 명시하여 신청인에게 통지하여야 한다(동조 제2항).

3) 대한변호사협회가 등록신청을 받은 날부터 3개월이 지날 때까지 등록을 하지 아니하거나 등록을 거부하지 아니할 때에는 등록이 된 것으로 본다(동조 제3항).

4) 등록이 거부된 자는 통지를 받은 날부터 3개월 이내에 등록거부에 관하여 부당한 이유를 소명하여 법무부장관에게 이의신청을 할 수 있다(동조 제4항). 법무부장관은 이의신청이 이유 있다고 인정할 때에는 대한변호사협회에 그 변호사의 등록을 명하여야 한다(동조 제5항).

다. 개업, 휴업, 폐업 신고 및 소속변경 등록

1) 변호사가 개업하거나 법률사무소를 이전한 경우 또는 일시 휴업하려는 경우에는 지체 없이 소속 지방변호사회와 대한변호사협회에 신고하여야 한다(법 제15조, 제16조). 변호사는 폐업하려면 소속 지방변호사회를 거쳐 대한변호사협회에 등록취소를 신청하여야 한다(법 제17조).

2) 변호사가 지방변호사회의 소속을 변경하려면 새로 가입하려는 지방변호사회를 거쳐 대한변호사협회에 소속 변경등록을 신청하여야 한다(법 제14조 제1항). 소속이 변경된 변호사는 지체 없이 종전 소속 지방변호사회에 신고하여야 한다(동조 제2항).

라. 등록취소

1) 대한변호사협회는 변호사가 ① 사망한 경우, ② 변호사법 제4조에 따른 변호사의 자격이 없거나 변호사법 제5조에 따른 결격사유에 해당하는 경우, ③ 변호사법 제17조에 따른 등록취소의 신청이 있는 경우, ④ 변호사법 제19조에 따른 등록취소의 명령이 있는 경우 변호사의 등록을 취소하여야 한다. 위 ②의 사유에 해당하여 변호사의 등록을 취소하려면 미리 등록심사위원회의 의결을 거쳐야 한다(법 제18조 제1항, 필요적 등록취소사유).

2) 대한변호사협회는 변호사가 ① 심신장애로 인하여 변호사의 직무를 수행하는 것이 현저히 곤란하거나, ② 공무원 재직 중의 위법행위(직무 관련 요건 아님)로 인하여 형사소추(과실범으로 공소제기 되는 경우를 제외한다) 또는 징계처분[파면, 해임 및 면직 및 정직(해당 징계처분에 의한 정직기간이 끝나기 전인 경우에 한정한다)은 제외]를 받거나 그 위법행위와 관련하여 퇴직한 자로서 변호사의 직무를 수행하는 것이 현저히 부적당하다고 인정되는 경우에는 등록심사위원

회의 의결을 거쳐 등록을 취소할 수 있다. 이 경우 위 ②에 해당하여 등록을 취소할 때에는 등록심사위원회의 의결을 거쳐 1년 이상 2년 이하의 등록금지기간을 정하여야 한다(동조 제2항, 임의적 등록취소사유).

3) 대한변호사협회는 위 1) 또는 2)에 따라 등록을 취소하는 경우 지체 없이 그 사유를 명시하여 등록이 취소되는 자(사망한 경우를 제외한다)에게 통지하여야 한다(동조 제1항, 제3항).

4) 등록이 취소된 자는 등록 거부의 경우와 같이 그 통지를 받은 날부터 3개월 이내에 법무부장관에게 이의신청을 할 수 있다. 법무부장관은 이의신청이 이유 있다고 인정할 때에는 대한변호사협회에 그 변호사의 등록을 명하여야 한다(동조 제4항, 제8조 제4항, 제5항).

5) 지방변호사회는 소속 변호사에게 등록취소의 사유가 있다고 인정하면 지체 없이 대한변호사협회에 이를 보고하여야 한다(동조 제5항).

6) 법무부장관은 변호사로 등록된 자가 변호사법 제4조에 따른 변호사의 자격이 없거나 제5조에 따른 결격 사유에 해당한다고 인정하는 경우, 대한변호사협회에 그 변호사의 등록취소를 명하여야 한다(법 제19조).

마. 보고 등

대한변호사협회는 변호사의 등록 및 등록거부, 소속 변경등록 및 그 거부, 개업, 사무소 이전, 휴업 및 등록취소에 관한 사항을 지체 없이 소속 지방변호사회에 통지하고 법무부장관에게 보고하여야 한다(법 제20조).

사례

① 변호사 甲은 의뢰인으로부터 관리를 위탁받은 부동산을 임의로 처분하여 도박에 탕진하였고 이로 인하여 횡령 혐의로 기소되어 징역 2년에 집행유예 3년의 형을 선고받아 확정되었다. 甲은 형이 확정되면 당연히 변호사의 자격을 상실하더라도 변호사의 등록을 취소하려면 미리 등록심사위원회의 의결을 거쳐야 한다.[3]

② 변호사 甲은 공탁금 횡령 혐의로 기소되어 징역 1년을 선고받아 그 형이 확정되었다. 법무부장관은 변호사 甲에 대하여 대한변호사협회에 그 변호사의 등록취소를 명하여야 한다.[4]

③ 국토해양부의 서기관으로 근무하던 甲은 친지 등 20여명에 대한 사기혐의로 수사기관에서 조사를 받게 되자 사표를 제출하고 퇴직하여 변호사 개업을 하려고 등록신청을 하였다. 이에 대한변호사협회는 공무원으로 재직 중에 행한 위법행위로 인하여 퇴직한 자로서 변호사의 직무를 수행하는 것이 현저히 부적당하다고 인정되는 경우 변호사 등록을 거부할 수 있다. 등록이 되었다면 등록심사위원회의 의결을 거쳐 등록을 취소할 수 있다.

---

3 법조윤리 변호사시험 제7회.

4 법조윤리 변호사시험 제4회.

④ 甲은 판사로 근무하던 중, 업무를 마치고 승용차를 운전하여 퇴근하던 길에 교통사고를 일으켜 마주 오던 차량 탑승자에게 중상을 입혔다. 甲은 이 사고로 수사기관의 조사를 받게 되자 사표를 제출하고 퇴직하여 변호사 등록을 하려고 한다. 대한변호사협회는 甲이 교통사고를 낸 후 고의로 도주한 범죄사실로 형사소추된 경우일 때는 변호사 등록을 거부할 수 있고, 이때에는 1년 이상 2년 이하의 등록금지기간을 정할 수 있다.[5]

3. 법률사무소

가. 법률사무소 개설

변호사는 법률사무소를 개설할 수 있다(법 제21조 제1항). 변호사의 법률사무소는 소속 지방변호사회의 지역 안에 두어야 한다(동조 제2항).

나. 이중사무소 개설 금지

변호사는 어떠한 명목으로도 둘 이상의 법률사무소를 둘 수 없다(동조 제3항 본문, 변호사윤리장전 제7조 본문). 위반시 형사처벌 대상은 아니다. 다만, 사무공간 부족 등 부득이한 사유가 있어 대한변호사협회가 정하는 바에 따라 인접한 장소에 별도의 사무실을 두고 변호사가 주재하는 경우에는, 본래의 법률사무소와 함께 하나의 사무소로 본다(변호사윤리장전 제7조).

4. 변호사시험 합격자의 법률사무소 개설 등 요건

가. 개설요건

1) 변호사시험에 합격한 변호사는 통산하여 6개월 이상 법률사무종사기관에서 법률사무에 종사하거나 연수(대한변호사협회에 한정한다)를 마치지 아니하면 단독으로 법률사무소를 개설하거나 법무법인, 법무법인(유한), 법무조합의 구성원이 될 수 없다(법 제21조의2 제1항). 둘 이상의 법률사무종사기관에서 종사 또는 연수한 자에 대하여는 법률사무 종사 또는 연수기간이 중첩되지 아니하는 범위에서 그 기간을 합산하여 계산한다(영 제5조의2). '통산하여 6개월 이상'이면 되고, 법률사무 종사·연수를 마쳐야 하는 기간 제한은 없다.

2) 위 요건을 갖추지 못하면 사건을 단독 또는 공동으로 수임(법무법인, 법무법인(유한), 법무조합의 담당변호사로 지정하는 경우나 「외국법자문사법」 35조의20에 따라 합작법무법인의 담당변호사로 지정하는 경우를 포함한다)할 수 없다(법 제31조의2 제1항).

3) 위 규정들을 위반한 자는 형사처벌의 대상이 된다(법 제113조 제1, 5호, 제21조의2 제1항, 제31조의2 제1항).

5 법조윤리 변호사시험 제10회.

나. 법률사무종사기관

1) 법률사무종사기관으로는 ① 국회, 법원, 헌법재판소, 검찰청, ② 법률구조법에 따른 대한법률구조공단, 정부법무공단법에 따른 정부법무공단, ③ 법무법인, 법무법인(유한), 법무조합, 법률사무소, 「외국법자문사법」 제2조 제9호에 따른 합작법무법인, ④ 국가기관, 지방자치단체와 그 밖의 법인, 기관 또는 단체(③, ④의 기관은 통산하여 5년 이상 「법원조직법」 제42조제1항 각 호[6]의 어느 하나에 해당하는 직에 있었던 자 1명 이상이 재직하는 기관 중 법무부장관이 법률사무에 종사가 가능하다고 지정한 곳에 한정), ⑤ 국제기구, 국제법인, 국제기관 또는 국제단체 중에서 법무부장관이 법률사무에 종사가 가능하다고 지정한 곳, ⑥ 대한변호사협회가 있다(법 제21조의2 제1항 각호).

2) 대한변호사협회는 위 ③의 법률사무종사기관에 대하여 대한변호사협회 회칙으로 정하는 바에 따라 연수를 위탁하여 실시할 수 있다(법 제21조의2 제2항).

3) 법무부장관은 위 ⑤의 국제기구 등에 대해서도 직권으로 또는 변호사시험에 합격한 변호사나 국제기구 등의 신청에 의하여 법률사무종사기관으로 지정할 수 있다(영 제3조 제1항).

다. 법률사무종사 기간 중 직무범위

1) 위 법률사무종사기간 중에 소송복대리를 하거나 단독으로 법률상담 또는 서면작성을 하고 변호인 접견을 하는 것은 허용되지 않는다. 다만 실무수습과정의 일환으로 기존 변호사가 주도하는 법률상담이나 서면작성을 보조하는 것이 가능하며, 변호인으로 선임된 변호사와 함께 변호인 접견을 하는 것도 금지되지 않는다.

2) 법무법인 등에 변호사로 채용되려면 구성원변호사는 될 수 없고, 소속 변호사로 채용되어야 한다. 이는 연수를 목적으로 6개월의 기간을 정하여 채용한 변호사의 경우에도 마찬가지이다.[7]

라. 개설시 확인서의 제출

변호사시험에 합격한 변호사가 위 법률사무종사를 마친 후 단독으로 법률사무소를 최초로 개설하거나 법무법인, 법무법인(유한) 또는 법무조합의 구성원이 되려면 법률사무종사기관에서 근무한 사실을 증명하는 확인서(대한변협 연수는 제외한다)를 받아 지방변호사회를 거쳐 대한변호사협회에 제출하여야 한다(법 제21조의2 제3항).

---

6 법원조직법 제42조 제1항 각 호
1. 판사·검사·변호사
2. 변호사 자격이 있는 사람으로서 국가기관, 지방자치단체, 「공공기관의 운영에 관한 법률」 제4조에 따른 공공기관, 그 밖의 법인에서 법률에 관한 사무에 종사한 사람
3. 변호사 자격이 있는 사람으로서 공인된 대학의 법률학 조교수 이상으로 재직한 사람

7 대한변협, 『변호사법 질의회신』 646, 647, 648호, 2012. 5. 14.

5. 사무직원

가. 사무직원의 결격사유

1) 변호사는 법률사무소에 사무직원을 둘 수 있다(법 제22조 1항). 그러나 다음의 결격사유가 있는 자는 사무직원으로 채용하지 못한다(동조 2항). 변호사를 이를 위반하여 결격사유 있는 사무직원을 채용하더라도 형사처벌의 대상은 아니다.

① 변호사법 제22조 제2항 제1호의 법률로 유죄판결을 받은 자로서 다음 중 어느 하나에 해당하는 자

- 징역 이상의 형을 선고받고 그 집행이 끝나거나 그 집행을 받지 아니하기로 확정된 후 3년이 지나지 아니한 자
- 징역형의 집행유예를 선고받고 그 유예기간이 지난 후 2년이 지나지 아니한 자
- 징역형의 선고유예를 선고받고 그 유예기간 중에 있는 자

법원에서 선고유예 판결을 하는 경우에는 범죄사실과 선고할 형을 결정하다. 형의 선고유예를 받은 날로부터 2년을 경과한 때에는 면소된 것으로 간주한다(형법 제60조). 유예기간은 언제나 2년이다. 따라서 집행유예와 같이 법원이 유예기간을 정해야 하는 것은 아니다.[8]

▶ 변호사법 제22조 제2항 제1호의 법률

변호사법, 형법 제129조에서 제321조(수뢰, 사전수뢰, 제3자뇌물제공, 수뢰후부정처사, 사후수뢰), 「특정범죄 가중처벌 등에 관한 법률」 제2, 3조(뇌물죄의 가중처벌, 알선수재), 「특정경제범죄 가중처벌 등에 관한 법률」 제3조 제1항, 형법 제347조에서 제347조의2, 제348조, 제348조의2, 제349조에서 제352조, 제355조에서 제357조, 제359조(사기, 부당이득, 공갈, 횡령, 배임), 「폭력행위 등 처벌에 관한 법률」 제4조에서 제6조(「폭력행위 등 처벌에 관한 법률」에 규정된 범죄를 목적으로 한 단체등의 구성, 단체등의 이용·지원, 미수범), 「마약류관리에 관한 법률」 58조부터 64조까지의 규정(영 제6조)

② 공무원으로서 징계처분에 의하여 파면되거나 해임된 후 3년이 지나지 아니한 자

③ 피성년후견인

8 이재상, 『형법총론 제7판』, 박영사, 2011, 612면. 면소판결은 소송추행의 이익이 없음을 이유로 소송을 종결시키는 형식재판이다.

사례

① 변호사 甲이 법률사무소의 사무직원 채용 공고를 냈더니 시청 9급 공무원으로 재직 중 민원인에게서 현금 200만원을 받은 사실이 드러나 뇌물죄로 기소되어 징역 10월의 형을 선고받고 복역하였다가 만기 출소 후 2년 10개월이 경과한 A가 지원하였다. 변호사법상 甲은 A를 채용할 수 없다.[9]

② 변호사 乙이 법률사무소의 사무직원 채용 공고를 냈더니 흉기를 휴대하고 사람을 협박하였다는 내용으로 「폭력행위 등 처벌에 관한 법률」 제3조 위반으로 선고유예를 받고 유예기간 중인 B가 지원하였다. 乙은 B를 채용할 수 있다.[10]

③ 사문서위조죄로 징역1년에 집행유예 2년을 선고받고 그 유예기간 중에 있는 사람은 법률사무소 사무직원으로 채용될 수 있다.[11]

④ 강간죄로 징역 3년을 선고받고 복역하다가 만기 출소 후 2년이 경과한 사람은 법률사무소 사무직원으로 채용될 수 있다.

⑤ 특정경제범죄가중처벌등에관한법률위반(사기)죄로 징역 5년을 선고받고 만기 출소 후 3년이 지난 사람은 법률사무소 사무직원으로 채용될 수 있다.

⑥ 횡령죄로 징역 6월의 선고유예를 받고 1년 2개월이 된 사람을 법률사무소 사무직원으로 채용할 수 없다.

나. 사무직원의 신고

1) 변호사, 법무법인, 법무법인(유한), 법무조합이 사무직원을 채용한 때에는 이를 지체 없이 소속 지방변호사회에 신고하여야 한다(대한변호사협회 회칙 제41조 제1항). 사무직원을 채용한 후 신고하지 아니하면 징계대상이 된다. 변호사법과 변호사윤리장전 모두 사무직원의 인원 수에 대한 제한 규정을 두고 있지 않다. 법률사무소의 실질적인 수요에 따라 자율적으로 사무직원을 채용할 수 있다.

2) 행정사 자격을 보유한 자, 세무사 자격을 가진 자, 손해사정인, 외국변호사 등을 사무직원으로 채용할 수 있다. 그러나 사무직원은 서류작성 등 변호사 업무를 보조하는 역할을 맡도록 되어 있으므로 사무직원으로 고용된 위 자격자들은 독립된 지위에서 그의 이름으로 업무를 처리할 수 없다.

다. 사무직원에 관한 변호사의 의무

1) 변호사는 사건유치를 주된 임무로 하는 사무직원을 채용하지 아니한다(변호사윤리장전 제8조 제1항).

2) 변호사는 사무직원에게 사건유치에 대한 대가를 지급하지 아니한다(동조 제2항).

3) 변호사는 사무직원을 채용함에 있어서 다른 변호사와 부당하게 경쟁하거나 신의에 어긋나

---

9 법조윤리 변호사시험 제4회.

10 법조윤리 변호사시험 제4회.

11 법조윤리 변호사시험 제10회.

는 행위를 하지 아니한다(동조 제3항).

4) 변호사는 사무직원이 법령과 대한변호사협회 및 소속 지방변호사회의 회칙, 규칙 등을 준수하여 성실히 사무에 종사하도록 지휘, 감독한다(동조 제4항). 사무직원에 대한 변호사의 지휘, 감독의무를 규정한 것이다.

라. 사무직원의 의무

1) 사무직원은 변호사사무원규칙을 준수하고, 품위를 손상하는 행위를 하여서는 아니 된다(변호사사무원규칙 제6조 제1항).

2) 사무직원 또는 사무직원이었던 자는 법률에 특별한 규정이 있는 경우를 제외하고는 그 직무상 알게 된 비밀을 누설하여서는 아니 된다. 다만 법률에 특별한 규정이 있는 경우에는 그러하지 아니하다(동조 제2항).

3) 사무직원은 그 변호사 또는 법무법인 등이 수임하고 있는 사건에 관하여 수임인 또는 상대방으로부터 이익을 받거나 이를 요구 또는 약속하여서는 아니 된다(동조 제3항).

4) 사무직원은 그 정을 알면서 변호사법에 위반되는 행위를 하는 자로부터 사건수임의 알선을 받아서는 아니 된다(동조 제4항).

Ⅱ. 법무법인 등의 개설과 운영

1. 법무법인 등의 취지

변호사법은 1982년에 변호사의 직무를 조직적·전문적으로 수행하기 위하여 법무법인제도를 도입하였고 2005. 1. 27. 개정된 변호사법에서는 본격적인 법률서비스시장의 개방에 대비하여 공동법률사무소의 국제경쟁력을 강화하고 전문적 법률서비스를 제공하기 위하여 대형화에 제약이 있던 법무법인 외에 법무법인(유한), 법무조합 제도를 도입하였다.[12] 합동사무소는 변호사법에 규정이 없고 대한변호사협회 회칙으로 두 가지 유형이 제시되고 있다.

2. 합동사무소

가. 유형

공증인가합동법률사무소와 공동법률사무소이다. 공동법률사무소는 사업자등록을 2인 이상이 같이 하는 경우와 2인 이상이 개인명의 이외의 명칭을 사용하는 경우이다(대한변호사협회 회칙

12 최진안, 『법조윤리』, 세창출판사, 2012, 399면.

제39조). 변호사법에 규정되어 있는 것이 아니라 구성원들의 계약에 따라 규율된다.

나. 신고

공증인가합동법률사무소와 공동법률사무소는 ① 설립 및 설치, ② 규약의 변경 및 사무소 이전, ③ 구성원의 가입 및 탈퇴, ④ 업무집행정지사유의 발생, ⑤ 설립인가의 취소를 지체 없이 대한변호사협회에 신고하여야 한다. 다만 합동사무소의 명칭은 법무법인, 법무법인(유한), 법무조합과 동일 또는 유사한 명칭을 사용할 수 없다(대한변호사협회 회칙 제39조).

3. 법무법인

가. 의의

법무법인은 구성원 변호사들이 법인의 채무에 대해서 무한, 연대책임을 지는 법률사무소 형태이다. 변호사법에 정한 것 외에는 상법 중 합명회사에 관한 규정을 준용한다(변호사법 제58조 제1항).

나. 설립

1) 변호사는 그 직무를 조직적·전문적으로 수행하기 위하여 법무법인을 설립할 수 있다(법 제40조). 법무법인을 설립하려면 구성원이 될 변호사가 정관을 작성하여 주사무소 소재지의 지방변호사회와 대한변호사협회를 거쳐 법무부장관의 인가를 받아야 한다. 정관을 변경할 때에도 또한 같다(법 제41조).

2) 법무법인은 설립인가를 받으면 2주일 이내에 그 주사무소 소재지에서 설립등기를 함으로써 성립한다(법 제43조 제1,3항).

다. 구성원

1) 법무법인은 3명 이상의 변호사로 구성된다. 이들을 '구성원 변호사'라고 부른다. 구성원 변호사 중 1명 이상이 통산하여 5년 이상 「법원조직법」 제42조 제1항 각 호의 어느 하나에 해당하는 직에 있었던 자이어야 한다(법 제45조 제1항). 위 구성원의 요건을 충족하지 못하게 된 경우에는 3개월 이내에 보충하여야 한다(동조 2항).

2) 구성원은 임의로 탈퇴할 수 있다(법 제46조 제1항). 당연탈퇴사유로는 구성원이 ① 사망한 경우, ② 등록이 취소된 경우(법 제18조), ③ 업무정지명령을 받은 경우(법 제102조 제2항), ④ 변호사법이나 공증인법에 따라 정직 이상의 징계처분을 받은 경우, ⑤ 정관에 정한 사유가 발생한 경우이다(법 제46조 제2항).

3) 법무법인은 구성원 아닌 소속 변호사를 둘 수 있다(법 제47조).

사례

사법연수원 수료 직후 甲 법무법인에 취업하여 변호사 업무를 시작한 乙과 丙이, 취업 다음 해부터 구성원 변호사로 등기되어 근무하다 퇴직한 후 자신들이 근로자에 해당한다고 주장하며 퇴직금 지급을 구한 사건

- 근로기준법 제2조 제1항 제1호는 직업의 종류와 관계없이 임금을 목적으로 사업이나 사업장에 근로를 제공하는 자를 근로자로 규정하고 있다. 근로자에 해당하는지는 계약 형식이 민법상 고용계약인지 또는 도급계약인지에 관계없이 그 실질 면에서 근로자가 사업 또는 사업장에 임금을 목적으로 종속적 관계에서 사용자에게 근로를 제공하였는지에 따라 판단하여야 한다.
- 사법연수원 수료 직후 甲 법무법인에 취업하여 변호사 업무를 시작한 乙과 丙이 취업 다음 해부터 구성원 변호사로 등기되어 근무하다 퇴직한 후 자신들이 근로자에 해당한다고 주장하며 퇴직금 지급을 구한 사안에서, 구성원으로 등기하거나 탈퇴하는 과정에서 지분을 양수하거나 양도한 증거가 없고, 구성원 등기 전후의 근무 형태 역시 큰 변화 없이 유지된 점, 甲 법무법인으로부터 이익배당을 받거나 손실을 부담한 사실이 없으며, 사건 수임과 상관없이 매달 일정한 금액의 급여를 받은 점, 스스로 사건을 수임한 사례가 거의 없이 甲 법무법인으로부터 배당받은 업무를 처리해 온 점, 자신들이 구성원으로 등기된 사실을 퇴직 1년 전 또는 퇴직 시에야 알게 되었다고 주장하고 있는 점 등 여러 사정에 비추어, 乙과 丙은 甲 법무법인의 구성원으로 등기되어 있었지만 실질적으로는 甲 법무법인에 대하여 임금을 목적으로 종속적인 관계에서 근로를 제공하는 근로자 지위에 있었다고 본 원심판단을 수긍한 사례.[13]

라. 사무소

1) 법무법인은 분사무소를 둘 수 있다(법 제48조 제1항), 주사무소에는 5년 이상 경력자(법 45조 1항)를 포함하여 구성원의 3분의 1 이상이 주재하여야 하고, 분사무소에는 1명 이상의 구성원이 주재하여야 한다(영 제12조 제1항). 분사무소는 시·군·구(자치구를 말한다) 관할구역마다 1개를 둘 수 있다(영 제12조 제3항).

2) 법무법인이 사무소를 개업 또는 이전하거나 분사무소를 둔 경우에는 지체 없이 주사무소 소재지의 지방변호사회 및 대한변호사협회를 거쳐 법무부장관에게 이를 신고하여야 한다(동조 제2항).

3) 법무법인의 구성원과 구성원 아닌 소속 변호사는 법무법인 외에 따로 법률사무소를 둘 수 없다(법 제48조 제3항). 법무법인(유한), 법무조합에 관해서도 위 법무법인의 사무소 규정을 준용하고 있다(법 제58조의16, 제58조의30, 제48조).

마. 업무

1) 법무법인은 변호사법과 다른 법률에 따른 변호사의 직무에 속하는 업무를 수행한다(법 제49조 제1항), 법무법인은 다른 법률에서 변호사에게 그 법률에 정한 자격을 인정하는 경우 그 구성원

13 대법원 2012. 12. 13. 선고 2012다77006 판결.

이나 구성원 아닌 소속 변호사가 그 자격에 의한 직무를 수행할 수 있을 때에는 그 직무를 법인의 업무로 할 수 있다(동조 제2항).

2) 법무법인이나 구성원 변호사 등은 다음 업무를 수행할 수 없다.

① 법무법인은 그 법인이 인가공증인으로서 공증한 사건에 관하여는 변호사 업무를 수행할 수 없다. 다만 대통령령으로 정하는 경우에는 그러하지 아니하다(법 제51조)[14] 위반시 500만원 이하의 벌금에 처하고 행위자 외 그 법무법인 등에게도 벌금형을 과한다(법 제115조).

② 법무법인 구성원 등의 업무제한으로는 법무법인의 구성원 및 구성원 아닌 소속 변호사는 자기나 제3자의 계산으로 변호사의 업무를 수행할 수 없다(법 제52조 제1항).

③ 법무법인 탈퇴 후 수임 제한 ; 법무법인의 구성원이었거나 구성원 아닌 소속 변호사이었던 자는 법무법인의 소속기간 중 그 법인이 상의를 받아 수임을 승낙한 사건에 관하여는 변호사의 업무를 수행할 수 없다(동조 제2항). 다만 수임을 승낙한 사건의 수임제한 기간은 법무법인 등의 수임 승낙 당시의 심급에 계속 중일 때까지로 해석하여 당해 심급에서 사건이 종결된 이후에는 수임제한을 받지 않는다.

바. 업무집행방법

1) 법무법인이 법인 명의로 업무를 수행할 경우에는 그 업무를 담당할 변호사(담당변호사)를 지정하여야 한다. 다만 구성원 아닌 소속 변호사에 대하여는 구성원과 공동으로 지정하여야 한다(법 제50조 제1항). 만약 법무법인이 담당변호사를 지정하지 않은 경우에는 구성원 모두를 담당변호사로 지정한 것으로 본다(동조 제3항).[15]

2) 담당변호사가 지정된 업무를 수행할 때에는 각자가 그 법무법인을 대표한다(동조 제6항).

3) 법무법인이 그 업무에 관하여 작성하는 문서에는 법인명의를 표시하고 담당변호사가 기명날인하거나 서명하여야 한다(동조 제7항).

사. 책임

1) 법무법인의 책임

법무법인은 원칙적으로 수임 사건과 관련하여 채무불이행책임과 불법행위책임을 진다.

---

14 영 13조(법무법인의 업무범위) 법 제51조 단서에 따라 법무법인이 수행할 수 있는 변호사의 업무는 다음 각 호의 어느 하나에 해당하는 사건에 대한 소송에 관한 행위를 제외한 것으로 한다.
1. 법률행위나 그 밖의 사권(私權)에 관한 사실에 대한 공정증서를 작성한 사건.
2. 어음, 수표 또는 이에 부착된 보충지(補充紙)에 강제집행할 것을 적은 증서를 작성한 사건.
3. 법인의 등기 절차에 첨부되는 의사록을 인증한 사건.
4. 「상법」 제292조 및 그 준용규정에 따라 정관을 인증한 사건.

15 법무법인은 준비서면 등에서 '소송대리인 갑 법무법인 담당변호사 을, 병'으로 담당변호사를 특정한다.

2) 구성원의 책임

① 법무법인에 관하여는 변호사법에서 정한 것 외에는 상법 상 합명회사[16]에 관한 규정을 준용한다(법 제58조 제1항). 따라서 법무법인의 구성원 변호사는, 합명회사의 사원과 같이, 법무법인의 채무에 대하여 '직접·연대·무한책임'을 부담한다(상법 제212조). 법무법인의 채권자는 법무법인을 통하지 않고 구성원 변호사에게 직접 그의 채권변제를 청구할 수 있다(직접책임). 연대는 구성원 변호사와 법무법인과의 연대가 아니라, 구성원 변호사들 간의 연대를 말한다(연대책임). 그 점에서 모든 구성원 변호사는 연대채무자이다. 구성원 변호사는 유한책임을 지는 법무법인(유한)이나 법무조합의 구성원 변호사와 달리 법무법인 채무 전액에 대하여 책임을 진다(무한책임).

② 다만 구성원 변호사의 책임은 법무법인의 재산으로 그 채무를 완제할 수 없거나 법무법인 재산에 대한 강제집행이 주효하지 않은 경우에만 보충적으로 인정된다(상법 제212조). 즉, 구성원 변호사의 책임은 법무법인의 재산으로 변제하는 것이 충분하지 않을 경우에 보충적으로 적용된다(구성원 변호사 책임의 부종성). 마치 민법상 보증인의 책임과 비슷하다.

③ 따라서 법무법인이 사건을 수임하여 담당변호사를 지정하여 그 직무를 수행한 결과 손해배상채무가 발생한 경우, 법무법인 재산으로 법무법인 채무를 완제할 수 없을 때 법무법인의 각 구성원 변호사들은 이 채무에 대하여 직접, 연대, 무한 책임을 진다. 여기서 법무법인 재산은 법무법인 채권자가 구성원 변호사에 대하여 청구를 할 때에 법무법인에 속하는 강제집행의 목적이 될 수 있는 적극재산의 전부를 가리킨다. 법무법인의 채무는 채무의 종류와 발생원인은 묻지 아니한다. 즉, 대표변호사나 대표변호사 아닌 구성원 변호사 및 소속 변호사의 불법행위 또는 수임계약상의 채무불이행으로 인한 채무도 포함된다. 사무직원이 의뢰인의 돈을 횡령하여 발생한 채무도 포함한다.[17]

④ 법무법인 성립 후에 가입한 신입 구성원 변호사 역시 그 가입 전에 생긴 법무법인 채무에 대하여 다른 구성원 변호사와 동일한 책임을 진다(법 제58조 제1항, 상법 제213조). 구성원 변호사가 아닌 자(소속 변호사나 사무직원 등)가 타인에게 자기를 구성원 변호사라고 오인시키는 행위를 하였을 때에는 오인으로 인하여 법무법인과 거래한 자에 대하여 구성원 변호사와 동일한 책임을 진다(법 제58조 제1항, 상법 제215조). 퇴사한 구성원 변호사는 본점소재지에서 퇴사등기를 하기 전에

16 이철송, 『회사법강의』, 박영사, 2012. 144면 : 합명회사란 회사의 채무에 관하여 직접·연대·무한책임을 지는 사원들로써 구성되는 회사이다. 각 사원이 연대·무한책임을 지는 결과 사원 개개인의 신용은 회사채권자와 사원 상호간에 중대한 영향을 미친다. 그러므로 합명회사에서는 사원이 고도의 신뢰관계를 바탕으로 결합하고, 따라서 사원의 변동이 용이하지 않다. 또 사원의 책임의 중대성에 비추어 경영의 전문성·합리성보다는 안전성이 우위에 놓이게 되어 사원이 직접 업무집행에 임하는 경영구조를 갖는다(자기기관). 사원의 책임이 무한이 결과 각 사원의 출자의 크기는 손익배분의 기준이 될 뿐이고, 회사의 의사결정 내지 지배에 있어서는 비례적 의의를 가질 수 없다. 그러므로 합명회사에서 사원의 총의를 형성할 때에는 지분주의에 의하지 않고 두수주의에 의하게 된다. 위와 같은 특색으로 보아 합명회사의 형식은 사단법인이나 그 실질은 조합성이 농후하다.

17 정형근, 『변호사법 주석』, 피앤씨미디어, 2016. 444면.

생긴 법무법인 채무에 대하여는 등기 후 2년 내에는 다른 구성원 변호사와 동일한 책임이 있다(법 제58조 제1항, 상법 제225조 제1항). 구성원 변호사의 책임의 소멸시기는 본점소재지에서 해산등기를 한 후 5년이 경과하면 소멸한다(법 제58조 제1항, 상법 제267조 제1항).

3) 법무법인의 불법행위 책임과 담당변호사의 연대책임 범위

① 법무법인이 그 대표변호사의 불법행위로 인하여 손해배상책임을 지는 것은 대표변호사가 '업무집행으로 인하여' 타인에게 손해를 가한 경우이어야 하고, 여기서 '업무집행으로 인하여'라고 함은 대표변호사의 업무 그 자체에는 속하지 아니하나 그 행위의 외형으로부터 관찰하여 마치 대표변호사의 업무 범위 안에 속하는 것으로 보이는 경우도 포함한다고 해석함이 상당하므로, 대표변호사의 행위가 외형상 법무법인 대표변호사의 업무집행이라고 인정할 수 있다면 설사 그것이 대표변호사의 개인적 이익을 도모하기 위한 것이거나 법령의 규정에 위배된 것이라고 하더라도 법무법인은 손해배상책임을 부담한다. 다만, 대표변호사의 행위가 외형상 업무집행행위에 속한다고 인정되는 경우에도 그 행위가 그 업무 내지는 직무권한에 속하지 아니함을 상대방이 알았거나 중대한 과실로 알지 못한 때에는 손해배상책임을 부담하지 않는다.[18]

② 대표변호사가 그 업무를 집행함에 있어 타인에게 손해를 가했을 때에는 법무법인은 그 대표변호사와 연대하여 배상할 책임을 진다(상법 제210조). 대표변호사의 불법행위에 대하여 법무법인이 책임을 지는 것은 당연한 것인데, 피해자를 두텁게 보호하기 위하여 대표변호사 개인에게도 연대책임을 지우고 있다. 이 규정이 적용되는 것은 대표변호사(법 제42조 제5호, 제43조 제2항 제2호)나 담당변호사(법 제50조 제6항)가 업무집행 중 불법행위를 한 경우에 한정된다.

③ 변호사법 제50조 제6항은 "법무법인의 담당변호사는 지정된 업무를 수행할 때에 각자가 그 법무법인을 대표한다."고 규정하고 있고, 변호사법 제58조 제1항에 의하여 준용되는 상법 제210조는 "회사를 대표하는 사원이 그 업무집행으로 인하여 타인에게 손해를 가한 때에는 회사는 그 사원과 연대하여 배상할 책임이 있다."고 규정하고 있는바, 상법 제210조는 법인의 불법행위능력에 관한 민법 제35조 제1항의 특칙이므로, 법무법인의 대표변호사나 담당변호사가 법무법인과 연대하여 제3자에 대해 손해배상책임을 부담하는 것은 대표변호사 등이 그 업무집행 중 불법행위를 한 경우에 한정된다.[19]

사례

甲 법무법인은 乙 주식회사와 소송위임계약을 체결하고 대표변호사인 丙을 담당변호사 중 1인으로 지정하였다. 그러나 丙은 상고이유서 제출기간이 지나도록 상고이유서를 제출하지 않아 상고가 기각되자 乙 회사가 甲 법무법인과 丙을 상대로 갑 법인의 소송위임계약상 채무불이행으로 인한 손해를 구하는 사례.

18 대법원 2015. 11. 12. 선고 2013다44645 판결.

19 대법원 2013. 2. 14. 선고 2012다77969 판결.

- 피고 甲 법무법인이 원고(乙)에 대하여 불법행위로 인한 손해배상책임이 아니라 소송위임계약상의 채무불이행으로 인한 손해배상책임을 부담할 뿐이라면, 그 대표변호사이자 담당변호사인 피고 丙에 대하여 변호사법 제58조 제1항, 상법 제210조에 기한 연대책임을 물을 수는 없다. → 채무불이행책임은 계약 당사자인 법무법인이 진다.

사례

원고는 피고 법무법인 甲에게 그 대표변호사 소외 乙의 불법행위로 인한 손해를 배상해달라는 소송을 제기하였다. 원고는 피고에게 소유권이전등기 말소소송 항소심 소송대리를 위임하였다. 원고는 위 부동산과 관련한 양도소득세 납부자금의 보관을 소외 乙에게 맡기게 되었고 위 乙은 이를 반환하지 아니하여 횡령죄로 처벌받게 된 사례.

- 원고 등이 피고에게 위임한 사무는 이 사건 말소등기소송의 항소심 소송대리일 뿐 양도소득세 납부는 아니므로 소외 乙이 원고의 양도소득세 납부 자금을 보관한 행위를 피고 대표변호사로서의 업무집행 자체로 보기는 어려우나, 원고는 이 사건 말소등기소송의 결과와 밀접한 관련이 있는 양도소득세에 관하여 소외 乙에게 문의를 하였다가 양도소득세 납부의 필요성 여부와 그 납부 자금의 압류가능성에 대한 법률적 조언과 함께 양도소득세 납부 자금을 보관하여 주겠다는 제안을 받고 이에 응한 것이므로, 소외 乙의 행위는 외형상 피고 대표변호사로서의 업무집행행위에 해당된다고 할 것이다. 또한 의뢰인인 원고로서는 전문적인 법률지식과 경험에 기초하여 성실하게 의뢰인의 권리를 옹호할 의무가 있는 변호사인 소외 乙이 원고를 위한다는 명목으로 권유한 위와 같은 행위가 피고 대표변호사로서의 적법한 직무집행에 해당하지 않는다는 점을 쉽사리 알기 어려웠을 것으로 보이므로 원심판시와 같은 사정만으로는 원고의 악의나 중대한 과실을 인정하기 어렵다. 피고 법무법인 甲의 불법행위로 인한 손해배상책임이 인정되었다. 법리상 대표변호사 개인의 연대책임 인정된다.

아. 인가취소, 해산

1) 법무부장관은 법무법인이 ① 변호사법 제45조 제2항을 위반하여(구성원 요건 불충족) 3개월 이내에 구성원을 보충하지 못한 경우나, ② 업무 집행에 관하여 법령을 위반한 경우에는 그 설립인가를 취소할 수 있다(법 제53조 제1항). 법무부장관은 법무법인의 설립인가를 취소하려면 청문을 하여야 한다(동조 제2항).

2) 법무법인은 ① 정관에 정한 해산 사유가 발생하였을 때, ② 구성원 전원의 동의가 있을 때, ③ 합병하였을 때, ④ 파산하였을 때, ⑤ 설립인가가 취소되었을 때에는 해산한다(법 54조 1항). 법무법인이 해산한 경우에는 청산인은 지체 없이 주사무소 소재지의 지방변호사회와 대한변호사협회를 거쳐 법무부장관에게 그 사실을 신고하여야 한다(동조 제2항).

자. 합병

법무법인은 구성원 전원이 동의하면 다른 법무법인과 합병할 수 있다(법 제55조 제1항). 이 경우에는 법무법인의 설립에 관한 변호사법 제41조(설립절차), 제42조(정관의 기재사항), 제43조(등기)를 준용한다(동조 제2항).

차. 조직변경

1) 법무법인(유한) 또는 법무조합의 설립요건을 갖춘 법무법인은 구성원 전원의 동의가 있으면 법무부장관의 인가를 받아 법무법인(유한) 또는 법무조합으로 조직변경을 할 수 있다(법 제55조의2 제1항).

2) 법무법인이 법무부장관으로부터 법무법인(유한)의 인가를 받은 때에는 2주일 이내에 주사무소 소재지에서 법무법인의 해산등기 및 법무법인(유한)의 설립등기를 하여야 하고, 법무조합의 인가를 받은 때에는 2주일 이내에 주사무소 소재지에서 해산등기를 하여야 한다(동조 제2항).

3) 조직변경의 경우 법무법인에 현존하는 순재산액이 새로 설립되는 법무법인(유한)의 자본총액보다 적은 때에는 조직변경에 따른 동의가 있을 당시의 구성원들이 연대하여 그 차액을 보충하여야 한다(동조 제3항).

4) 조직변경에 따라 설립된 법무법인(유한) 또는 법무조합의 구성원 중 종전의 법무법인의 구성원이었던 자는 위 2항에 따른 등기를 하기 전에 발생한 법무법인의 채무에 대하여 법무법인(유한)의 경우에는 등기 후 2년이 될 때까지, 법무조합의 경우에는 등기 후 5년이 될 때까지 법무법인의 구성원으로서 책임을 진다(동조 제4항).

4. 법무법인(유한)

가. 의의

법무법인(유한)은 구성원 변호사들이 법인의 채무에 대하여 출자금액을 한도로 유한책임을 지는 법률사무소 형태이다(법 제58조의10). 변호사법에 정한 것 외에는 상법 중 유한회사[20]에 관한 규정(상법 545조는 제외한다)을 준용한다(법 제58조의17 제1항).

나. 설립

1) 법무법인(유한)의 설립절차는 법무법인의 그것과 유사하다(법 제58조의2 내지 제58조의5, 제58조의13 내지 제58조의16).

2) 주사무소의 소재지에서 설립등기를 함으로써 성립한다(법 제58조의5 제3항).

---

20 이철송,『회사법강의』, 박영사, 2012. 1139면 : 유한회사의 사원은 대외적으로 유한책임을 지는 데 그치고, 기업지배는 이 유한책임제에 대응하여 출자액에 따라 분할되고, 개관적 기구로서의 사원총회를 통하여 실현된다. 그러하여 유한회사에서는 인적회사에 내재하는 자본의 기여도와 기업지배력이 괴리되는 모순은 해소되고, 유한회사 역시 주식회사와 마찬가지로 일응 물적회사로서의 기초를 구비하고 자본집중의 여건은 일응 구비했다고 할 수 있다.

다. 구성원

1) 법무법인(유한)은 7명 이상의 구성원 변호사를 두어야 하며, 그 중 2명 이상이 통산하여 10년 이상 「법원조직법」 42조 1항 각 호의 어느 하나에 해당하는 직에 있었던 자이어야 한다(법 제58조의6 제1항). 위 구성원의 요건을 충족하지 못하게 된 경우에는 3개월 이내에 보충하여야 한다(동조 제2항).

2) 또한 3명 이상의 이사를 두어야 하며, 1명 이상의 감사를 둘 수 있다(동조 제4, 5항).

라. 자본총액

법무법인(유한)의 자본총액은 5억 원 이상이어야 한다(법 제58조의7 1항). 출자 1좌의 금액은 1만원으로 한다(동조 제2항). 각 구성원의 출자좌수는 3천좌 이상이어야 한다(동조 제3항).

마. 업무범위와 업무집행방법

1) 업무범위에 관하여는 법무법인에 관한 규정을 준용하고 있으므로 법무법인과 동일하다(법 제58조의16, 제49조, 제51조, 제52조).

2) 변호사로서의 업무집행방법도 법무법인인 경우와 동일하다(법 제58조의16, 제50조). 즉, 담당변호사를 지정하여야 하고 담당변호사가 지정된 업무를 수행할 때에는 각자가 그 법무법인(유한)을 대표한다.

바. 책임

1) 구성원의 책임

법무법인(유한)의 구성원의 책임은 변호사법에 규정된 것 외에는 그 출자 금액을 한도로 한다(법 제58조의10).

2) 수임사건과 관련된 손해배상책임

담당변호사(담당변호사가 지정되지 아니한 경우에는 그 법무법인(유한)의 구성원 모두를 말한다)가 수임사건에 관하여 고의나 과실로 그 수임사건의 위임인에게 손해를 발생시킨 경우에는 법무법인(유한)과 연대하여 그 손해를 배상할 책임이 있다(법 제58조의11 제1항). 담당변호사가 위와 같이 손해배상책임을 지는 경우 그 담당변호사를 직접 지휘, 감독한 구성원도 그 손해를 배상할 책임이 있다. 다만 지휘·감독을 할 때에 주의를 게을리 하지 않았음을 증명한 경우에는 그러하지 않다(동조 제2항).

3) 법무법인(유한)은 수임사건과 관련한 위 2)의 손해배상책임을 보장하기 위하여 사업연도마다 손해배상 준비금을 적립하거나 보험 또는 대한변호사협회가 운영하는 공제기금에 가

입하여야 한다(법 제58조의12 제1항). 손해배상 준비금, 손해배상보험 또는 공제기금은 법무부장관의 승인 없이는 손해배상 외의 다른 용도로 사용하거나 그 보험계약 또는 공제계약을 해제 또는 해지하여서는 아니 된다(동조 제2항).

사. 인가취소, 해산

1) 법무부장관은 ① 변호사법 58조의6 3항을 위반하여 3개월 이내에 구성원을 보충하지 아니한 경우, ② 이사 중에 구성원이 아닌 자나 설립인가가 취소된 법무법인(유한)의 이사이었던 자로서 그 취소 후 3년이 지나지 아니한 자, 또는 업무정지 기간 중에 있는 자가 있는 경우, 다만, 해당 사유가 발생한 날부터 3개월 이내에 그 이사를 개임한 경우에는 그러하지 아니하다. ③ 제58조의8 제1항을 위반하여 다른 법인에 출자하거나 타인의 채무를 보증한 경우, ④ 제58조의9 제1항을 위반하여 회계처리를 한 경우, ⑤ 제58조의12 제1항을 위반하여 손해배상 준비금을 적립하지 아니하거나 보험 또는 공제기금에 가입하지 아니한 경우, ⑥ 업무집행에 관하여 법령을 위반한 경우에는 설립인가를 취소할 수 있다(법 제58조의13).

2) 법무법인(유한)은 정관상의 해산사유의 발생, 구성원 과반수와 구성원의 의결권의 4분의 3이상을 가진 자의 동의, 합병, 파산, 설립인가의 취소, 존립기간의 경과의 사유가 있을 때에는 해산한다(법 제58조의14).

사례

L법무법인(유한)은 A회사와 손해배상청구사건의 소송위임계약을 체결하고 구성원 변호사 甲과 구성원 아닌 소속 변호사 乙을 담당변호사로 지정하였고, 구성원 변호사 丙으로 하여금 변호사 甲과 乙을 지휘 감독하게 하였다. 그런데 담당변호사들이 상고이유서 제출기간을 간과한 과실로 상고이유서를 제출하지 않아 상고가 기각됨으로써 A회사에 막대한 손해를 발생시켰다. 변호사 甲은 구성원 변호사이므로 손해를 배상할 책임이 있지만, 변호사 乙은 구성원이 아닌 피고용자(근로자)에 불과하므로 손해를 배상할 책임 없다.[21] 맞는가?

- 아니다. 변호사 乙도 담당변호사이므로 수임사건에 대하여 고의나 과실로 그 수임사건의 위임인에게 손해를 발생시킨 경우에 변호사 甲, 乙 모두 법무법인(유한)과 연대하여 그 손해를 배상할 책임이 있다. 구성원 변호사인 경우는 물론, 구성원 아닌 소속 변호사인 경우도 동일하게 적용된다.

5. 법무조합

가. 의의

법무조합은 구성원 변호사가 법무조합의 채무에 대하여 그 채무발생 당시의 손실분담비율에 따라 책임을 지는 법률사무소 형태이다.[22] 법무조합에 관해서는 변호사법에 정한 것 외에는 민

21 법조윤리 변호사시험 제6회.

법 중 조합에 관한 규정(민법 제731조는 제외한다)을 준용한다(법 제58조의31 제1항).

나. 설립

1) 법무조합을 설립하려면 구성원이 될 변호사가 규약을 작성하여 주사무소 소재지의 지방변호사회와 대한변호사협회를 거쳐 법무부장관의 인가를 받아야 한다. 규약을 변경하려는 경우도 같다(법 제58조의19). 법무법인이나 법무법인(유한)은 정관을 작성하는 데 대하여, 법무조합에서는 '규약'을 작성한다. 규약의 법적 성질은 조합계약에 해당한다.

2) 법무부장관은 법무조합의 설립을 인가한 경우에는 관보에 고시하여야 하는데(법 제58조의19 제2항), 법무조합은 위 고시가 있을 때에 성립한다(동조 제3항).

다. 구성원과 업무집행

1) 법무조합은 7명 이상의 구성원 변호사를 두어야 하며, 그 중 2명 이상이 통산하여 10년 이상 「법원조직법」 제42조 제1항 각 호의 어느 하나에 해당하는 직에 있었던 자이어야 한다(법 제58조의6 제1항). 위 구성원의 요건을 충족하지 못하게 된 경우에는 3개월 이내에 보충하여야 한다(법 제58조의22). 법무조합에 관하여는 이 법에 정한 것 외에는 민법 중 조합에 관한 규정이 준용되므로(법 제58조의31 제1항), 법무조합의 구성원 변호사는 출자의무를 부담한다. 다만 법무조합은 법무법인(유한)과는 달리 자본총액에 관한 제한이 없다.

2) 법무조합의 업무집행은 구성원 과반수의 결의에 의한다. 다만 둘 이상의 업무집행 구성원을 두는 경우에는 그 과반수의 결의에 의한다(법 제58조의23 제1항). 법무조합은 규약으로 정하는 바에 따라 업무집행 구성원 전원으로 구성된 운영위원회를 둘 수 있다(동조 제2항).

3) 변호사로서의 업무집행방법에 관하여는 법무법인에 관한 규정을 준용하고 있기 때문에(법 제58조의30, 제49-52조), 법무법인이나, 법무법인(유한)의 경우와 차이가 없다.

라. 책임

1) 구성원의 책임

구성원은 법무조합의 채무(법 제58조의25에 따른 손해배상책임과 관련한 채무는 제외한다)에 대하여 그 채무발생 당시의 손실 분담비율에 따라 책임을 진다(법 제58조의24). 수임사건과 관련된 손해배상책임은 제외되므로 여기의 채무는 직원의 급여, 사무실임차료, 운영자금의 차용 등 법무조합 자체의 운영과 관련하여 발생한 채무만을 의미한다.

2) 수임사건과 관련된 손해배상책임

담당변호사가 수임사건에 관하여 고의나 과실로 그 수임사건의 위임인에게 손해를 발생시킨

---

22 법무조합과 연대하여 X.

경우 담당변호사는 그 손해를 배상할 책임이 있다(법무조합과 연대하여 X). 담당변호사가 이와 같이 손해배상책임을 지는 경우 그 담당변호사를 직접 지휘, 감독한 구성원도 그 손해를 배상할 책임이 있다. 다만, 지휘, 감독을 할 때에 주의를 게을리하지 않았음을 증명한 경우에는 그러하지 않는다. 이러한 책임을 지지 않는 구성원은 위 손해배상책임에 대하여는 조합재산의 범위 내에서 그 책임을 진다(법 제58조의25 제1-3항). 법무조합은 수임사건과 관련된 손해배상책임에 관한 사항을 사건수임계약서와 광고물에 명시하여야 한다(동조 제4항).

3) 법무조합은 수임사건과 관련한 위 2)의 손해배상책임을 보장하기 위하여 사업연도마다 손해배상 준비금을 적립하거나 보험 또는 대한변호사협회가 운영하는 공제기금에 가입하여야 한다(법 제58조의30, 제58조의12 제1항). 손해배상 준비금, 손해배상보험 또는 공제기금은 법무부장관의 승인 없이는 손해배상 외의 다른 용도로 사용하거나 그 보험계약 또는 공제계약을 해제 또는 해지하여서는 아니 된다(동조 제2항).

마. 소송당사자능력

법무조합은 소송의 당사자가 될 수 있다(법 제58조의26).

바. 인가취소, 해산

1) 법무부장관은 ① 변호사법 제58조의22 제3항을 위반하여 3개월 이내에 구성원을 보충하지 아니한 경우, ② 동법 제58조의30에 따라 준용되는 제58조의12 제1항을 위반하여 손해배상 준비금을 적립하지 아니하거나 보험 또는 공제기금에 가입하지 아니한 경우, ③ 업무집행에 관하여 법령을 위반한 경우에는 설립인가를 취소할 수 있다(법 제58조의27).

2) 법무조합은 규약상의 해산사유의 발생, 구성원 과반수의 동의(규약으로 비율을 높게 할 수 있음), 설립인가의 취소, 존립기간 경과의 사유가 있을 때에는 해산한다(법 제58조의28).

사례

법무조합 甲은 의뢰인 A로부터 손해배상청구 사건을 수임하였다. 위 법조조합의 변호사乙, 丙이 위 사건의 담당변호사로 지정되었으며, 변호사 丁은 이 사건의 지휘 감독자로 지정되었다. 그런데 담당변호사들이 소송수행 중 손해액에 대한 증명을 게을리한 잘못으로 손해배상청구는 기각되었고, 그 결과 A은 큰 손해를 보았다. 변호사 乙, 丙, 丁에게 변제능력이 없는 경우에는 다른 구성원 변호사들이 균분하여 변제할 책임이 있다.[23] 맞는가?

- 아니다. 다른 구성원 변호사들은 수임사건과 관련된 손해배상책임에 대하여 조합재산의 범위 내에서 그 책임을 진다.

23 법조윤리 변호사시험 제2회.

Ⅲ. 변호사회의 가입

1. 강제가입

변호사로서 개업하려면 대한변호사협회에 등록을 하여야 한다(법 제7조 제1항). 위 등록을 하려는 자는 가입하려는 지방변호사회를 거쳐 등록신청을 하여야 한다(법 제7조). 따라서 변호사는 지방변호사회와 대한변호사협회에 의무적으로 가입하지 않으면 안 된다.

2. 지방변호사회

가. 설립

1) 변호사의 품위를 보전하고 변호사 사무의 개선과 발전을 도모하며, 변호사의 지도와 감독에 관한 사무를 하도록 하기 위하여 지방법원 관할 구역마다 1개의 지방변호사회를 둔다. 다만, 서울특별시에는 1개의 지방변호사회를 둔다(법 제64조 제1항).[24] 지방변호사회는 법인으로 한다(동조 제2항).

2) 지방변호사를 설립할 때에는 회원이 될 변호사가 회칙을 정하여 대한변호사협회를 거쳐 법무부장관의 인가를 받아야 한다. 회칙을 변경할 때에도 또한 같다(법 제65조).

3) 법무부장관은 지방변호사회의 설립을 인가하였을 때에는 그 명칭, 사무소의 소재지 및 설립연원일을 고시하여야 한다. 명칭이나 소재지가 변경되었을 때에도 같다(법 제67조).

나. 가입 및 탈퇴

1) 변호사법 7조에 따른 등록을 한 변호사는 가입하려는 지방변호사회의 회원이 된다(법 제68조 제1항).

2) 소속 변경등록을 한 변호사는 새로 가입하려는 지방변호사회의 회원이 되고, 종전 소속 지방변호사회를 당연히 탈퇴한다(동조 제2항).

3) 등록이 취소된 변호사는 소속 지방변호사회를 당연히 탈퇴한다(동조 제3항).

---

24 각급 법원의 설치와 관할구역에 관한 법률 제4조 제1호, [별표 3] 고등법원·지방법원과 그 지원의 관할구역(일부)

고등법원	지방법원	지원	관할구역
서 울	서울중앙		서울특별시 종로구·중구·강남구·서초구·관악구·동작구
	서울동부		서울특별시 성동구·광진구·강동구·송파구
	서울남부		서울특별시 영등포구·강서구·양천구·구로구·금천구
	서울북부		서울특별시 동대문구·중랑구·성북구·도봉구·강북구·노원구
	서울서부		서울특별시 서대문구·마포구·은평구·용산구

다. 주요 업무

1) 국선변호인 협력의무 등

① 지방변호사회는 법원에 국선변호인 예정자 명단을 제출하고 국선변호인의 변호활동을 지원하는 등 국선변호인제도의 효율적인 운영에 적극 협력하여야 한다(법 제72조 제1항).

② 지방변호사회는 재정결정에 따라 법원의 심판에 부쳐진 사건에 대한 공소유지 변호사의 추천, 「민사조정법」에 따른 조정위원의 추천 등 사법제도의 건전한 운영에 성실히 협력하여야 한다(동조 제2항).

2) 분쟁의 조정

지방변호사회는 그 회원인 변호사 상호간 또는 그 회원인 변호사와 위임인 사이에 직무상 분쟁이 있으면 당사자의 청구에 의하여 이를 조정할 수 있다(법 제74조).

3) 자문과 건의

지방변호사회는 공공기관에서 자문받은 사항에 관하여 회답하여야 하며, 법률사무나 그 밖에 이와 관련된 사항에 대하여 공공기관에 건의할 수 있다(법 제75조).

4) 사실조회 등

지방변호사회는 회원인 변호사가 수임사건과 관련하여 공공기관에 조회하여 필요한 사항의 회신이나 보관 중인 문서의 등본 또는 사본의 송부를 신청하는 경우에는 그 신청이 적당하지 아니하다고 인정할 만한 특별한 사유가 있는 경우가 아니면 그 신청에 따라 공공기관에 이를 촉탁하고 회신 또는 송부 받은 결과물을 신청인에게 제시하여야 한다(법 제75조의2).

5) 회원들에 대한 정보제공의무

지방변호사회는 의뢰인의 변호사 선임의 편의를 도모하고 법률사건이나 법률사무 수임의 투명성을 확보하기 위하여 회원들의 학력, 경력, 주요 취급 업무, 업무 실적 등 사건 수임을 위한 정보를 의뢰인에게 제공하여야 한다(법 제76조 제1항).

6) 기타

사법연수생의 변호사 실무 수습(법 제73조) 등을 담당한다.

라. 감독

1) 지방변호사회는 대한변호사협회와 법무부장관의 감독을 받는다(법 제77조 제1항).

2) 지방변호사회는 총회의 결의 내용을 지체 없이 대한변호사협회와 법무부장관에게 보고하여야 한다(동조 제2항). 법무부장관은 위 결의가 법령이나 회칙에 위반된다고 인정하면 대한변호사협회의 장의 의견을 들어 취소할 수 있다(동조 제3항).

마. 비밀 준수

지방변호사회의 임직원이나 임직원이었던 자는 법률에 특별한 규정이 있는 경우가 아니면 수임사건의 건수 및 수임액의 보고(법 제28조의2), 공직퇴임변호사의 수임자료(법 제89조의4 제1항), 특정변호사의 수임자료(법 제89조의5 제1항)에 관한 업무처리와 관련하여 알게 된 비밀을 누설하여서는 아니 된다(법 제77조의2).

3. 대한변호사협회

가. 설립

1) 변호사의 품위를 보전하고 법률사무의 개선과 발전, 그 밖의 법률문화의 창달을 도모하며, 변호사 및 지방변호사회의 지도 및 감독에 관한 사무를 하도록 하기 위하여 대한변호사협회를 둔다(법 제78조 제1항). 대한변호사협회는 법인으로 한다(동조 제2항).

2) 지방변호사회는 연합하여 회칙을 정하고 법무부장관의 인가를 받아 대한변호사협회를 설립하여야 한다. 회칙을 변경할 때에도 같다(법 제79조).

3) 이에 따라 대한변호사협회 회칙은 그 설립목적으로 ① 기본적 인권의 옹호와 민주적 기본질서의 확립, ② 준법정신의 앙양과 법률지식의 보급, ③ 법률문화의 창달과 국제적 교류, ④ 법제도의 개선과 법률사무의 쇄신, ⑤ 법률구조사업의 수행과 사법복지의 증진, ⑥ 변호사의 품위보전과 자질향상, ⑦변호사, 법무법인, 법무법인(유한), 법무조합, 공증인가합동법률사무소 및 지방변호사회의 지도와 감독, ⑧ 외국법자문사의 품위보전, 자질향상 및 외국법자문사, 외국법자문사법률사무소의 지도와 감독을 규정하고 있다(동 회칙 제2조).

나. 회원

1) 회원의 종류는 단체회원, 법인회원, 개인회원 및 외국회원으로 한다(회칙 제7조 제1항).

2) 단체회원은 지방변호사회로 하고(동조 제2항), 법인회원은 법무법인, 법무법인(유한), 법무조합 및 공증인가합동법률사무소로 한다(동조 제3항). 개인회원은 개업신고를 한 변호사로 하며(동조 제4항), 외국회원은 외국법자문사로 한다(동조 제4항).

3) 개업신고를 하지 않았거나 휴업신고를 한 변호사는 준회원이 된다(회칙 제10조 제1항). 준회원에 대하여는 회칙 중 회원의 권리, 의무와 변호사의 지도, 감독에 관한 규정을 적용하지 아니한다(동조 제2항).

다. 회원의 권리와 피선거권의 제한

1) 개인회원은 회칙 또는 규칙이 정하는 바에 따라 임원 및 대의원 선고의 선거권 및 피선거

권을 가진다(회칙 제8조 제1항).

2) 선고권이 있는 회원으로서 선거일을 기준으로 ① 등록취소 후 재등록한 회원의 경우는 재등록을 한 날부터 2년을 경과하지 아니한 자, ② 변호사법에 의한 업무정지명령을 받고 그 기간 중에 있는 자의 경우에는 협회장, 감사, 대의원, 대한변호사협회 징계위원회 징계위원 등 선출직의 피선거권이 없다(회칙 제8조의2 제1항). 정당의 당적을 가진 자는 협회장이 될 수 없다(동조 제2항). 협회장, 감사, 대의원, 대한변호사협회 징계위원회 등 선출직에 대한 피선거권의 제한은 오직 회칙을 통해서만 가능하다(동조 제3항).

라. 법률구조기구 등

1) 대한변호사협회에 법률구조사업을 하도록 하기 위해 법률구조기구를 두며, 지방변호사회에는 그 지부를 둘 수 있다(법 제84조).

2) 변호사는 변호사의 전문성과 윤리의식을 높이기 위하여 대한변호사협회가 실시하는 연수교육을 받아야 한다(법 제85조).

3) 대한변호사협회는 공공기관에서 자문받은 사항에 관하여 회답하여야 하며, 법률사무나 그 밖에 이와 관련된 사항에 대하여 공공기관에 건의할 수 있다(법 제87조, 제75조).

마. 감독

1) 대한변호사협회는 법무부장관의 감독을 받는다(법 제86조 제1항).

2) 대한변호사협회는 총회의 결의 내용을 지체 없이 법무부장관에게 보고하여야 한다(동조 제2항). 법무부장관은 총회의 결의가 법령이나 회칙에 위반된다고 인정하면 이를 취소할 수 있다(동조 제3항).

Chapter

04 변호사·의뢰인의 관계, 상대방·다른 변호사에 대한 윤리

Ⅰ. 변호사·의뢰인 관계의 성격

1. 위임계약관계

1) 변호사와 의뢰인 간의 관계는 원칙적으로 위임계약관계이다.

2) 따라서 양자 간의 법률관계는 의뢰인이 수임인인 변호사에게 사무의 처리를 위탁하고 상대방이 이를 승낙함으써 그 효력이 생긴다(민법 제680조). 의뢰인이 처리를 위탁한 사무는 법률사무이다.

2. 위임계약의 특징

1) 위임계약은 당사자 사이의 인적 신뢰관계를 기초로 성립된다. 특히 변호사와 의뢰인 간의 법률사무 처리의 위임계약은 변호사의 인격, 법적 지식, 기술 및 능력 등에 대한 특별한 신뢰를 기초로 성립된다는 점에 특징이 있다.

2) 선관주의란 거래상 일반적으로 평균인에게 요구되는 정도의 주의를 말한다. 여기서 평균인이란 일반 사회인이 아니라 법률전문가로서의 평균적인 변호사이다. 따라서 변호사는 고도의 법률지식과 경험을 갖는 전문가로서 그에게는 일반 사회평균인에게 요구되는 주의의무보다 더 중한 고도의 주의의무가 요청된다.

3) 법률사무처리계약에 있어서 변호사는 의뢰인으로부터 독립하여 의무를 이행하고 의뢰인의 지휘, 명령을 받지 않는다. 따라서 당사자 사이에 지휘, 명령을 받는 복종관계가 성립하는 노무의 제공을 약정하는 고용계약(민법 제655조)과 다르다. 다만 사내변호사의 경우에는 고용계약 또는 고용과 위임과의 혼합계약이라 할 수 있다.

4) 법률사무처리계약은 일의 처리에 목적을 두는 위임이지, 일의 완성을 목적으로 하는 도급(민법 제664조)이 아니다. 따라서 변호사는 법률사무를 처리하는 것으로 족하고, 반드시 소송에서 승소하는 등 결과를 발생시킬 의무를 지는 것은 아니다.

3. 위임계약과 구별되는 점들

변호사와 의뢰인의 관계를 단순한 민법상 위임계약만으로 보기에는 다음과 같이 생각할 점이 있다.

1) 변호사는 계약의 성립 전에도 의무를 지는 경우가 있다. 예컨대, 변호사는 상담만 하고, 수임계약의 단계에 이르지 아니한 경우에도 변호사는 상담내용에 대한 비밀유지의무를 진다.

2) 계약이 종결한 후에도 의뢰인에게 비밀정보의 보호 등 일정한 의무를 진다.

3) 계약의 계속 중에도 민법의 위임계약에 관한 규정을 그대로 변호사와 의뢰인의 관계에 적용하기에는 여러 가지 다른 점이 있다.는 데에는 적지 않은 문제가 발생한다.

① 민법의 계약 규정은 원칙으로 양 당사자가 대등한 관계에 있는 것을 전제로 하고 있다. 그러나 변호사와 의뢰인의 관계는 의뢰인의 경우 법적으로 해결하기 어려운 상태에 처한 것이고 변호사는 지식과 경험으로 조력을 해 주는 입장이므로 대등한 관계로 보기 어려운 점이 있다. 또한 변호사는 의뢰인에게 약관을 계약의 내용으로 할 것을 제한하는 자로서 약관규제법상 사업자이다(약관의 규제에 관한 법률 제2조 제2호).

② 변호사와 의뢰인 사이는 위임계약을 체결할 수 있는 위임인의 자격이 법정되어 있다. 민사사건의 경우에는 사건의 당사자가 직접 위임인이 될 수 있고, 대리인을 통해 위임계약을 체결할 수도 있다. 그러나 형사사건의 경우에는 피고인 또는 피의자의 법정대리인, 배우자, 직계친족과 형제자매만이 위임계약을 체결할 수 있다(형사소송법 제30조 제2항). 그 외의 자는 변호사와 위임계약을 체결할 수 없다. 선임권 없는 자와 변호인선임계약, 변호인선임신고서 제출을 하여도 변호인 선임의 효력이 없다.[1]

③ 수임자의 보고의무에 관하여, 민법은 위임인의 청구가 있는 경우와 위임이 종료한 경우에 부담하는 의무로 규정하고 있다(제683조). 그러나 변호사는 의뢰인의 청구가 있는 경우는 물론, 청구가 없는 경우에도 필요에 따라 사건진행상황을 보고해야 할 의무가 있다.[2]

④ 수임자의 보수는 무보수를 원칙으로 하고 있다(민법 제686조). 그러나 변호사의 경우에는 당

1 대법원 1994. 10. 28. 자 94모25 결정 : 형사소송에 있어서 변호인을 선임할 수 있는 자는 피고인 및 피의자와 형사소송법 제30조 제2항에 규정된 자에 한정되는 것이고, 피고인 및 피의자로부터 그 선임권을 위임받은 자가 피고인이나 피의자를 대리하여 변호인을 선임할 수는 없는 것이므로, 피고인이 법인인 경우에는 형사소송법 제27조 제1항 소정의 대표자가 피고인인 당해 법인을 대표하여 피고인을 위한 변호인을 선임하여야 하며, 대표자가 제3자에게 변호인 선임을 위임하여 제3자로 하여금 변호인을 선임하도록 할 수는 없다.

2 박휴상, 『법조윤리』, 제3판, 도서출판 피데스, 2013, 124~125면 참조.

사자 사이에 명문의 합의가 없어도 보수지급약정이 있는 것으로 해석한다.[3]

⑤ 수임인은 위임인에게 인도할 금전 또는 위임인의 이익을 위하여 사용할 금전을 자기를 위하여 소비한 때에는 소비한 날 이후의 이자를 지급하여야 하며 그 외에 손해가 있으면 배상하여야 한다(민법 제685조). 그러나 변호사는 예납금, 보증금 등의 금전 및 증거서류 등의 수수를 명백히 하고, 이로 인한 분쟁이 발생하지 않도록 주의한다(변호사윤리장전 제24조).

⑥ 위임계약의 종료사유에 관하여, 민법은 당사자의 어느 쪽도, 언제든지 종료, 해지시킬 수 있다고 한다(제689조 제1항). 그러나 의뢰인과 변호사와의 계약에서 종료사유를 정하고 있으면 이는 사적 자치에 의해서 그 합의의 내용에 구속된다. 약관은 계약의 한쪽 당사자가 여러 명의 상대방과 계약을 체결하기 위하여 일정한 형식으로 미리 마련한 계약의 내용을 말한다(약관의 규제에 관한 법률 제2조 제1호). 통상 변호사는 미리 계약서 양식을 준비하여 계약을 체결하고 있다. 의뢰인과 변호사와의 계약의 내용이 약관이 되는 경우에는 약관의 규제에 관한 법률이 적용된다.

사례

① 구속피고인인 A의 위임을 받은 4촌형 B가 A를 대리하여 변호사 갑과 변호인선임계약을 작성하였다. 위 계약은 유효한가?

- 유효하지 않다. 형사소송에 있어서 변호인을 선임할 수 있는 자는 피고인 및 피의자와 형사소송법 제30조 제2항에 규정된자(법정대리인, 배우자, 직계친족과 형제자매)에 한정되는 것이고, 피고인 및 피의자로부터 그 선임권을 위임받은 자가 피고인이나 피의자를 대리하여 변호인을 선임할 수 없다. 따라서 위 선임계약은 무효이다.

② 피고인이 법인인 경우 누가 변호인을 선임할 수 있는가? 대표자가 제3자에게 변호인 선임을 위임하여 제3자로 하여금 변호인을 선임하도록 할 수 있는가?

- 형사소송에 있어서는 위에서 본 바와 같이 피고인 및 피의자로부터 그 선임권을 위임 받은 자가 피고인이나 피의자를 대리하여 변호인을 선임할 수는 없는 것이므로, 피고인이 법인인 경우에는 형사소송법 제27조 제1항 소정의 대표자가 피고인인 당해 법인을 대표하여 피고인을 위한 변호인을 선임하여야 하며, 대표자가 제3자에게 변호인 선임을 위임하여 제3자로 하여금 변호인을 선임하도록 할 수는 없다.

---

3 대법원 1995. 12. 5. 선고 94다50229 판결 : 변호사에게 계쟁 사건의 처리를 위임함에 있어서 그 보수 지급 및 수액에 관하여 명시적인 약정을 아니하였다 하여도, 무보수로 한다는 등 특별한 사정이 없는 한 응분의 보수를 지급할 묵시의 약정이 있는 것으로 봄이 상당하고, 이 경우 그 보수액은 사건 수임의 경위, 사건의 경과와 난이 정도, 소송물 가액, 승소로 인하여 당사자가 얻는 구체적 이익과 소속 변호사회 보수규정 및 의뢰인과 변호사 간의 관계, 기타 변론에 나타난 제반 사정을 참작하여 결정함이 상당하다.

Ⅱ. 변호사·의뢰인 관계의 형성

1. 형성시점

가. 위임계약의 체결

1) 변호사와 의뢰인의 관계는 원칙적으로 위임계약의 체결에 의하여 발생한다. 통상 변호사와 의뢰인 사이에는 수임계약서가 작성되는데, 이 때 위임계약이 성립된 것으로 볼 수 있다.

2) 거래의 실제를 보면 수임계약서와 함께 소송위임장을 작성하는 것이 일반적이다. 소송위임장은 민사소송법 제89조 제1항에 따른 소송대리인의 권한을 증명하는 서면이다.

나. 잠재적 의뢰인

1) 잠재적 의뢰인이란 수임계약의 단계에 이르지 아니한 경우를 말한다.

2) 의뢰인이 변호사와 전화를 하거나 또는 변호사를 방문하여 문의를 하는 것만으로는 위임계약이 성립되지 않는다. 그러나 이 경우에도 변호사는 법률전문가로서 상담을 했기 때문에 부분적으로라도 변호사·의뢰인 관계가 성립된다고 보아야 할 것이다.

3) 따라서 상담의 내용에 대해서 책임이 있을 뿐만 아니라, 상담과정에서 얻은 비밀을 유지할 의무를 진다. 이때 비밀의 유지에는 비밀의 이용금지도 포함된다(변호사윤리장전 제18조 제1항).

4) 그러나 변호사는 의뢰인과 대립되는 상대방으로부터 사건의 수임을 위해 상담하였으나 수임에 이르지 아니하였거나 기타 그에 준하는 경우로서, 상대방의 이익이 침해되지 않는다고 합리적으로 여겨지는 경우에는, 상담 등의 이유로 수임이 제한되지 아니한다(변호사윤리장전 제22조 제3항).

2. 수임의무와 수임거절

가. 변호사의 수임의무

1) 변호사·의뢰인의 관계가 신뢰관계를 기초로 하는 것이기 때문에, 변호사가 수임 여부를 결정하는 것은 원칙적으로 자유이다.

2) 그러나 변호사로서의 사명을 감안하여 변호사법과 변호사윤리장전은 수임을 거절해서는 안되는 경우와 수임을 거절해야 하는 경우에 관하여 규정을 두고 있다.

나. 수임을 거절해서는 안 되는 경우

변호사윤리장전은 변호사가 사건의 수임을 거절해서는 안 되는 경우를 규정하고 있다(변호사윤리장전 제16조).

1) 변호사는 의뢰인이나 사건의 내용이 사회일반으로부터 비난을 받는다는 이유만으로 수임을 거절하지 아니한다(동조 제1항).

2) 변호사는 노약자, 장애인, 빈곤한 자, 무의탁자, 외국인, 소수자, 기타 사회적 약자라는 이유만으로 수임을 거절하지 아니한다(동조 제2항).

3) 변호사는 법원을 비롯한 국가기관 또는 대한변호사협회나 소속 지방변호사회로부터 국선변호인, 국선대리인, 당직변호사 등의 지정을 받거나 기타 임무의 위촉을 받은 때에는 신속하고 성실하게 이를 처리하고 다른 일반 사건과 차별하지 아니한다. 그 선임된 사건 또는 위촉받은 임무가 이미 수임하고 있는 사건과 이해관계가 상반되는 등 정당한 사유가 있는 경우에는, 그 취지를 알리고 이를 거절한다(동조 제3항).

사례

변호사 甲은 의뢰인 A의 업무상 과실치사사건의 변호를 수락하고 사건 수임약정서를 작성하는 것만 남겨둔 상태였으나 후에 의뢰인 A가 사기적인 수법으로 다단계판매를 하여 많은 피해자가 생겼다는 뉴스가 대대적으로 보도되자 A의 업무상 과실치사사건이 이와 무관함에도 불구하고 A에 대한 비판적인 사회여론의 불똥이 자신에게도 튈 것을 우려하여 위 업무상 치사사건에서의 A의 변호를 단념하고 일방적으로 사건 수임거절의사를 A에게 통보하였다. 변호사 甲의 행위는 변호사윤리에 저촉되는지 여부가 문제된다.[4]

- 해당사건에 대한 사회적 비난, 형사피고인에 대한 유죄확신, 민사사건에서의 승소가능성, 해당사건의 주제에 대한 반감, 사건 관련자의 사회적 신분·지위 등은 수임거절의 정당한 사유가 아니다. 변호사 甲의 행위는 변호사 윤리에 저촉된다.

다. 수임을 거절해야 하는 경우

1) 위법한 사건

변호사는 의뢰인의 위법행위에 협조하는 내용의 수임계약을 체결할 수 없다. 즉, 변호사는 의뢰인의 범죄행위, 기타 위법행위에 협조하지 아니한다. 직무수행 중 의뢰인의 행위가 범죄행위, 기타 위법행위에 해당된다고 판단된 때에는 즉시 그에 대한 협조를 중단한다(변호사윤리장전 제11조 제1항).

2) 부당한 사건

변호사는 위임의 목적 또는 사건처리의 방법이 현저하게 부당한 경우에는 당해 사건을 수임하지 아니한다(변호사윤리장전 제21조).

---

4 법무부 법조윤리모의시험 문제 참조.

3) 범죄혐의가 희박한 사건

변호사는 범죄혐의가 희박한 사건의 고소, 고발 또는 진정 등을 종용하지 아니한다(변호사윤리장전 제11조 제2항).

4) 기대 결과를 얻을 가능성이 없거나 희박한 사건

변호사가 사건의 처리에 있어서 낙관적인 전망을 암시하여 사건을 수임하는 것은 금지된다. 변호사는 의뢰인이 기대하는 결과를 얻을 가능성이 없거나 희박한 사건을 그 가능성이 높은 것처럼 설명하거나 장담하지 아니한다(변호사윤리장전 제20조 제2항).

5) 적절한 대리가 어려운 사건

변호사는 ① 전문성이 없거나 부족하여 성실한 직무수행이 어려운 경우, ② 적절한 사건 처리를 할 만한 정신적 또는 육체적 건강상태가 아닌 경우 등 자신이 의뢰인을 적절히 대리할 수 없다고 판단하는 경우에는 수임을 거절해야 한다.

6) 이익충돌 사건

변호사법과 변호사윤리장전 등에 의해서 이익충돌이 되는 사건은 수임을 거절해야 된다(법 제31조, 변호사윤리장전 제22조).

3. 수임의 절차

가. 수임계약서의 작성과 설명의무

1) 수임계약서 작성

변호사는 사건을 수임할 경우에는 수임할 사건의 범위, 보수, 보수 지급방법, 보수에 포함되지 않는 비용 등을 명확히 정하여 약정하고, '가급적'서면으로 수임계약을 체결한다. 다만, 단순한 법률자문이나 서류의 준비, 기타 합리적인 이유가 있는 경우에는 그러하지 아니하다(변호사윤리장전 제32조).

2) 설명의무

변호사는 의뢰인이 사건 위임 여부를 결정할 수 있도록 의뢰인으로부터 제공받은 정보를 기초로 사건의 전체적인 예상 진행과정, 수임료와 비용, 기타 필요한 사항을 설명한다(변호사윤리장전 제20조 제1항). 또한 변호사는 상대방 또는 상대방 대리인과 친족관계 등 특수한 관계가 있을 때에는 이를 미리 의뢰인에게 알린다(동조 제3항). 이러한 의뢰인에 대한 설명의무는 수임할 때뿐만 아니라 그 후 업무를 수행하는 과정에서도 계속하여 유지되어야 한다.

3) 신청사무 수임과 확인의무

변호사가 의뢰인으로부터 소유권이전등기 신청사무를 수임함에 있어서는 인감증명서나 주민등록증을 제출 또는 제시케 하거나 기타 이에 준하는 방법으로 의뢰인이 소유자 본인 또는 그의 적법한 대리인인지 여부를 확인하고 수임하였어야 할 터인데 이를 게을리 하였을 뿐만 아니라, 인감증명서나 주민등록표를 통상 필요한 주의를 기울여서 검토하였더라면 위 서류들이 위조된 사실을 용이하게 발견할 수 있어 의뢰인이 소유자 본인 또는 그의 적법한 대리인이 아님을 쉽게 알 수 있었던 상황이었는데도 이를 게을리 하여 위와 같은 사실을 간과하였다면 변호사에게 과실이 있다고 할 수 있다.[5]

나. 위임장 등의 제출과 변호사회 경유

1) 변호사는 사건을 수임하였을 때에는 소송위임장(민사사건)이나 변호인선임신고서(형사사건) 등을 해당 기관에 제출하여야 한다. 이를 제출하지 아니하고는 전화, 문서, 방문, 기타 어떠한 방법으로도 변론활동을 하여서는 안 된다(변호사윤리장전 제23조 제1항).

2) 변호사가 법률사건 또는 법률사무에 관한 소송위임장이나 변호인선임신고서 등을 공공기관에 제출할 때에는 사전에 소속 지방변호사회를 경유하여야 한다. 다만, 사전에 경유 할 수 없는 급박한 사정이 있는 경우에는 사후에 지체 없이 경유 절차를 보완한다(법 제29조, 변호사윤리장전 제23조 제2항).[6]

3) 변호사는 법원이나 수사기관에 변호인선임서나 위임장 등을 제출하지 아니하고는 ① 재판에 계속(係屬) 중인 사건, ② 수사 중인 형사사건[내사(內査) 중인 사건을 포함]에 대하여 변호하거나 대리할 수 없다(법 제29조의2). 정당한 이유 없이 제29조의2를 위반하여 변호하거나 대리한 자는 1천만원 이하의 과태료를 부과한다(법 제117조 제2항 제3호).

4) 형사소송에서 변호인 선임의 효력은 위임계약의 체결만으로는 발생하지 않고 변호인 선임신고서가 수사기관이나 법원에 제출된 때 비로소 발생한다(형사소송법 제32조 제1항).[7] 따라서 그 변호인선임신고서가 법원에 제출되기 전에 변호인으로서 행한 소송행위는 무효이다. 변호인선임신고서를 제출하지 아니한 변호인이 변호인 명의로 정식재판청구서만 제출하고, 형사소송법 제453조 제1항이 정하는 정식재판청구기간(약식명령의 고지를 받은 날로부터 7일 이내) 경과 후에 비로소 변호인선임신고서를 제출한 경우, 변호인 명의로 제출한 위 정식재판청구서는 적법·유효

---

5 대법원 1990. 12. 7. 선고 90다카27396 판결.

6 변호사윤리장전 제30조(분쟁 조정)
변호사는 의뢰인과 직무와 관련한 분쟁이 발생한 경우에는, 소속 지방변호사회의 조정에 의하여 분쟁을 해결하도록 노력한다.

7 형사소송법 제32조(변호인선임의 효력)
① 변호인의 선임은 심급마다 변호인과 연명날인한 서면으로 제출하여야 한다.
② 공소제기 전의 변호인 선임은 제1심에도 그 효력이 있다.

한 정식재판청구로서의 효력이 없다. 이 때의 변호인선임신고서는 특별한 사정이 없는 한 원본을 의미하며, 사본은 이에 해당하지 않는다.[8]

다. 복대리인의 선임

1) 변호사는 복대리인을 선임하려는 경우 위임인의 승낙이나 부득이한 사유가 있어야 한다. 변호사가 복대리인을 선임한 때에는 의뢰인에 대하여 복대리인 선임감독에 대한 책임이 있다(민법 제682조, 제121조).[9]

2) 민사소송에서는 복대리인의 선임은 의뢰인의 개별적인 수권이 있어야 하는 특별수권사항으로 하고 있다(민사소송법 제90조 제2항 제4호). 따라서 소송대리인은 의뢰인의 특별수권이 없으면 복대리인을 선임할 수 없다.

4. 수임사무의 범위

가. 수임사건에서 변호사의 직무범위

1) 일반적으로 수임인은 위임의 본지에 따라 선량한 관리자의 주의의무를 다하여야 하고, 특히 소송대리를 위임받은 변호사는 그 수임사무를 수행함에 있어 전문적인 법률지식과 경험에 기초하여 성실하게 의뢰인의 권리를 옹호할 의무가 있다고 할 것이지만, 구체적인 위임사무의 범위는 변호사와 의뢰인 사이의 위임계약의 내용에 의하여 정하여지고, 변호사에게 이와 같은 위임의 범위를 넘어서서 의뢰인의 재산 등 권리의 옹호에 필요한 모든 조치를 취하여야 할 일반적인 의무가 있다고 할 수는 없다.[10]

2) 통상 소송위임장이라는 것은 민사소송법 제81조 제1항에 따른 소송대리인의 권한을 증명하는 전형적인 서면이라고 할 것인데, 여기에서의 소송위임(수권행위)은 소송대리권의 발생이라는 소송법상의 효과를 목적으로 하는 단독 소송행위로서 그 기초관계인 의뢰인과 변호사 사이의 사법상의 위임계약과는 성격을 달리하는 것이고, 의뢰인과 변호사 사이의 권리의무는 수권행위가 아닌 위임계약에 의하여 발생한다. 민사소송법 제82조의 규정은 소송절차의 원활·확실을 도모하기 위하여 소송법상 소송대리권을 정형적·포괄적으로 법정한 것에 불과하고 변호사와 의뢰

---

8 대법원 2005. 1. 20. 자 2003모429 결정.

9 민법 제682조(복임권의 제한)
① 수임인은 위임인의 승낙이나 부득이한 사유없이 제삼자로 하여금 자기에 갈음하여 위임사무를 처리하게 하지 못한다.
② 수임인이 전항의 규정에 의하여 제삼자에게 위임사무를 처리하게 한 경우에는 제121조, 제123조의 규정을 준용한다.
제121조(임의대리인의 복대리인선임의 책임)
① 전조의 규정에 의하여 대리인이 복대리인을 선임한 때에는 본인에게 대하여 그 선임감독에 관한 책임이 있다.
② 대리인이 본인의 지명에 의하여 복대리인을 선임한 경우에는 그 부적임 또는 불성실함을 알고 본인에게 대한 통지나 그 해임을 태만한 때가 아니면 책임이 없다.

10 대법원 2002. 11. 22. 선고 2002다9479 판결.

인 사이의 사법상의 위임계약의 내용까지 법정한 것은 아니므로, 본안소송을 수임한 변호사가 그 소송을 수행함에 있어 강제집행이나 보전처분에 관한 소송행위를 할 수 있는 소송대리권을 가진다고 하여 의뢰인에 대한 관계에서 당연히 그 권한에 상응한 위임계약상의 의무를 부담한다고 할 수는 없고, 변호사가 처리의무를 부담하는 사무의 범위는 변호사와 의뢰인 사이의 위임계약의 내용에 의하여 정하여진다.[11]

사례

① 변호사 甲은 A로부터 소유권이전등기청구사건을 위임받아 소송을 제기하였으나 당해 부동산에 대한 가처분신청을 하여 줄 것을 명시적으로 요청받지 않았다. 이 경우 변호사 甲은 A를 위하여 가처분에 관한 소송행위를 할 의무를 부담하는지 여부

- 변호사 甲은 위임계약상 구체적인 위임이 없으면 가처분조치를 취할 의무가 없다.[12]

② 가압류·가처분 등 보전소송사건을 수임받은 소송대리인의 소송대리권은 본안의 제소명령 신청권과, 제소명령결정을 송달받은 권한에까지 미치는지 여부

- 가압류·가처분 등 보전소송사건을 수임(수권행위)받은 소송대리인의 소송대리권은 수임받은 사건에 관하여 포괄적으로 미친다고 할 것이므로 가압류사건을 수임받은 변호사의 소송대리권은 그 가압류신청사건에 관한 소송행위뿐만 아니라 본안의 제소명령을 신청하거나, 상대방의 신청으로 발하여진 제소명령결정을 송달받을 권한에까지 미친다.[13]

나. 권리보전조치 관련 의무 및 설명의무

1) 본안소송을 수임한 변호사는 구체적인 위임이 없으면 강제집행이나 보전처분에 관한 소송행위 등을 행하여야 할 의무가 없다. 하지만 '권리보전조치의 위임을 별도로 받은 바 없다고 하더라도 그 회수를 위해서 필요한 수단을 구체적으로 강구할 것인지를 결정하도록 하기 위한 법률적인 조언을 할 설명의무'이 있는지가 문제되었다.

2) 수표에 대한 대여금 청구소송을 위임받은 사례에서 사고신고담보금에 대한 직접청구권을 행사할 수 있도록 하는 조치를 행할 의무가 있는지에 관하여, ① 피사취수표와 관련된 본안소송을 위임받은 변호사가 사고신고담보금에 대한 권리 보전조치의 위임을 별도로 받은 바 없다면, 적극적으로 사고신고담보금에 대한 권리 보전조치로서 지급은행에 소송계속중임을 증명하는 서면을 제출하여야 할 의무가 있다고 볼 수는 없다. ② 의뢰인과 변호사 사이의 신뢰관계 및 사고수표와 관련된 소송을 위임한 의뢰인의 기대와 인식 수준에 비추어 볼 때, 피사취수표와 관련된 본안소송을 위임받은 변호사는, 비록 사고신고담보금에 대한 권리 보전조치의 위임을 별도로 받은 바 없다고 하더라도, 위임받은 소송업무를 수행함에 있어서 사고신고담보금이 예치된 사실을

11 대법원 1997. 12. 12. 선고 95다20775 판결.

12 대법원 1997. 12. 12. 선고 95다20775 판결.

13 대법원 2003. 3. 31. 자 2003마324 결정.

알게 되었다면, 이 경우에는 수표 소지인이 당해 수표에 관한 소송이 계속중임을 증명하는 서면을 지급은행에 제출하고 수익의 의사표시를 하면 나중에 확정판결 등을 통하여 정당한 소지인임을 증명함으로써 사고신고담보금에 대한 직접청구권이 생기므로, 법률전문가의 입장에서 승소판결금을 회수하는 데 있어 매우 실효성이 있는 이와 같은 방안을 위임인에게 설명하고 필요한 정보를 제공하여 위임인이 그 회수를 위하여 필요한 수단을 구체적으로 강구할 것인지를 결정하도록 하기 위한 법률적인 조언을 하여야 할 보호의무가 있다고 보아야 할 것이다.[14]

3) 위임사무의 종료단계에서 패소판결이 있었던 경우에 관하여, 판례는 구체적인 위임사무의 범위는 변호사와 의뢰인 사이의 위임계약의 내용에 의하여 정하여지는 것이지만, 위임사무의 종료단계에서 패소판결이 있었던 경우에는 의뢰인으로부터 상소에 관하여 특별한 수권이 없는 때에도 그 판결을 점검하여 의뢰인에게 불이익한 계산상의 잘못이 있다면 의뢰인에게 그 판결의 내용과 상소하는 때의 승소가능성 등에 대하여 구체적으로 설명하고 조언하여야 할 의무가 있다고 판시하고 있다.[15]

사례

① 甲은 乙에게 돈을 빌려주고 수표를 받았는데, 乙이 그 수표를 사취당하였다고 주장하면서 지급은행에 일정한 담보금을 내고 그 수표를 지급하지 못하도록 사고신고를 하였다. 이 경우 甲으로부터 위 대여금 청구소송을 위임받은 丙 변호사는 위임계약상 대여금 청구 소송을 제기할 의무가 있다. 또한 丙 변호사는 甲에게 수표 소지인이 당해 수표에 관한 소송이 계속중임을 증명하는 서면을 지급은행에 제출하고 수익의 의사표시를 하면 나중에 확정판결 등을 통하여 정당한 소지인임을 증명함으로써 사고신고담보금에 대한 직접청구권이 생긴다는 내용을 설명할 의무가 있다.

② 원고들로부터 소송대리를 위임받은 변호사인 丙은 원고들을 대리하여 유한회사 승성운수를 상대로 교통사고를 원인으로 한 손해배상청구소송을 제기하여 1994. 4. 7. 원고들이 일부 승소 판결을 선고받았고 위 판결은 원고들의 피상속인 망 손윤선의 일실수입을 산정함에 있어서 그 소득활동기간 중 1994. 7. 1.부터 2002. 6. 30.까지의 96개월을 12개월로 잘못 계산하고, 그로 인하여 2002. 7. 1.부터 2005. 2. 28.까지 32개월에 해당하는 호프만수치를 잘못 적용함으로써 망 손윤선의 1994. 7. 1.부터 2005. 2. 28.까지의 일실수입액 134,286,488원을 52,569,807원으로 잘못 인정하고 그 차액에 해당하는 원고들의 청구 부분을 배척한 사실, 변호사인 丙은 1994. 4. 14. 판결정본을 수령한 후 원고 손주원에게 전화로 원고측이 손해의 발생이나 확대에 기여한 과실상계의 비율이 70%로 인정되었음을 알려 주면서 판결정본을 받아가도록 연락하였고, 그로부터 3, 4일 후 원고 손주원에게 그 판결정본을 교부하면서 항소할 경우 패소하게 될 위험이 크다고만 설명하였을 뿐, 판결의 내용을 검토하지 아니하여 손윤선의 일실수입을 잘못 계산하였음을 발견하지 못하여 그 부분에 관한 설명이나 조언을 하지 않았다. 위 판결에 대하여 원고들은 항소를 제기하지 아니하고 상대방인 유한회사 승성운수가 항소를 제기하자 원고들도 항소권

14 대법원 2002. 11. 22. 선고 2002다9479 판결.

15 대법원 2004. 5. 14. 선고 2004다7354 판결.

> 소멸 후에 그 패소 부분에 대하여 부대항소를 제기하였으나, 그 후 유한회사 승성운수가 항소를 취하함으로써 원고들의 부대항소가 효력을 잃게 되고 그에 따라 위 판결이 그대로 확정되었다. 이 경우 변호사 병의 설명의무 위반이 인정되고 손해는 원고들이 항소를 통하여 그 패소 부분 중 일부가 취소되고 그 부분 원고들의 청구가 받아들여짐으로써 얻을 수 있었던 금원 상당이 피고의 선관주의의무 위반과 상당인과관계가 있는 통상손해에 해당한다.

5. 변호사와 의뢰인의 권한 분배

가. 의뢰인의 결정권

변호사가 판단하는 의뢰인의 이익과 의뢰인이 생각하는 자신의 이익이 다를 수 있다. 변호사에게 설명의무(변호사윤리장전 제16조 제2항)를 부과하고 있는 점 들을 고려할 때, 변호사와 의뢰인 사이의 위임계약은 단순한 포괄적 위임이라고 볼 수 없고, 중요한 결정사항에 대해서는 의뢰인의 결정에 따라야 한다. 변호사는 의뢰인을 대리함에 있어 의뢰인의 결정을 따르고 의뢰인과 상의해야 한다. 이러한 의무는 변호사직업에 따르는 당연한 의무로 직무의 독립성과 자유성을 침해하는 것이 아니다.[16]

나. 권한 분배

1) 변호사는 소송의 목적 등 중요한 사항에 대해서는 의뢰인의 결정에 따라야 한다. 예컨대, ① 민사사건에서 화해 여부, ② 형사사건에서 유죄인정 여부, ③ 민사, 형사사건에서 상소 여부 등이 이에 해당한다. 변호사는 의뢰인의 구체적인 수권 없이 소 취하, 화해, 조정 등 사건을 종결시키는 소송행위를 하지 아니한다(변호사윤리장전 제15조).

2) 의뢰인의 목적을 달성하기 위한 수단과 관련된 사항은 변호사가 의뢰인의 지시 없이 독립하여 판단하는 것이 인정된다. 변호사의 의뢰인으로부터의 독립성이 강조되는 것은 바로 이 때문이다.

3) 변호사는 우선적으로 의뢰인의 지시에 따라야 할 것이지만 이 지시에 따른 것이 위임의 취지에 적합하지 않거나 또는 의뢰인에게 불이익할 때에는 그러한 내용을 의뢰인에게 알려주고 그 지시의 변경을 요구 또는 권고할 수 있는 것이다.[17]

---

16 정형근, 『변호사법 주석』, 피앤씨미디어, 2016. 22면.

17 대법원 2003. 1. 10. 선고 2000다61671 판결.

Ⅲ. 변호사·의뢰인 관계의 종료

1. 종료사유

1) 변호사와 의뢰인 관계는 수임의 사무가 종결되면 해소된다.

2) 그 외에도 ① 소송위임계약의 해지(변호사가 해임되거나, 사임한 경우)나(민법 제689조 제1항), ② 변호사의 사망, 파산 또는 성년후견개시의 심판을 받은 경우에 의해서 종료된다(민법 제690조). ③ 의뢰인의 사망 또는 파산에 의해서도 종료된다(민법 제690조). 다만 민사소송에서는 의뢰인의 사망으로 소송대리권이 소멸되지 아니한다(민사소송법 제95조). 의뢰인의 상속인이 위임을 해지하지 않는 한 위임은 그대로 존속한다.

사례

① 변호사 甲은 A의 손해배상청구사건을 1심에서 소송대리하기로 수임계약을 체결하였다. 1심 판결이 선고되었다면 수임사무는 언제 종결되는지

- 심급대리의 원칙을 유지하는 한 당해 1심의 판결정본의 송달에 의하여 대리사무가 종료된다.

② 민사소송에서 의뢰인의 사망으로 변호사의 소송대리권은 소멸하는지 여부

- 변호사가 민사소송을 수임한 경우에는 의뢰인이 사망하여도 변호사는 소송대리권을 계속 갖는다(민사소송법 제95조). 나중에 의뢰인의 상속인이 위임을 해지하지 않는 한 위임은 그대로 존속한다.

2. 의뢰인의 해임

의뢰인은 일방적인 통보로 변호사를 해임할 수 있다(민법 제689조 제1항)(계약해지자유의 원칙), 객관적 사유를 제시하지 않더라도 언제든지 가능하다. 이 경우 변호사는 그 때까지의 수임사무처리에 대한 보수를 청구할 수 있다(민법 제686조 제3항). 의뢰인의 해임으로 위임관계가 종료되더라도 종전 의뢰인에 대한 변호사의 의무인 비밀유지의무, 이익충동회피의무 등은 그대로 남는다.

3. 변호사의 사임

가. 사임사유

1) 변호사도 원칙적으로 사임의 자유가 있지만(민법 제689조 제1항), 변호사선임계약의 성질상 일정한 제약이 따른다. 변호사의 사임은 위임계약의 해지로 변호사의 의뢰인에 대한 사임의 의사표시로 이루어진다.

2) 그러나 사임에 상당한 이유가 있는 때에는 의뢰인에게 손해가 생기는지 여부와 상관 없이

사임이 허용된다. 의뢰인의 동의가 필요하지 않다. ① 변호사와 의뢰인 사이의 신뢰관계가 더 이상 유지될 수 없는 경우, ② 의뢰인이 정해진 보수를 지급하지 않는 경우, ③ 의뢰인이 소송의 진행에 협조하지 아니한 경우, ④ 사건 처리의 방침, 전망 등에 관해서 의뢰인과 변호사 사이에 견해차이가 생긴 경우 등이 이에 해당한다.

3) 변호사가 반드시 사임해야 하는 경우도 있다.

① 이익충돌이 발생한 경우(변호사법 제31조, 변호사윤리장전 제22조), ② 소송대리나 변호를 계속하는 것이 위법행위를 유발하는 경우(변호사윤리장전 제11조), ③ 변호사의 입장에서 성실히 대리할 수 없는 사정이 발생한 경우 등이 이에 해당한다.

나. 사임에 따른 의뢰인의 보호의무

1) 변호사가 사임의 의사표시를 함에 있어서는 사임하는 시기에 대해서 일정한 배려를 해야 한다. 의뢰인에게 불리한 시기에 사임한 경우에는 부득이한 사유가 없는 한 의뢰인에게 생긴 손해를 배상할 의무가 있다(민법 제689조 제2항).

2) 사임하는 변호사는 의뢰인에게 사임에 따른 부당한 손실이 가해지지 않도록 필요한 조치를 취해야 한다. ① 의뢰인에게 사전에 통지를 하고, ② 의뢰인이 다른 변호사의 조력을 얻도록 조치하거나, 필요한 법적 조언을 하고, ③ 금전을 정산하고, 보관중인 금전이나 기록을 반환(민법 제684조)하는 등 적절한 조치를 취한 후에 사임해야 한다.

다. 사임에 따른 보수청구

변호사가 정당한 사유 없이 사임한 경우에는 보수를 청구할 수 없다. 그러나 정당한 사유에 의한 사임의 경우에는 이미 처리한 사무의 비율에 따라 보수를 청구할 수 있다(민법 제686조 제3항).

4. 의뢰관계의 종료 시 법률관계

가. 인도·이전 의무

1) 변호사는 예납금, 보증금 등의 금전 및 증거서류 등의 수수로 명백히 하고 이로 인한 분쟁이 발생하지 않도록 주의하여야 한다(변호사윤리장전 제24조).

2) 변호사는 수임사무 처리과정에서 취득한 금전 기타의 물건 및 그 수취한 과실을 의뢰인에게 인도하여야 하며, 자신의 명의로 취득한 권리도 의뢰인에게 이전하여야 한다(민법 제684조). 따라서 변호사는 법원으로부터 반환받은 보석금, 피고로부터 수령한 보험금 또는 합의금, 보관중인 서류와 물건 등을 의뢰인에게 교부하여야 한다.

3) 변호사는 명백한 서면 약정 없이 공탁금, 보증금, 기타 보관금 등을 보수로 전환하여서는 아니 된다. 다만, 의뢰인에게 반환할 공탁금 등을 미수령 채권과 상계할 수 있다(변호사윤리장전 제

33조 제2항). 변호사가 의뢰인에게 인도할 금전 또는 의뢰인의 이익을 위하여 사용할 금전을 자기를 위하여 소비한 때에는 소비한 날 이후의 이자를 지급하여야 하며, 그 밖에 손해가 있으면 이를 배상하여야 한다(민법 제685조).

4) 수임업무 종료 후 의뢰인에게 반환하여야 할 서류는 원칙적으로 소유권의 귀속에 따라 결정된다.

① 의뢰인, 당사자 또는 증인 신청된 사람들과의 면담 등을 통해서 작성된 메모, ② 소송 수행 중 대리인이 조사한 이론 및 판례의 메모, 사건진행 메모, 소송전략의 메모, 직원들에 대한 지시사항을 기재한 메모 등은 변호사의 소유이므로 반환해 줄 의무가 없다.

그러나 ③ 의뢰인 또는 당사자가 발급받아 증거물로 사용하도록 제공한 등기부등본 등 재발급이 가능한 민원서류, ④ 상대방으로부터 제출되어 입수된 준비서면과 서증 등 각 사본 및 감정서, 사실조회 회신 복사본 등 대리인이 작성하지 않았으나 소송수행 과정에서 입수된 서류 등은 의뢰인의 소유이므로 반환해야 한다.

나. 불이익 방지의무 등

변호사는 위임사무가 종료된 경우에 급박한 사정이 있으면 의뢰인 측이 그 사무를 처리할 수 있을 때까지 그 사무의 처리를 계속하여야 한다(민법 제691조). 변호사는 위임관계가 종료된 경우에도 의뢰인의 불이익을 방지할 의무가 있다. 변호사의 비밀유지의무나 이익충돌회피의무는 그대로 유지된다.

Ⅳ. 상대방에 대한 윤리

1. 상대방에 대한 윤리

1) 변호사는 의뢰인을 대리하여 그 상대방과의 사이에서 생긴 분쟁을 해결하는 것을 직무로 한다. 따라서 변호사는 분쟁성을 띠는 사건을 직무의 대상으로 하고, 반대당사자인 상대방이 있다는 점에 그 특징이 있다.

2) 이와 같이 직무가 분쟁성을 띠고 있고 상대방이 있는 변호사에게는, 그 업무의 수행 상 다른 직업과는 질적으로 다른 분쟁처리상의 규칙의 준수가 요구된다.

2. 부당한 이익 수령 금지

1) 변호사는 수임하고 있는 사건에 관하여 상대방으로부터 이익을 받거나 이를 요구 또는 약속해서는 아니 된다(법 제33조). 이러한 독직행위는 의뢰인의 신뢰를 깨뜨리는 배임행위에 해당

하므로 이를 금지한 것이다. 이를 위반하면 형사처벌된다(법 제109조 제2호, 제33조).

2) 변호사윤리장전도 변호사는 사건의 상대방 또는 상대방이었던 자로부터 사건과 관련하여 이익을 받거나 이를 요구 또는 약속받지 아니한다라고 규정하고 있다(변호사윤리장전 제43조).

3. 부당한 이익 제공 금지

변호사는 사건의 상대방 등에게 이익을 제공해서도 아니 된다. 변호사윤리장전은 변호사는 사건의 상대방 또는 상대방이었던 자에게 사건과 관련하여 이익을 제공하거나 약속하지 아니한다고 규정한다(제44조). 이 역시 변호사 업무의 신뢰성을 해치는 것이기 때문이다.

4. 상대방 당사자와의 직접 접촉·교섭 금지

가. 상대방에게 변호사 또는 법정대리인이 있는 경우

1) 접촉, 교섭 금지

① 변호사는 수임하고 있는 사건의 상대방 당사자에게 변호사 또는 법정대리인이 있는 경우에는, 그 변호사 또는 법정대리인의 동의나 기타 다른 합리적인 이유가 없는 한 상대방 당사자와 직접 접촉하거나 교섭하지 아니한다(변호사윤리장전 제45조). 상대방의 변호사와 접촉 또는 교섭을 해야 한다. 상대방 본인과의 직접 접촉을 허용하면 상대방에게 변호사를 선임한 의의를 상실시켜, 불이익을 줄 우려가 있기 때문이다.

② 상대방 본인이 먼저 접촉을 제안했다고 해서 그 접촉이 정당화되는 것은 아니다. 이 경우에는 상대방 변호사에게 그 사정을 알리고 동의가 있었는지를 확인해야 한다.

2) 금지대상

① 금지 대상은 직접 접촉뿐만 아니라 전화·우편·팩스·이메일을 포함한다. 변호사 자신이 직접 만나지 않고 사무직원 등 다른 사람을 통해서 만나는 것도 금지된다.

② 상대방이 조직인 경우에는 조직의 대표자와의 직접 접촉도 금지된다. 그러한 이러한 접촉의 금지는 법률상 권한이 있는 자에 한정된다. 조직에 단순히 고용되어 있는 피고용인에 대한 접촉이 금지되는 것은 아니다. 조직을 대리하는 변호사는 피고용인에게 그들이 자발적으로 상대방에게 정보를 제공하지 말고 오직 증언에 의해서만 말하도록 조언할 수 있지만, 상대방 변호사가 이들과 접촉하여 대화하는 것 자체를 막을 수는 없다.

③ 변호사는 자기의 의뢰인에게도 상대방 대리인과의 직접 접촉을 원칙적으로 하지 말도록 해야 한다. 그러나 변호사가 의뢰인에게 직접 상대방을 만나도록 조언하는 것은 금지되지 않는다. 변호사를 선임한 의뢰인들이 직접 만나서 문제를 해결하는 것 자체를 막을 이유는 없기 때문

이다.

3) 직접 접촉이 허용되는 경우

① 상대방 변호사 또는 법정대리인의 동의나 기타 다른 합리적인 이유가 있는 경우에는 상대방 당사자와 직접 접촉하는 것이 허용된다(변호사윤리장전 제45조). 따라서 합리적인 이유가 있으면 직접 접촉이 가능하다. 법령에 의해 주어진 권한에 의한 의견교환이나, 법원의 명령에 의한 경우, 긴급한 사정이 있는 경우 등이 이에 해당한다. 또한 수임하고 있는 사건이 아닌 다른 문제에 대해서까지 직접 접촉이 금지되는 것은 아니다.

② 예컨대, 상대방 대리인과의 연락이나 의사소통을 할 수 없어, 긴급히 처리할 안건이 있는데도 동의를 얻을 수 없는 경우에는 예외적으로 상대방 본인과의 직접 접촉이 허용된다. 다만 이 경우에도 필요한 범위 내에서 접촉을 하는 데 그쳐야 한다. 그리고 사후에 상대방 대리인에게 보고하는 등의 조치를 취할 필요가 있다.

나. 상대방에게 변호사 또는 법정대리인이 없는 경우

1) 수임하고 있는 사건의 상대방 당사자에게 변호사 또는 법정대리인이 없는 경우에는 상대방과의 직접 접촉에 대해서 아무런 규제가 없다. 따라서 변호사의 상대방과의 직접 접촉은 원칙적으로 허용된다.

2) 직접 접촉의 방법, 면담장소 등에 대해서 특별한 제한이 없다. 그러나 통상 수임통지를 하는 것이 바람직하다. 수임통지는 자신이 어떠한 의뢰인으로부터 어떠한 사건을 수임하였으므로, 앞으로는 자신이 의뢰인의 대리인으로서 접촉, 청구, 기타 필요한 일체의 행위를 행한다는 뜻을 명시한 서면으로 하는 것이 일반적이다.

다. 상대방 비방 금지 등

변호사는 상대방 또는 상대방 변호사를 유혹하거나 비방하지 아니한다(변호사윤리장전 제10조 제1항). 따라서 변호사가 고의로 상대방 등의 명예를 훼손하는 행위를 하면 명예훼손죄를 구성한다. 다만 그 주장과 입장이 정당한 변호활동의 범위를 일탈한 것이 아니면 위법성이 없다.[18]

V. 다른 변호사에 대한 윤리

1. 변호사 간의 관계

1) 변호사 간의 관계를 규율함에 있어서 최근 주목할 만한 변화가 일어나고 있다. 종래에는

18 대법원 2008. 2. 15. 선고 2006다26243 판결.

변호사 사이의 신의에 중점을 두었으나, 최근에는 의뢰인의 권리를 강조하는 방향으로 중점이 이동하고 있다. 과거에는 변호사들이 의뢰인의 이익보다는 변호사 직역 전체의 이익을 추구하는 선에서 변호사 간의 관계를 규율하였던 측면이 강했으나, 최근에는 의뢰인의 이익이 보호되는 한도 내에서 직역의 이익을 도모해야 한다는 점이 강조되고 있는 것이다.

2) 변호사 간의 관계와 관련하여 변호사윤리장전은 변호사 상호 간의 상호 존중(제2조 제3항), 비방 금지(제10조 제1항), 개입금지(제10조 제2항), 공동대리(제25, 26조), 분쟁조정(제30조) 등에 관하여 규정하고 있다. 이들 규정의 의미는 의뢰인의 권리를 보호하는 관점에서 이해해야 할 것이다.

2. 변호사 상호 간의 상호 존중

가. 서로 존중

변호사는 서로 존중하고 예의를 갖춘다(변호사윤리장전 제2조 제3항).

나. 다른 변호사에 대한 비방 금지

변호사는 상대방 또는 상대방 변호사를 유혹하거나 비방하지 아니한다(변호사윤리장전 제10조 제1항). 이러한 비방은 변호사 스스로의 명예와 신의를 해치는 것이 되고, 나아가 변호사 전체에 대한 명예와 신의를 해치는 결과가 되므로 이를 금지한 것이다.

다. 부당한 개입의 방지

① 변호사는 수임하지 않은 사건에 개입하지 아니하고, 그에 대한 경솔한 비판을 삼간다(변호사윤리장전 제10조 제2항). 이러한 행동은 의뢰인과 변호사 사이의 신뢰를 해치는 행위이기 때문이다.

② 제2의 의견의 제시

이미 변호사를 선임하고 있는 의뢰인이 다른 변호사에게 자신의 사건에 대한 의견을 묻는 경우가 종종 있다. 이때 변호사는 다른 변호사의 사건에 개입해서는 아니 되며 그 의견개진도 기존 변호사와 상담자 간의 신뢰관계가 손상되는 일이 없도록 신중하게 해야 한다.

3. 공동대리

가. 다른 변호사의 참여

① 변호사는 의뢰인이 다른 변호사에게 해당 사건을 의뢰하는 것을 방해하지 아니한다(변호사윤리장전 제25조 제1항). 종전 변호사윤리장전에서는 변호사는 의뢰인이 이미 다른 변호사를 선임한 사건을 수임할 때에는 그 다른 변호사의 양해를 구하여야 한다고 규정하였으나(구 변호사윤리장전 제21조 제3항), 개정 변호사윤리장전에서는 이를 삭제하였다. 누구를 변호사로 선임할 것인지의 문

제는 의뢰인의 결정사항이기 때문이다.

② 변호사는 의뢰인이 변호사를 바꾸고자 할 경우에는 업무의 인수인계가 원활하게 이루어질 수 있도록 합리적인 범위 내에서 협조한다(변호사윤리장전 제25조 제2항).

나. 공동 직무수행

① 변호사는 동일한 의뢰인을 위하여 공동으로 직무를 수행하는 경우에는, 의뢰인의 이익을 위해 서로 협력한다(변호사윤리장전 제26조 제1항). 서로 미루거나 분규가 일어나는 일이 없도록 해야 한다.

② 변호사는 공동으로 직무를 수행하는 다른 변호사와 의견이 맞지 아니하여 의뢰인에게 불이익을 미칠 수 있는 경우에는, 지체 없이 의뢰인에게 이를 알린다(동조 제2항). 공동대리인 간의 의견차이가 조정되지 않는 경우, 최종 결정은 의뢰인의 몫이기 때문이다.

4. 분쟁조정

① 지방변호사회는 그 회원인 변호사 상호 간 또는 그 회원인 변호사와 위임인 사이에 직무상 분쟁이 있으면 당사자의 청구에 의하여 이를 조정할 수 있다(법 제74조).

② 이에 따라 변호사윤리장전 제30조는 변호사는 의뢰인과 직무와 관련한 분쟁이 발생한 경우에는 소속 지방변호사회의 조정에 의하여 분쟁을 해결하도록 노력한다라고 규정하고 있다. 변호사 상호 간의 분쟁이 발생한 경우에도 우선적으로 위 조정에 의하여 해결하도록 해야 할 것이다.

③ 이 제도는 가급적 소송을 통해서 해결하기보다는 변호사회의 조정에 의하여 평온하게 문제를 해결함으로써 변호사에 대한 신뢰를 유지케 하려는 데 그 의의가 있다.

Chapter

05 변호사의 기본의무

Ⅰ. 성실의무

1. 의의

1) 변호사는 그 사명에 따라 성실히 직무를 수행하여야 한다(법 제1조 제2항). 변호사윤리장전도 윤리강령 2호에서 성실·공정하게 직무를 수행한다고 선언함과 아울러, 제13조 제1항에서 변호사는 의뢰인에게 항상 친절하고 성실하여야 한다고 규정한다.

2) 성실의무는 변호사의 의뢰인과의 관계에서 가장 기본적인 의무로서, 다른 많은 의무를 포괄하는 기본의무이다. 성실의무규정은 변호사 의무에 관한 일반규정의 성질을 지닌다.

2. 성질

성실의무란 위임계약상 선관주의의무가 변호사의 법률전문직으로서의 공공적 지위에 비추어 가중된 법적 의무이다. 성실의무 위반은 위임계약위반으로 채무불이행에 해당되므로, 변호사는 이에 대하여 민사상의 책임을 진다. 또한 징계대상이 될 수 있다.

3. 성실의무의 내용

가. 의뢰인과의 관계

성실의무는 의뢰인과의 관계에서는, 위임계약에 기하여 수임사무를 법률전문가로서 고도의 주의의무를 가지고 처리하는 것을 중심적 내용으로 한다(민법 제681조).

1) 신속한 업무처리와 위임목적 달성

변호사는 업무처리에 있어서 직업윤리의 범위 안에서 가능한 한 신속하게 의뢰인의 위임목적을 최대한 달성할 수 있도록 노력해야 한다(변호사윤리장전 제13조 제2항).

2) 사건의 주요 경과 보고와 의뢰인과의 협의

변호사는 의뢰인에게 사건의 주요 경과를 알리고, 필요한 경우에는 의뢰인과 협의하여 처리해야 한다(변호사윤리장전 제28조 제1항). 민법 제683조는 위임인의 청구가 있는 때에 보고의무를 부과하고 있지만, 변호사윤리상의 보고의무는 의뢰인의 청구가 없더라도 필요에 따라 행하여야 한다.

3) 의뢰인의 의사존중

변호사는 직무를 행함에 있어 의뢰인의 의사를 존중해야 한다. 그러나 의뢰인의 요청이나 요구가 변호사의 품위를 손상시키거나 의뢰인의 이익에 배치된다고 인정하는 경우에는, 그 이유를 설명하고 이에 따르지 않을 수 있다(변호사윤리장전 제8조 제2항). 판례에 의하면, 변호사는 의뢰인의 지시에 따르는 것이 오히려 의뢰인에게 불이익한 때에는 그런 사실을 의뢰인에게 설명하고, 그 지시를 변경하도록 조언할 의무를 진다.[1]

4) 법령·사실관계의 조사

변호사는 사건처리에 있어서 필요한 법령의 조사를 게을리 해서는 안 된다. 사실관계의 조사도 필요하고 가능한 범위 내에서 시행해야 한다.

5) 금전 기타 물건의 인도·이전

① 변호사는 예납금, 보증금 등의 금전 및 증거서류 등의 문서의 수수를 명백히 하고 이로 인한 분쟁이 발생하지 않도록 주의해야 한다(변호사윤리장전 제24조).

② 변호사는 수임사무 처리 과정에서 취득한 금전 기타의 물건 및 그 수취한 과실을 의뢰인에게 인도하여야 하며, 자신의 명의로 취득한 권리도 의뢰인에게 이전하여야 한다(민법 제684조). 인도 또는 이전이 있기까지 변호사는 해당 물권과 권리를 선관주의로 보존하여야 한다(민법 제390조).

③ 변호사가 의뢰인에게 인도할 금전 또는 의뢰인의 이익을 위하여 사용할 금전을 자기를 위하여 소비한 때에는 소비한 날 이후의 이자를 지급하여야 하며 그 외의 손해가 있으면 배상하여야한다(민법 제685조).

6) 수임사무 종료 시 설명의무, 긴급처리 등

① 변호사는 수임한 사건의 처리가 종료되면, 의뢰인에게 그 결과를 신속히 설명해야 한다(변호사윤리장전 제29조, 민법 제683조).

② 수임사무가 종료된 경우 급박한 사정이 있으면 의뢰인 측이 그 사무를 처리할 수 있을 때까지 그 사무의 처리를 계속하여야 한다(민법 제691조).

1 대법원 2003. 1. 10. 선고 2000다61671 판결.

나. 성실의무의 한계-의뢰인의 정당한 이익

1) 변호사가 신의성실에 의하여 실현해야 할 의뢰인의 이익은 사회정의에 적합한 정당한 이익이다.

2) 따라서 변호사는 부당한 목적이나 수단으로 직무를 수행하는 것이 허용되지 않는다. 변호사윤리장전 제21조는 '위임의 목적 또는 사건처리의 방법이 현저하게 부당한 사건'의 수임을 금지하고 있다.

성실의무에 관한 판례

① 무릇 변호사는 의뢰인으로부터 사건을 수임받아 처리함에 있어 그 수임사무의 성질상 전문적인 법률지식과 경험에 기초하여 구체적인 상황에 대응하여 적절한 판단을 할 필요가 있으므로 그 사무처리는 상당한 범위에 있어 변호사의 재량에 위임되어 있고 따라서 변호사가 그 재량적 판단에 기초하여 성실하게 위임사무를 처리한 것으로 인정될 경우에는 의뢰자의 지시에 반하거나 재량권의 범위를 일탈한 것으로 인정되지 않는 한 위임계약상의 채무불이행책임 내지 불법행위 책임을 물을 수 없다.[2]

② 변호사는 수임사건의 판결을 송달받은 즉시 판결결과를 의뢰인에게 통지함과 동시에 판결이유를 검토하여 의뢰인에 권리옹호에 필요한 조치를 취할 기회를 잃지 않도록 하여야 하며 연이어 항소심을 수행할 경우 의뢰인에 이익을 위하여 적정 타당한 법적조치를 탐구하여 그 실현을 기하도록 하여야 하는 선량한 관리자의 주의의무가 있다.[3]

③ 변호사는 위임사무의 종료단계에서 패소판결이 있었던 경우에는 의뢰인으로부터 상소에 관하여 특별한 수권이 없는 때에도 그 판결을 점검하여 의뢰인에게 그 판결의 내용과 상소하는 때의 승소가능성 등에 대하여 구체적으로 설명하고 조언하여야 할 의무가 있다.[4]

4. 성실의무위반에 대한 제재

가. 징계

변호사가 성실의무를 위반하면 변호사법상 징계사유가 된다(법 제90조 이하).

사례

① 항소기간[5]이나 이의신청기간을 도과시킨 경우, 사무직원의 잘못으로 항소기간 등을 도과시킨 경우에도

---

2 대구지방법원 1993. 3. 17. 선고 92가합10450 판결.

3 서울중앙지방법원 1991. 4. 16. 선고 90가합46692 판결.

4 대법원 2004. 5. 14. 선고 2004다7354 판결.

5 민사소송법

제396조(항소기간) ① 항소는 판결서가 송달된 날부터 2주 이내에 하여야 한다. 다만, 판결서 송달전에도 할 수 있다.
② 제1항의 기간은 불변기간으로 한다.

형사소송법

제358조(항소제기기간) 항소의 제기기간은 7일로 한다.

변호사의 성실의무는 면제되지 않는다. 사무직원에 대한 관리 감독의무의 소홀로 징계 및 민사책임을 진다.[6]

② 항소이유서, 상고이유서 제출기간[7]을 도과시킨 경우.[8]

③ 소유권이전등기 말소사건의 항소심 위임계약을 체결하고 선임료와 인지대 및 송달료를 지급받았으나 항소장 접수 시 인지대 등을 납부하지 않았고, 법원의 보정명령에도 인지대 등을 납부하지 않아서 항소장이 각하된 경우.[9]

④ 변호사 甲은 법률구조 변호사로 지정받아 수임할 당시 시효가 2년 10개월이 남았었음에도 불구하고 소제기를 사고일로부터 3년이 지나서 소를 제기하여 1심에서 소멸시효가 도과되었다는 이유로 청구 기각된 경우.[10]

⑤ 변호사 乙은 개인회생신청사건을 수임하였음에도 불구하고 사무장에게 모든 일을 일임한 채 사건처리를 등한시 하여 법원으로부터 예납명령을 송달받았음에도 불구하고 이를 간과하였다. 그 결과 예납명령불이행으로 인하여 개인회생절차개시신청 기각결정이 받게 된 경우.[11]

나. 민사책임

1) 변호사의 직무상의 과오로 인하여 의뢰인에게 손해를 발생한 경우 변호사는 그 손해를 배상해야 할 민사책임을 진다. 이를 법률과오책임이라고 한다.

2) 변호사의 과실로 인하여 의뢰인이 패소한 경우, 의뢰인은 변호사의 과실이 없었더라면 승소할 수 있었을 것임을 입증하여야 한다.[12]

3) 위임계약에 있어서 수임인이 위임의 본지에 좇은 업무처리를 하지 아니한 까닭에 만약 수임인이 위임의 본지에 좇은 업무처리를 하였더라면 지출하지 아니하여도 될 비용을 위임인이 지출한 경우에, 수임인의 채무불이행으로 인하여 위임인이 입게 된 손해액은 그 지출한 비용이다.[13]

---

6 대법원 1997. 5. 28. 선고 97다1822 판결.

7 **민사소송법**
제426조(소송기록 접수의 통지) 상고법원의 법원사무관등은 원심법원의 법원사무관등으로부터 소송기록을 받은 때에는 바로 그 사유를 당사자에게 통지하여야 한다.
제427조(상고이유서 제출) 상고장에 상고이유를 적지 아니한 때에 상고인은 제426조의 통지를 받은 날부터 20일 이내에 상고이유서를 제출하여야 한다.
제429조(상고이유서를 제출하지 아니함으로 말미암은 상고기각) 상고인이 제427조의 규정을 어기어 상고이유서를 제출하지 아니한 때에는 상고법원은 변론 없이 판결로 상고를 기각하여야 한다. 다만, 직권으로 조사하여야 할 사유가 있는 때에는 그러하지 아니하다.

8 대한변호사협회, 『징계사례집(제7집)』, 2018. 1. 22. 결정, 60~66면.

9 대한변호사협회, 『징계사례집(제7집)』, 2016. 1. 25. 결정, 18~22면.

10 대한변호사협회, 『징계사례집(제7집)』, 2017. 2. 20. 결정, 56~59면.

11 대한변호사협회, 『징계사례집(제7집)』, 2016. 7. 18. 결정, 43, 44면.

12 대법원 1995. 5. 12. 선고 93다62508 판결.

13 대법원 1996. 12. 10. 선고 96다36289 판결.

4) 소송대리를 위임받은 변호사의 선관주의의무 위반으로 인하여 패소 부분에 대한 항소권이 소멸한 후 부대항소를 제기하였으나 상대방이 항소를 취하함으로써 부대항소가 효력을 잃게 되어 판결이 확정된 경우, 의뢰인이 항소를 통하여 얻을 수 있었던 금원 상당이 변호사의 선관주의의무 위반과 상당인과관계가 있는 통상손해에 해당한다.[14]

5) 의뢰인이 변호사의 채무불이행으로 인하여 재산상 손해를 입은 외에 정신적 고통을 당한 경우에는 의뢰인은 그로 인한 손해의 배상을 청구할 수 있다. 일반적으로는 의뢰인이 받은 정신적 고통은 재산적 손해에 대한 배상이 이루어짐으로써 회복된다고 본다. 그러나 의뢰인이 재산적 손해에 대한 배상만으로는 회복될 수 없는 정신적 고통을 입었다는 특별한 사정이 있고 변호사가 그러한 사정을 알았거나 알 수 있었을 경우에는, 의뢰인은 정신적 고통에 대한 위자료를 청구할 수 있다.[15]

6) 변호사가 의뢰인 이외의 제3자에 대하여 위법행위로 손해를 발생시키면 불법행위를 이유로 한 손해배상책임을 부담할 수 있다.

사례

송무에 익숙하지 아니한 변호사 사무실 직원이 소송의뢰인에게 상고제기기간을 잘못 고지하는 바람에 소송의뢰인이 상고제기기간을 도과하여 상고의 기회를 잃게 한 경우, 수임변호사는 이로 인하여 소송의뢰인이 입은 손해를 배상할 책임이 있다.[16] 이 경우 변호사가 자신의 과실이 없었더라도 상고인이 승소할 수 없었을 것임을 주장, 입증했다면 그로 인한 책임을 면할 것이나, 그 때문에 상소기회의 상실로 인한 책임까지 면하는 것은 아니다.

Ⅱ. 비밀유지의무

1. 비밀유지의무의 필요성

의뢰인이 변호사로부터 적절한 조력을 받기 위해서는 자신에게 유리한 사실 뿐만 아니라, 객관적으로 불리한 사실까지도 포함한 충분한 정보를 변호사에게 제공해야 한다. 이를 위해서는 변호사가 직무상 알게 된 정보를 타인에게 누설하지 않는다는 것이 제도적으로 보장되어 있어야 한다.

---

14 대법원 2004. 5. 14. 선고 2004다7354 판결.
15 대법원 1980. 10. 14. 선고 80다1449 판결.
16 대법원 1997. 5. 28. 선고 97다1822 판결.

2. 변호사법과 변호사윤리장전상 비밀유지의무의 규정

1) 변호사법에서는 변호사 또는 변호사이었던 자는 그 직무상 알게 된 비밀을 누설하여서는 아니 된다. 다만 법률에 특별한 규정이 있는 경우에는 그러하지 아니하다(법 제26조)라고 규정하고 있다.

2) 변호사윤리장전도 "변호사는 직무상 알게 된 의뢰인의 비밀을 누설하거나 부당하게 이용하지 아니한다. 다만, 중대한 공익상의 이유가 있거나, 의뢰인의 동의가 있는 경우에는 변호사 자신의 권리를 방어하기 위하여 필요한 경우에는 최소한의 범위에서 이를 공개 또는 이용할 수 있다"고 규정하고 있다(변호사윤리장전 제18조 제1항, 제4항).

3) 한편 형법 제317조는 변호사나 그 직무보조자 또는 그 직에 있던 자가 업무처리 중 지득한 타인의 비밀을 누설하는 행위를 처벌하고 있다.

3. 민사소송법과 형사소송법상 증언거부권

변호사 업무에 종하는 자의 비밀을 보호함에 의하여 업무뿐만 아니라 상대방인 위임인을 보호하는 데 그 취지가 있다.[17]

가. 형사소송법의 압수거부권

변호사 또는 변호사이었던 자가 그 업무상 위탁을 받아 소지 또는 보관하는 물건으로 타인의 비밀에 관한 것은 압수를 거부할 수 있다. 다만 그 타인의 승낙이 있거나 중대한 공익상 필요가 있는 때에는 예외로 한다(형사소송법 제112조).

나. 형사소송법의 증언거부권

변호사 또는 변호사이었던 자가 그 업무상 위탁을 받은 관계로 알게 된 사실로서 타인의 비밀에 관한 것은 증언을 거부할 수 있다. 다만 본인의 승낙이 있거나 중대한 공익상 필요가 있는 때에는 예외로 한다(형사소송법 제149조).

다. 민사소송법의 증언거부권

변호사나 변호사이었던 자가 직무상 비밀에 속하는 사항에 대하여 신문을 받을 때 증언을 거부할 수 있다(민사소송법 제315조 제1항). 그러나 증인이 비밀을 지킬 의무가 면제되는 경우에는 그러하지 아니 하다(동조 제2항). 증언거부권의 고지에 관하여 명문의 규정이 없으므로 법원은 이를 증인에게 고지할 의무가 없으며, 고지하지 아니하였다고 하여도 위법이 아니다.[18]

---

17 이재상, 『신형사소송법 제2판』, 박영사, 2011, 467면.

18 대법원 1971. 4. 30. 선고 71다452 판결.

라. 민사소송법의 문서제출거부권

문서제출의무와 관련하여 변호사나 변호사이었던 자가 직무상 비밀에 속한 사항이 적혀 있고 비밀을 지킬 의무가 면제되지 아니한 문서에 대해서는 문서제출을 거부할 수 있다(민사소송법 제344조 제1항 제3호).

사례

甲 주식회사 및 그 직원인 피고인들이 정비사업전문관리업자의 임원에게 甲 회사가 주택재개발사업 시공사로 선정되게 해 달라는 청탁을 하면서 금원을 제공하였다고 하여 구 건설산업기본법(2011. 5. 24. 법률 제10719호로 개정되기 전의 것) 위반으로 기소되었는데, 변호사가 법률자문 과정에 작성하여 甲 회사 측에 전송한 전자문서를 출력한'법률의견서'에 대하여 피고인들이 증거로 함에 동의하지 아니하고, 변호사가 원심 공판기일에 증인으로 출석하였으나 증언할 내용이 甲 회사로부터 업무상 위탁을 받은 관계로 알게 된 타인의 비밀에 관한 것임을 소명한 후 증언을 거부한 사안에서, 위 법률의견서는 압수된 디지털 저장매체로부터 출력한 문건으로서 실질에 있어서 형사소송법 제313조 제1항에 규정된 '피고인 아닌 자가 작성한 진술서나 그 진술을 기재한 서류'에 해당하는데, 공판준비 또는 공판기일에서 작성자 또는 진술자인 변호사의 진술에 의하여 성립의 진정함이 증명되지 아니하였으므로 위 규정에 의하여 증거능력을 인정할 수 없고, 나아가 원심 공판기일에 출석한 변호사가 그 진정성립 등에 관하여 진술하지 아니한 것은 형사소송법 제149조에서 정한 바에 따라 정당하게 증언거부권을 행사한 경우에 해당하므로 형사소송법 제314조에 의하여 증거능력을 인정할 수도 없다는 이유로, 원심이 이른바 변호인·의뢰인 특권에 근거하여 위 의견서의 증거능력을 부정한 것은 적절하다고 할 수 없으나, 위 의견서의 증거능력을 부정하고 나머지 증거들만으로 유죄를 인정하기 어렵다고 본 결론은 정당하다고 한 사례.[19]

4. 비밀유지의무의 내용

가. 주체

비밀유지의무의 주체는 변호사 또는 변호사이었던 자이다(법 제26조, 형법 제317조 제1항). 변호사가 사건처리 중에 해임되거나 사건종결로 인하여 수임관계가 종료된 경우에도 변호사는 종전의 비밀유지의무를 준수하여야 한다.

---

19 대법원 2012. 5. 17. 선고 2009도6788 전원합의체 판결. 원심 법원에서는 "비록 우리 현행법상 명문의 규정은 없지만, 변호인의 조력에 관한 우리 헌법재판소의 결정 취지, 현행법상 변호인과 의뢰인 사이의 비밀유지에 관한 각 규정의 취지 및 한계, 미국, 영국 등 영미법계 국가에서 변호인과 의뢰인 사이에서 의뢰인이 법률자문을 받을 목적으로 비밀리에 이루어진 의사 교환에 대하여 의뢰인이 공개를 거부할 수 있는 특권(Attorney-Client Privilege 또는 Legal Professional Privilege 등의 이름으로 불림)이 판례상 인정되고 있는 점 등을 고려하면, 피의자 또는 피고인에 대하여 비록 형사소송법 등에서 구체적으로 규정되고 있지 않으나 헌법 제12조 제4항에 의하여 인정되는 변호인의 조력을 받을 권리 중 하나로서, 변호인과 의뢰인 사이에서 의뢰인이 법률자문을 받을 목적으로 비밀리에 이루어진 의사 교환에 대하여는 의뢰인이 그 공개를 거부할 수 있는 특권을 보유하는 것이라고 보아야 한다고 판단하였다."라고 하여 헌법상 변호인의 조력을 받을 권리에서 도출한 변호인·의뢰인 특권을 인정한 판시를 하였다(서울고등법원 2009. 6. 26. 선고 2008노2778 판결).

나. 비밀

1) 우선 변호사가 보호해야 할 비밀은 의뢰인의 비밀이다. 여기서 의뢰인에게는 고문계약, 고용계약 등에 의하여 어떤 기간 계속적으로 의뢰관계에 있는 자 또는 있었던 자도 포함된다. 따라서 사내변호사가 회사의 위법행위를 외부에 공개하는 경우에는 비밀유지의무 위반이 문제될 수 있다.

2) 잠재적 의뢰인

사건의 수임 전 법률상담 과정에서 알게 된 상담인의 비밀정보도 비밀로서 보호된다.

3) 변호사의 당사자뿐만 아니라 상대방이나 제3자의 비밀까지 포함한다. 변호사법 제26조는 의뢰인의 비밀에 제한하고 있지 않다.

다. 직무상 알게 된 비밀

1) 비밀의 범위

비밀이란 특정인 또는 일정한 범위의 사람에게만 알려져 있는 사실로서 타인에게 알려지지 아니하는 데 본인에게 이익이 있는 사실을 말한다.[20] 비밀에는, 의뢰인의 과거범죄행위, 반윤리적인 행위, 질병, 신분, 친족관계, 재산관계, 유언장의 존부, 거소, 기타 의뢰인의 불이익한 사항 등 적어도 의뢰인이 제3자(특히 이해관계를 달리하는 자)에게 알리고 싶지 않은 사항(주관적 의미의 비밀)은 물론, 사회통념상 일반적으로 알리고 싶지 않다고 여겨지는 사항(객관적 의미의 비밀)을 모두 포함한다.

2) 비밀의 출처

비밀유지의무는 변호사가 직무상 알게 된 모든 것에 미친다. 변호사가 그것을 누구로부터 어떤 방법으로 알게 되었는지는 상관없다. 의뢰인이나 제3자가 알려준 것뿐만 아니라 변호사가 스스로 알아낸 사실도 포함되며, 변호사가 직무수행 중에 우연히 알게 된 사실도 비밀유지의 대상이 된다.

3) 수임사건과 관련성

의뢰인으로부터 얻은 것이라면 수임한 사항과 관련이 없는 비밀이나, 아직 분쟁문제와 무관하다고 여겨지는 비밀도 의뢰인의 신뢰보호 측면에서 널리 직무상 알게 된 비밀로 취급해야 할 것이다.

4) 공지의 사실

대중매체를 통해 보도된 사항이나 판결로서 공지된 사항 등 일반적으로 알려진 정보는 비밀

20 이재상, 『형법각론 제7판』, 박영사, 2010. 228면.

유지의무가 발생되지 않는다. 더 이상 보호해야 할 가치가 없어졌기 때문이다.

라. 비밀의 누설과 이용

1) 비밀의 누설

금지하는 것은 직무상 알게 된 비밀을 누설하는 것이다. 여기서의 누설은 불특정 다수의 제3자에 대한 것만을 뜻하는 것이 아니라, 특정인 또는 소수의 사람들에 대한 것도 포함된다.

2) 비밀의 이용

의뢰인의 비밀을 부당하게 이용하는 것도 금지된다(변호사윤리장전 제18조 제1항). 의뢰인에게 불리하게 이용되지 않는 경우에도 그것이 부당한 이용에 해당되면 이에 포함된다. 예컨대, 자기 또는 제3자에게 유리하게 이용하는 경우가 이에 해당될 것이다.

마. 문서, 물건, 서류 등의 외부 공개 금지

변호사는 직무와 관련하여 의뢰인과 의사교환을 한 내용이나 의뢰인으로부터 제출받은 문서 또는 물건을 외부에 공개하지 아니한다(변호사윤리장전 제18조 제2항). 변호사는 직무를 수행하면서 작성한 서류, 메모, 기타 유사한 자료를 외부에 공개하지 아니한다(동조 제3항).

5. 비밀유지의무의 예외

가. 의뢰인의 동의

1) 변호사에게 비밀유지의무를 부과한 것은 의뢰인의 이익을 위한 것이므로 의뢰인은 스스로 그 이익을 포기할 수 있다. 따라서 변호사는 의뢰인의 동의가 있는 경우에는 최소한의 범위에서 이를 공개 또는 이용할 수 있다(변호사윤리장전 제18조 제4항). 의뢰인의 동의는 단순한 동의가 아니라 변호사가 의뢰인에게 충분하게 설명을 한 후에 이루어진 것이어야 한다. 보도기관 등의 취재에 응하여 의뢰인의 비밀을 공개하는 것은 의뢰인의 명시적 동의가 있는 경우에 한한다.

2) 고용한 사무직원에게 변호사가 의뢰인으로부터 들었던 수임내용을 설명하는 것은 의뢰인의 묵시 내지 추정적 승낙에 의한 것이라고 말할 수 있다. 그러나 비변호사인 사무직원에 대해서 직접적인 감독권을 가진 변호사는 그 사람이 비밀정보를 공개하지 않도록 최대한 노력해야 하고, 이들에 의한 비밀정보 누설에 대해서 책임을 진다.

3) 법무법인 등에 속한 변호사가 사무실 내 다른 변호사 등과 비밀정보를 공유하는 것에 대해서도 묵시적 동의가 있다고 보아야 한다. 사무실 내 다른 변호사에게 의뢰인의 비밀에 속한 영문서류의 번역을 맡긴 것은 묵시적 동의가 있는 것으로 보아야 한다. 그러나 외부 번역전문업체에 맡길 때에는 의뢰인의 동의가 있어야 한다.

4) 만일 의뢰인이 그 사무실의 특정변호사에게만 자신의 사건 내용을 알릴 것을 명시적으로 요청한 경우에는 그에 따라야 한다. 동일한 법무법인 등에 속하지 않은 변호사와 상의하는 것은 비밀유지의무위반이 될 수도 있기 때문에 이때에는 의뢰인의 동의를 얻는 것이 필요하다.

나. 다른 법률의 규정에 의한 비밀 공개

변호사법 제26조는 법률에 특별한 규정이 있는 경우에 직무상 알게 된 비밀을 누설할 수 있는 것으로 되어 있고 이는 위에서 본 바와 같이 형사소송법과 민사소송법상 증언거부권 등의 규정이 있다.

다. 중대한 공익상의 이유로 인한 비밀 공개

공익상의 이유가 있으면 최소한의 범위에서 비밀을 공개 또는 이용할 수 있다(변호사윤리장전 제18조 제4항). 생명, 신체, 재산 등에 대한 중대한 범죄방지를 위한 정보공개가 이에 해당된다.

라. 변호사 자신의 권리를 방어하기 위한 비밀 공개

1) 변호사는 자신의 권리를 방어하기 위하여 필요한 경우에는 최소한의 범위에서 의뢰인의 비밀을 공개 또는 이용할 수 있다(변호사윤리장전 제18조 제4항).

2) 의뢰인과의 수임관계에서 발생하는 변호사의 청구권을 확보하거나 의뢰인의 청구에 대하여 방어하기 위한 경우나, 변호사 자신이 연루된 사건에서 스스로를 지키기 위한 경우가 이에 해당한다. 예를 들면, 의뢰인이 변호사의 보수를 지급하지 아니하여 변호사가 보수지급을 청구하는 소를 제기한 경우, 변호사는 보수청구권의 존재를 입증하기 위하여 당해 수임사건에 대한 진술을 할 수 있다.

6. 의무위반에 대한 제재

가. 민사책임

비밀유지의무에 대해서 위임계약상 명시된 약정이 있는 경우 위임계약에 위반하여 비밀을 누설하면, 계약상의 책임을 부담한다. 계약이 존재하지 않더라도 비밀을 누설하면 불법행위로서 손해배상책임을 부담할 수 있다.

나. 형사책임

변호사 또는 변호사의 직에 있던 자가 그 업무처리 중 지득한 타인의 비밀을 누설한 때에는 비밀누설죄(형법 제317조)로 처벌된다. 다만 이는 친고죄이다. 변호사법 제26조 위반에 대하여 변호사법상 별도로 처벌하는 규정은 없다.

다. 징계

변호사가 직무상 비밀을 누설하면, 변호사법 제26조 위반으로 징계대상이 될 수 있다(법 제91조 제2항).

사례

X회사의 직원 A는 비리 혐의로 회사로부터 감사를 받았다. A는 이에 대한 법률상담을 받기 위해 변호사 甲을 방문하여 자신이 그동안 저질렀던 위법행위에 대해 상세히 털어 놓으면서 이를 기록해둔 노트를 甲에게 맡겼다. 그리고 사건의 위임에 대해서는, 수사를 받게 되는 동안에는 변호인선임서를 제출하지 않은 상태에서 비공식적으로 자신을 변호 내지 조언해 주고, 기소되면 변호인선임서를 제출하여 정식으로 변호해 줄 것을 요구하였고, 甲은 이러한 요구를 그대로 받아들이는 수임계약을 체결하였다.[21]

① 변호사 甲은 A의 비리행위에 대해서 형사소송절차에서 증언을 거부할 수 있다.
② 변호사 甲은 사건 수임 경위를 묻는 법원의 사실조회에 대한 회신을 거부할 수 있다.
③ A의 고발로 변호사 甲이 위 사건과 관련하여 변호사법위반혐의로 입건되어 자신의 권리를 방어하기 위하여 필요한 경우, 최소한의 범위에서 변호사 甲은 A의 비밀을 공개 또는 이용할 수 있다.

Ⅲ. 품위유지의무

1. 의의

1) 변호사는 그 품위를 손상하는 행위를 하여서는 아니 된다(법 제24조 제1항). 변호사윤리장전에서도 변호사는 품위를 유지하고, 명예를 손상하는 행위를 하지 아니한다고 규정하고 있다(변호사윤리장전 제5조). 직무의 내외를 막론하고 변호사로서의 품위를 손상하는 행위를 하면 징계사유에 해당한다(법 제91조 제2항 3호).

2) 변호사로서의 품위는 기본적 인권의 옹호와 사회정의 실현을 사명으로 하는 법률전문직인 변호사로서 그 직책을 맡아 수행해 나가기에 손색이 없는 인품을 말하고, 어떠한 행위가 품위손상행위에 해당하는가는 구체적 상황에 따라 건전한 사회통념에 의하여 판단하여야 할 것이며, 이러한 기준에 따른 법관의 보충적인 해석에 의하여 그 내용이 확정될 수 있다.[22] 여기서 변호사로서 그 직책을 맡아 수행해 나가기에 손색이 없는 인품이란 변호사의 전문성, 공정성, 도덕성에 대한 믿음을 줄 수 있는 품성을 의미하는 것으로 볼 수 있다.[23]

21 법조윤리 변호사시험 제5회.
22 대법원 2005. 11. 25. 선고 2005두9019 판결.
23 정형근, 『변호사법 주석』, 피앤씨미디어, 2016. 154면.

2. 품위손상행위

변호사법은 변호사의 징계사유로 직무의 내외를 막론하고 변호사로서의 품위를 손상하는 행위를 한 경우를 규정하고 있다(법 제91조 제2항 제3호).

사례

① ⅰ) 변호사인 재항고인은 1981.6. 하순경 재일교포 국가보안법위반 사건을 수임한 다음 같은해 7.14부터 1982.4.경 까지 사이에 3회에 걸쳐 보수로 일본에 거주하는 위 재일교포의 부인이 일화 합계 1,000,000엔을 교부받아 비거주자로부터 외국통화의 지급을 영수하고 그 무렵 동 일화 중 700,000엔을 서울시내 암달러상을 통하여 한화로 교환하는등 외국환관리법을 위반하고 ⅱ) 1981.10월경부터 1982.11.경까지 사이에 4회에 결쳐 서울형사지방법원 형사과 등지에서 법원직원들에게 합계 65,000원을 수고비 명목으로 제공함으로써 뇌물을 공여한 다음 재일교포의 판결문, 공판조서 등의 사본을 교부받고 그 무렵 이를 구원회 회원이라고 자칭하는 일본인들에게 건네 주어 조총련등 반한단체로 유출토록 함으로써 그들의 반한선전등에 이용되게 하고 ⅲ) 서울고등법원 형사과에서 재일교포의 형사사건 기록을 열람하면서 동 사건의 증거물에 대한 압수조서를 임의로 필사한 다음 1983.1.경 그 내용을 일본대사관 직원에게 상세히 알려주어 동인을 통하여 일본정계 및 일본 재야법조계등에서 일본내의 한국공관이 수사활동을 한다고 우리나라를 비방케 하는등 물의를 야기함으로써 변호사로서의 품위를 손상하였다고 할 것이다.[24]

② 약정에 따른 수임료 반환을 이행하지 않았으며, 변제기일이 지난 대여금을 상환하지 않고 연락을 지속적으로 회피하여 품위유지의무 위반으로 정직 2월에 처한 경우.[25]

③ 변호사법 위반 혐의로 수사를 받는 과정에서 위조된 증거를 제출하여 형사처벌을 받아 품위유지의무 위반으로 정직 1월에 처한 경우.[26]

④ 변호사 을은 법무법인 A의 고용 변호사로, 대표변호사 갑의 지시에 따라 구치소에 미선임 상태에서 월 총 접견 건수 621건 등 피의자나 피고인의 방어권 행사와는 무관한 목적으로 선임되지 아니한 다수의 수용인을 접견하는 등으로, 피의자 및 피고인 접견권을 현저히 남용함으로써 변호사의 품위를 훼손하였다.[27]

⑤ 법무법인 A는 소속 외국변호사들이 외국법자문사로 등록하지 않았음에도 홈페이지 등에 위 외국변호사들을 '미국변호사'등으로 표시하여 광고하고, 甲이 외국법자문사로 등록하지 않은 채 외국법자문사의 고유한 업무범위에 속하는 '원자격국의 법령에 관한 자문'에 관한 업무를 수행하였음에도, 법무법인 A는 외국법자문사법 위반행휘에 대한 관리·감독을 소홀히 하였다.[28]

---

24 대법원 1984. 5. 23. 자 83두4 결정.

25 대한변호사협회 사이트, 징계처분 효력발생일, 2019. 10. 25.

26 대한변호사협회 사이트, 징계처분 효력발생일, 2019. 6. 1.

27 대한변호사협회, 『징계사례집(제7집)』, 2017. 1. 23. 결정, 208~215면.

28 대한변호사협회, 『징계사례집(제7집)』, 2017. 8. 21. 결정, 261~264면.

Ⅳ. 진실의무

1. 의의

1) 변호사는 그 직무를 수행할 때에 진실을 은폐하거나 거짓 진술을 하여서는 아니 된다(법 제24조 제2항).

2) 이러한 변호사의 진실의무는 변호사윤리장전에도 반영되어 있다. 변호사는 그 직무를 행함에 있어서 진실을 왜곡하거나 허위진술을 하지 아니하며(변호사윤리장전 제2조 제2항), 위증을 교사하거나 허위의 증거를 제출하게 하거나 이러한 의심을 받을 행위를 하지 아니한다(변호사윤리장전 제11조 제3항)고 규정한 것이 그것이다.

3) 나아가 변호사윤리장전은 재판의 진실적합성과 공정성을 도모하기 위하여 재판절차에서의 진실의무에 관해서도, ① 변호사는 재판절차에서 의도적으로 허위 사실에 관한 주장을 하거나 허위증거를 제출하지 아니한다(변호사윤리장전 제36조 제1항). ② 변호사는 증인에게 허위의 진술을 교사하거나 유도하지 아니한다(동조 제2항)고 규정한다.

4) 변호사의 진실의무는 변호사는 당사자를 대리하는 소송에서 진실에 반하는 소송자료를 제출하여서는 아니 되는 것을 말한다. 다만, 변호사가 검사나 법관처럼 객관적인 입장에서 실체진실의 발견에 기여해야 한다는 것은 아니다. 오로지 진실을 왜곡하지 않아야 한다는 소극적인 성격을 갖는다.

2. 형사 변호인의 진실의무

1) 형사변호인의 기본적인 임무가 피고인 또는 피의자를 보호하고 그의 이익을 대변하는 것이라고 하더라도, 그러한 이익은 법적으로 보호받을 가치가 있는 정당한 이익으로 제한되고, 변호인이 의뢰인의 요청에 따른 변론행위라는 명목으로 수사기관이나 법원에 대하여 적극적으로 허위의 진술을 하거나 피고인 또는 피의자로 하여금 허위진술을 하도록 하는 것은 허용되지 않는다.[29]

2) 변호인은 피고인을 보호하는 지위에 있기 때문에 피고인의 불이익으로 돌아갈 행위를 해서는 아니 된다. 예컨대, 진실이더라도 피고인의 의사에 반하여, 그에게 불이익한 증거를 제출하거나, 또는 불이익한 주장을 해서는 안 된다.

3) 변호사인 변호인에게는 변호사법이 정하는 바에 따라서 이른바 진실의무가 인정되는 것이지만, 변호인이 신체구속을 당한 사람에게 법률적 조언을 하는 것은 그 권리이자 의무이므로 변

29 대법원 2012. 8. 30. 선고 2012도6027 판결.

호인이 적극적으로 피고인 또는 피의자로 하여금 허위진술을 하도록 하는 것이 아니라 단순히 헌법상 권리인 진술거부권이 있음을 알려 주고 그 행사를 권고하는 것을 가리켜 변호사로서의 진실의무에 위배되는 것이라고는 할 수 없다.[30]

4) 변호인은 피고인에게 실체법적 소송법적 조언을 해야 한다. 형사사건의 피고인에게 자기 사건에 대한 증거인멸행위는 범죄가 되지 않는다고 법률적인 조언을 해줄 수 있다.

5) 재판에 제출된 증거만으로는 유죄로 하기에 부족하다고 판단했을 때에는, 예컨대 유죄의 심증이 있으나 피고인이 부인하고 무죄를 호소하는 경우이거나 피고인이 진범인이라는 것을 개인적으로 알고 있어도 유죄판결에 충분한 증거가 없는 경우에 이를 이유로 한 무죄변론은 진실의무 위반이 아니다. 피고인의 자백에도 불구하고 보강증거나 그 밖에 유죄판결에 충분한 증거가 없는 경우에는 이를 이유로 한 무죄변론은 진실의무에 위반되지 않는다.

6) 대신범

무죄의 피고인이 처벌받을 것을 희망하는 경우에 변호사는 진범인이 별로도 존재한다는 것을 외부에 밝혀서는 안 된다. 이는 비밀유지의무 위반이다. 다만, 범인은닉 가담은 허용되지 않으므로 피고인 설득 후 안 되면 사임해야 한다. 판례는 변호인이 진범을 은폐하는 허위자백을 적극적으로 유지하게 한 행위에 대하여 범인도피방조죄를 인정하였다.

사례

① 형사사건으로 고소가 되어 수사기관으로부터 피의자로 수사를 받고 있던 A는 이 사건에 대한 변호를 부탁하기 위해 변호사 甲을 찾았다. A는 변호사 甲과의 상담과정에서 자신이 피해자 B를 각목으로 폭행한 사실을 시인하면서 다만 수사기관이나 법원에 이 사실이 그대로 드러날 경우 중형을 받게 될 것을 염려하였다. 변호사 甲은 폭행사실 자체를 부인할 수는 없고 그렇다고 하여 각목으로 폭행한 사실 자체를 인정하면 중형이 예상되기 때문에, 폭행사실은 인정하되 각목 등 위험한 물건으로 폭행한 것은 아니라고 적극적으로 변론하고 A에게는 각목을 없애도록 조언한다. 이는 진실의무 위반이다.[31]

② 변호사 甲은 뇌물사건 피의자 A의 변호인이다. A는 甲에게 B로부터 돈을 받았으나 그것이 뇌물이 아니라고 말했다. 그런데 甲은 A에게 뇌물을 주었다는 B의 진술에 상당한 신빙성이 있어 보였고 A가 거짓말을 하는 것처럼 생각되었다. 다만 수사기관이 확보한 증거 중에서 B의 진술 이외의 다른 증거는 압수할 당시 압수수색영장이 없었고 사후에도 압수수색영장을 발부 받지 않았기 때문에 증거능력이 없는 것으로 판단되었다. 그리고 B의 진술 역시 영장 없이 압수한 물건에 기초한 것이었다. 甲이 비록 개인적으로 A가 B로부터 뇌물을 받았다고 생각하더라도 위법수집증거에 대한 변론을 통해서 무죄를 주장하는 것은 변호사윤리장전에 위배되지 않는다.[32]

---

30 대법원 2007. 1. 31. 자 2006모656 결정.

31 법조윤리 변호사시험 제6회.

32 법조윤리 변호사시험 제7회.

③ A가 수사기관 및 법원에 출석하여 B 등의 사기 범행을 자신이 저질렀다는 취지로 허위자백하였는데, 그 후 A의 사기사건 변호인으로 선임된 변호사 甲이 A와 공모하여 진범 B 등을 은폐하는 허위자백을 유지하게 함으로써 범인을 도피하게 하였다는 내용으로 기소된 사안에서, 변호사 甲이 변호인으로서 단순히 A의 이익을 위한 적절한 변론과 그에 필요한 활동을 하는 데 그치지 아니하고, A과 B 사이에 부정한 거래가 진행 중이며 A 피고사건의 수임과 변론이 거래의 향배와 불가결한 관련이 있을 것임을 분명히 인식하고도 B에게서 A 피고사건을 수임하고, 그들의 합의가 성사되도록 도왔으며, 스스로 합의금의 일부를 예치하는 방안까지 용인하고 합의서를 작성하는 등으로 A과 B의 거래관계에 깊숙이 관여한 행위를 정당한 변론권의 범위 내에 속한다고 평가할 수 없고, 나아가 변호인의 비밀유지의무는 변호인이 업무상 알게 된 비밀을 다른 곳에 누설하지 않을 소극적 의무를 말하는 것일 뿐 진범을 은폐하는 허위자백을 적극적으로 유지하게 한 행위가 변호인의 비밀유지의무에 의하여 정당화될 수 없다고 하면서, 한편으로 피고인의 행위는 정범인 A에게 결의를 강화하게 한 방조행위로 평가될 수 있다는 이유로 범인도피방조죄를 인정한 원심판단을 정당하다고 한 사례.[33]

3. 민사소송에서의 변호사의 진실의무

가. 의의

민사소송에서 진실의무라 함은 아무리 변론주의에 의하여 사실주장의 책임이 당사자에게 있다 하여도 진실에 반하는 것으로 알고 있는 사실을 주장해서는 안 되며, 진실에 맞는 것으로 알고 있는 상대방의 주장을 다투어서도 안 된다는 의무를 말한다.

나. 진실의무의 내용

1) 진실의무는 진실을 적극적으로 진술해야 하는 의미의 적극적 의무가 아니라, 진실이 아니라는 것을 알면서도 주장을 하거나 부인을 해서는 안 된다는 의미이 소극적 의무를 말한다. 여기서 진실이란 객관적 진실이 아니라, 주관적으로 믿는 진실을 말한다.

2) 따라서 진실의무가 있다고 하여 상대방 당사자를 위한 소송자료의 제공의무가 있는 것은 아니다. 그러나 진실에 반하는 허위의 자료는 절대 제출해서는 안 된다. 위증을 교사해서도 안 된다.

3) 진실의무위반의 경우 소송사기죄의 성립이나 소송사기로 손해배상책임의 문제가 생길 수 있고 사실인정에 있어서 변론 전체의 취지(민사소송법 제202조) 의뢰인에게 불리한 영향을 줄 수도 있다.

4) 민사소송절차의 변론과정에서 당사자가 상대방의 프라이버시나 명예에 관한 사항을 주장하고 이에 관한 증거자료를 제출함으로써 상대방의 프라이버시가 침해되거나 명예가 훼손되었

33 대법원 2012. 8. 30. 선고 2012도6027 판결.

다 하더라도, 그 주장과 입증이 당사자에게 허용되는 정당한 변론활동의 범위를 일탈한 것이 아니라면 위법성이 없다고 보아야 한다.[34]

5) 소송사기는 법원을 속여 자기에게 유리한 판결을 얻음으로써 상대방의 재물 또는 재산상 이익을 취득하는 범죄로서, 이를 쉽사리 유죄로 인정하게 되면 누구든지 자기에게 유리한 주장을 하고 소송을 통하여 권리구제를 받을 수 있는 민사재판제도의 위축을 가져올 수밖에 없으므로, 피고인이 그 범행을 인정한 경우 외에는 그 소송상의 주장이 사실과 다름이 객관적으로 명백하고 피고인이 그 주장이 명백히 거짓인 것을 인식하였거나 증거를 조작하려고 하였음이 인정되는 때와 같이 범죄가 성립되는 것이 명백한 경우가 아니면 이를 유죄로 인정하여서는 아니 되고, 단순히 사실을 잘못 인식하였다거나 법률적 평가를 잘못하여 존재하지 않는 권리를 존재한다고 믿고 제소한 행위는 사기죄를 구성하지 아니하며, 소송상 주장이 다소 사실과 다르더라도 존재한다고 믿는 권리를 이유 있게 하기 위한 과장표현에 지나지 아니하는 경우 사기의 범의가 있다고 볼 수 없고, 또한, 소송사기에서 말하는 증거의 조작이란 처분문서 등을 거짓으로 만들어내거나 증인의 허위 증언을 유도하는 등으로 객관적·제3자적 증거를 조작하는 행위를 말한다.[35]

사례

대법원은 피고인은 김태원에 대하여 보관금 지급약정에 따른 2,000만 원의 지급을 구하는 민사소송을 진행하던 중 2001. 3. 13. 임종현의 피고인에 대한 2,000만 원의 지급 채무에 대한 연대보증 책임을 주장하면서 이를 입증하기 위하여 '입회인 김태원' 앞' 연대보증'이라는 문구를 임의로 기재한 지불각서를 법원에 제출한 것은 법원을 기망하여 재산상 이익을 얻으려는 소송사기의 실행에 착수한 행위로 볼 것이고, 다만 그 후 2002. 5. 24.경 연대보증 채무를 청구원인으로 한 주장을 철회하였으므로 이로써 소송사기는 미수에 그쳤다고 판단하였다.[36]

피고인이 특정 권원에 기하여 민사소송을 진행하던 중 법원에 조작된 증거를 제출하면서 종전에 주장하던 특정 권원과 별개의 허위의 권원을 추가로 주장하는 경우에 그 당시로서는 종전의 특정 권원의 인정 여부가 확정되지 아니하였고, 만약 종전의 특정 권원이 배척될 때에는 조작된 증거에 의하여 법원을 기망하여 추가된 허위의 권원을 인정받아 승소판결을 받을 가능성이 있으므로, 가사 나중에 법원이 종전의 특정 권원을 인정하여 피고인에게 승소판결을 선고하였다고 하더라도, 피고인의 이러한 행위는 특별한 사정이 없는 한 소송사기의 실행의 착수에 해당된다고 할 것이다.

34 대법원 2008. 2. 15. 선고 2006다26243 판결.
35 대법원 2004. 6. 25. 선고 2003도7124 판결.
36 대법원 2004. 6. 25. 선고 2003도7124 판결.

Chapter 06 변호사의 직무에 관한 의무

Ⅰ. 일반적 의무

1. 회칙준수 의무

1) 변호사는 소속 지방변호사회와 대한변호사협회의 회칙을 지켜야 한다(법 제25조).

2) 대한변호사협회 회칙 및 변호사윤리장전은 이를 구체화하고 있다. 즉, 변호사는 법령과 대한변호사협회 및 소속 지방변호사회의 회칙, 규칙, 규정 및 결의를 준수하고(동 회칙 제9조 제1항, 변호사윤리장전 제3조), 회칙, 규칙 또는 총회의 의결에 의하여 부과된 분담금, 특별회비 및 등록료 등을 납부하여야 한다(동 회칙 제9조 제2항). 또한 변호사회가 지정한 업무를 성실하게 처리하고, 변호사회의 운영에 적극 협력하여야 한다(동 회칙 제9조 제3항).

2. 공익활동의무

1) 변호사는 연간 일정 시간 이상 공익활동에 종사하여야 한다(법 제27조 제1항). 변호사는 법령에 따라 공공기관, 대한변호사협회 또는 소속 지방변호사회가 지정한 업무를 처리하여야 한다(동조 제2항).

2) 공익활동의 범위

① 시민의 권리나 자유 또는 공익을 위하거나 경제적인 약자를 돕기 위하여 마련된 자선단체, 종교단체, 사회단체, 시민운동단체 및 교육기관 등 공익적 성격을 가진 단체에 대하여 무료 또는 상당히 저렴한 비용으로 법률서비스를 제공하는 활동과 위 공익적 단체의 임원 또는 상근자로서의 활동 중 대한변호사협회 또는 지방변호사회가 공익활동으로 인정하는 활동(공익활동등에관한규정 제2조 제1호)

② 대한변호사협회 또는 지방변호사회의 임원 또는 위원회의 위원으로서의 활동(제2호)

③ 대한변호사협회 또는 지방변호사회가 지정하는 법률상담변호사로서의 활동(제3호)

④ 대한변호사협회 또는 지방변호사회가 지정하는 공익활동 프로그램에서의 활동(제4호)

⑤ 국선변호인 또는 국선대리인으로서의 활동(제5호)

⑥ 법령 등에 의해 관공서로부터 위촉받은 사항에 관한 활동(다만, 상당한 보수를 받는 경우를 제외)(제6호)

⑦ 개인에 대한 무료변호 등 법률서비스 제공 행위 또는 입법연구 등 법률지원활동 가운데 공익적 성격 가진 것으로서 대한변호사협회 또는 지방변호사회가 공익활동으로 인정하는 활동(제7호)

⑧ 대한변호사협회 또는 지방변호사회가 설립한 공익재단에 대한 기부행위(제8호)

사례

변호사 甲의 다음 활동은 공익활동으로 인정된다.

① 공익단체의 상근자로서 상당히 저렴한 실비를 받고 법률서비스를 제공한 활동(제1호)

② 대한변호사협회 조사위원으로서 조사위원회에 참석하여 의견을 개진한 활동(제2호)

③ 국선변호인으로 활동(제5호)

④ 법령의 개정을 위하여 보수를 받지 않고 법률적 봉사를 제공하는 활동으로 지방변호사회가 공익활동으로 인정하는 활동(제7호)

⑤ 서울지방변호사회가 설립한 공익재단에 대한 기부행위(제8호)

나. 공익활동 등의 실행

① 개인회원은 공익활동 중 적어도 하나 이상을 선택하여 연간 합계 30시간 이상을 행하여야 한다. 다만 특별한 사정이 있는 지방변호사회는 위 30시간을 20시간까지 하향조정할 수 있다(공익규정 3조 1항).

② 부득이한 사정으로 위 공익활동 시간을 완수하지 못한 개인회원은 1시간 당 금 20,000원 내지 30,000원에 해당하는 금액을 소속 지방변호사회에 납부하여야 한다(동 규정 3조 2항). 금전납부를 사전에 선택을 할 수 없고, 미이행 시간을 차년도에 이월하는 할 수 없다.

③ 법조경력 2년 미만, 60세 이상, 질병 등으로 정상적인 변호사 업무 수행이 불가능한 경우, 기타 공익활동을 수행할 수 없는 정당한 이유가 있을 때 공익활동의무는 면제된다.

다. 공익활동의무의 대체

① 법무법인, 법무법인(유한), 법무조합이 구성원 및 소속 변호사 전원을 위해 공익활동의무 대체 시간은 법무법인, 법무법인(유한), 법무조합의 구성원인 개인 회원 및 소속 변호사인 개인회원에게 배분하여 각 개인회원의 공익활동시간으로 인정할 수 있다. 종전에는 '전원의 수로 균등 배분'하도록 제한하였으나, 이를 현실에 맞게 운영하도록 '개인회원에게 배분'하는 것으로 개정하

였다. 이러한 공익활동시간의 배분 인정은 법무법인, 법무법인(유한), 법무조합, 공증인가합동법률사무소 또는 조합형 합동법률사무소의 대표자가 소속 지방변호사회의 허가를 받아야 한다.

② 공익활동 수행 지정변호사는 법무법인, 법무법인(유한), 법무조합, 공증인가합동법률사무소는 그 구성원인 개인회원 및 소속변호사 전원을 대신하여 공익활동을 행할 변호사로 지정한 변호사이다. 공익활동 수행 지정변호사는 법조경력이 2년 미만이거나 60세 이상인 개인회원을 공익활동 수행 변호사로 지정할 수 있다.

③ 의무대체 공익활동의 범위는 법무법인 등이 그 구성원인 개인회원 및 소속변호사인 개인회원 전원을 위해 한 공익활동, 공익활동 수행 지정변호사가 행한 공익활동이다.

라. 공익활동심사위원회 및 특별기금

① 공익활동의무를 보다 효율적으로 수행할 수 있도록 하기 위하여 지방변호사회는 소속 개인회원의 공익활동 등에 관하여 필요한 사항을 심사, 결정하기 위한 기구로 공익활동 심사위원회를 설치, 운영하고 있다.

② 지방변호사회는 공익활동의 원활한 수행을 위하여 특별기금을 설치, 운용한다. 공익활동시간을 완수하지 못한 변호사가 납부한 돈이 이 기금에 입금된다.

마. 공익활동의 협력의무

변호사를 고용하고 있는 변호사나 법무법인 등은 그 고용된 변호사가 공익활동에 참여 할 수 있도록 협력할 의무가 있다.

바. 공익활동의무이행의 담보

공익활동이 실제로 행해지는 것을 담보하기 위하여, ① 개인회원의 공익활동 보고 : 개인회원은 매년 1월 말까지 전년도 공익활동의 결과를 소속 지방변호사회에 보고하여야 하고, 지방변호사회는 이를 매년 2월 말까지 대한변호사협회에 보고하여야 한다. 이는 지방변호사회 및 대한변호사협회의 감시, 감독을 위한 것이다. ② 지방변호사회 회장의 징계개시신청 : 정당한 이유 없이 공익활동을 수행하지 아니하거나 돈을 납부하지 않은 변호사에 대하여 당해 변호사가 소속한 지방변호사회 회장은 징계권을 가진 대한변협의 장에게 징계개시신청을 할 수 있다.

3. 연수의무

가. 의의

변호사는 변호사의 전문성과 윤리의식을 높이기 위하여 대한변호사협회나 지방변호사회 또는 그 지정 기관 또는 단체가 실시하는 연수교육을 받아야 한다(법 제85조 제1항, 제2항). 대한변호사협회가 실시하는 연수교육을 받지 아니한 변호사에게는 500만원 이하의 과태료가 부과된다(법

제117조 제3항).

나. 연수의 종류

1) 연수교육은 변호사 전원을 대상으로 한 일반연수와 희망하는 변호사를 대상으로 실시하는 특별연수로 구분된다(변호사연수규칙 제3조 제1항, 제2항).

2) 일반연수는 매년 1회 이상 정기적으로 실시하고, 변호사는 특별한 사유가 없는 한 일반연수에 참가하여야 한다(동 규칙 제4조 제1항, 제2항). 따라서 변호사가 의무적으로 참가하여야 하는 연수교육은 변호사 전원을 대상으로 하는 일반연수를 말한다.

다. 의무연수

1) 의무연수란 변호사법 제85조에 의하여 부과된 연수교육 의무의 이행으로 인정되는 변호사연수를 말한다(동 규칙 제2조 제4호).

2) 의무연수는 의무전문연수와 의무윤리연수로 구분되며, 현장연수(직접 출석을 전제로 일정한 장소에서 이루어지는 연수)를 원칙으로 한다. 다만 연수장소, 방법, 효과 기타 회원들의 부담을 고려하여 일정한 범위를 정하여 개별연수(비디오테이프, DVD 등 저장매체나 온라인을 통해 이루어지는 연수)를 의무연수로 인정할 수 있다(동 규칙 제5조 제1항).

3) 의무연수는 변호사법 제15조에 따라 대한변호사협회에 개업신고를 한 65세 미만의 등록회원을 대상으로 한다. 다만 대한변호사협회는 의무전문연수에 한하여 그 대상을 60세 미만으로 하향 조정할 수 있다(동 규칙 제6조 제1항).

라. 연수교육의 주체와 내용

연수교육의 주체는 대한변호사협회이다(자체연수). 그러나 대한변호사협회는 연수교육을 지방변호사회에 위임하거나(위임연수) 기관 또는 단체를 지정하여 위탁할 수 있다(위탁연수)(법 제85조 제2항). 연수교육에는 법조윤리과목이 포함되어야 한다(같은 조 제4항).

마. 의무연수주기 및 의무연수 이수시간

1) 변호사의 연수교육 시간은 1년에 '법조윤리과목 1시간 이상을 포함하여 8시간 이상'으로 하되, 연수교육 이수시간의 계산방법 및 연수교육 이수의 주기 등에 관한 사항은 대한변호사협회가 정한다(시행령 제17조의2).

2) 연수주기는 매 홀수연도의 1월 1일부터 그 다음해의 12월 31까지 2년으로 한다(동 규칙 제7조 제1항). 대한변호사협회는 의무연수의 실효성을 확보하고, 회원의 연수기회를 늘리기 위해 연수원운영위원회의 심의를 거쳐 의무전문연수와 의무윤리연수의 전부 또는 일부의 연수주기를 조정할 수 있다(동 규칙 제7조 제2항).

3) 의무연수 이수시간은 의무전문연수의 경우 1년 7시간을 기준으로, 의무윤리연수의 경우 1년 1시간을 기준으로 각 연수주기에 맞추어 비례적으로 계산한다. 다만 신규변호사(판사, 검사, 군법무관 및 공익법무관, 기타 사내변호사로 종사한 경력이 1년 미만)는 2시간의 연수를 변호사 자격등록한 해에 추가로 이수하여야 하며, 구체적인 연수과목과 이수방법 등은 변호사 연수원의 심의를 거쳐 협회장이 정한다(동 규칙 제7조 제3항).

바. 인정연수

대한변호사협회는 변호사가 법학 관련 학술대회 등에 참여한 경우에는 대한변호사협회가 정하는 바에 따라 연수교육을 받은 것으로 인정할 수 있다(법 제85조 제3항). 이를 인정연수라고 하는데, 대한변호사협회의 인정을 받아 변호사연수로 포함되는 교육연수, 학술대회, 세미나, 기타 강좌 등을 말한다(동 규칙 제3조 제3항 제4호).

사. 연수의 면제

1) 변호사가 ① 질병 등으로 정상적인 변호사 업무를 수행할 수 없는 경우, ② 휴업 등으로 연수교육을 받을 수 없는 정당한 사유가 있는 경우, ③ 고령으로 연수교육을 받기에 적당하지 아니한 경우로서 대한변호사협회가 정하는 경우에는 연수교육을 받지 않을 수 있다(법 제85조 제1항 단서).

2) 질병, 출산, 장기 해외체류, 군복무 기타 연수교육을 받지 못할 정당한 사유가 있는 회원의 신청이 있는 경우 연수원운영위원회의 심의를 거쳐 협회장이 그 의무의 전부 또는 일부를 면제 또는 유예할 수 있다(동 규칙 제6조 제2항). 이 경우 그 내용을 지체 없이 회원 및 지방회에 통보하여야 하고(동조 제3항), 그 내용이 면제 또는 유예의 신청을 기각하는 경우에는 그 취지 및 이유를 명시하여야 한다(동조 제4항).

4. 개인정보의 보호의무

변호사는 업무를 수행함에 있어서 개인정보의 보호에 유의하여야 한다(변호사윤리장전 제12조). 이는 개인정보보호법의 발효에 따라 개인정보의 보호에 특히 유의할 필요가 높아진 것을 반영한 것이다.

Ⅱ. 수임장부, 변호인선임서 등에 관한 의무

1. 수임장부의 작성·보관

1) 변호사는 수임에 관한 장부를 작성하고 보관하여야 한다(법 제28조 제1항). 이를 위반하면 과태료를 부과한다(법 제117조 제2항 제2호).

2) 수임장부에 적어야 할 사항은'수임일, 수임액, 위임인·당사자·상대방의 성명과 주소, 수임한 법률사건 또는 법률사무의 내용, 수임사건의 관할기관·사건번호 및 사건명, 처리 결과'이다(영 제7조 제2항). 장부의 작성 방법, 작성 범위, 그 밖에 필요한 사항은 대한변호사협회가 정한다(영 제7조 제3항). 이에 따라 제정된 것이 「변호사수임장부에 관한규정」이다.

3) 변호사는 법률사건 또는 법률사무에 관한 수임계약을 체결한 때부터 1개월 이내에 수임에 관한 장부를 작성하고, 그 작성일부터 3년간 법률사무소에 보관하여야 한다(시행령 제7조 제1항).

2. 수임사건의 건수 및 수임액의 보고

변호사는 매년 1월 말까지 전년도에 처리한 수임사건의 건수와 수임액을 소속 지방변호사회에 보고하여야 한다(법 제28조의2). 이는 과세자료의 투명성을 제고하기 위한 것이다. 이를 위반한 경우에는 과태료를 부과한다(법 제117조 제2항 제1의2호).

3. 변호인선임서 등의 지방변호사회 경유

1) 변호사가 법률사건이나 법률사무에 관한 변호인선임서 또는 위임장 등을 공공기관에 제출할 때에는 사전에 소속 지방변호사회를 경유하여야 한다. 다만 사전에 경유할 수 없는 급박한 사정이 있는 경우에는 변호인선임서나 위임장 등을 제출한 후 지체 없이 공공기관에 소속 지방변호사회의 경유확인서를 제출하여야 한다(법 제29조, 대한변협 회칙 제9조 제6항, 변호사윤리장전 제23조 제2항). 이는 법조비리의 척결과 변호사의 세금포탈을 방지하기 위한 것이다. 이를 위반한 경우에는 과태료를 부과한다(법 제117조 제2항 제1의2호).

2) 이때 경유해야 할 지방변호사회는 공공기관 소재지의 지방변호사회가 아니라 변호사가 소속한 지방변호사회이다.

3) 의뢰인의 위임에 따라 법원에 제출하는 서류의 작성, 제출을 대행하기 위하여 위임장을 제출하는 경우에도 소속 지방변호사회의 경유절차를 밟아야 한다.

4. 변호사선임서 등의 미제출 변호 금지

1) 변호사는 법원이나 수사기관에 변호인 선임서나 위임장 등을 제출하지 아니하고는 ① 재판에 계속 중인 사건, ② 수사 중인 형사사건(내사 중인 사건을 포함한다)에 대하여 변호하거나 대리할 수 없다(법 제29조의2, 대한변협 회칙 제9조 제5항). 그리고 정당한 이유 없이 이를 위반한 경우에는 과태료를 부과한다(법 제117조 제2항 제3호).

2) 변호사윤리장전도 변호사는 사건을 수임하였을 때는 소송위임장이나 변호인선임신고서 등을 해당 기관에 제출한다. 이를 제출하지 아니하고는 전화, 문서, 방문 기타 어떠한 방법으로

도 변론활동을 하지 아니한다고 규정하고 있다(변호사윤리장전 제23조 제1항).

사례

甲 변호사는 단독으로 개업하여 활동하다가 A법무법인의 구성원으로 가입하였다. 이 경우 기존에 제출한 개인 변호사 명의의 소송위임장은 그대로 유효한지 여부

- 기존의 소송위임장은 유효하지 않다. 변호사와 법무법인은 각각 별도의 주체이므로 甲 변호사가 단독으로 개업하여 활동하다가 A법무법인의 구성원으로 가입한 경우 단독 변호사로서는 사임신고서를 제출하고, 법무법인의 수임절차를 새로이 밟아야 한다. 즉 A법무법인의 위임장을 담당변호사 지정서와 함께 제출해야 한다.

Ⅲ. 사건의 유치행위금지

1. 연고 관계 등의 선전금지

1) 변호사나 그 사무직원은 법률사건이나 법률사무의 수임을 위하여 재판이나 수사업무에 종사하는 공무원과의 연고 등 사적인 관계를 드러내며 영향력을 미칠 수 있는 것으로 선전하여서는 아니 된다(법 제30조).

2) 변호사윤리장전도 변호사는 사건의 수임을 위하여 재판이나 수사업무에 종사하는 공무원과의 연고 등 사적인 관계를 드러내며 영향력을 미칠 수 있는 것처럼 선전하지 아니한다고 규정하고 있다(변호사윤리장전 제20조 제4항).

사례

사기죄로 구속 기소된 피고인 A는 변호사 甲을 선임하여 담당재판부에 보석허가청구를 하였으나 기각되었다. 실의에 빠진 A는 우연히 변호사 乙이 담당재판장과 고등학교 동기동창이라는 사실을 알게 되었고, A는 乙을 선임하여 보석허가청구를 다시 하기 위하여 乙에게 접견을 요청하였다. 乙이 A를 접견하여 상담하고 사건을 수임하는 과정에서 乙은 A에게 "자신이 선임되어 다시 보석허가청구를 하면 담당재판장이 절친한 친구 사이이므로 보석허가청구가 받아들여질 가능성이 매우 높다"라고 말해서는 안 된다.[1]

2. 독직행위의 금지

1) 변호사는 수임하고 있는 사건에 관하여 상대방으로부터 이익을 받거나 이를 요구 또는 약속하여서는 아니 된다(법 제33조). 이를 위반하면 형사처벌된다(법 제109조 제2호).

---

1 법조윤리 변호사시험 제3회.

2) 변호사윤리장전도 ① 변호사는 사건의 상대방 또는 상대방이었던 자로부터 사건과 관련하여 이익을 받거나 이를 요구 또는 약속받지 아니한다(변호사윤리장전 제43조). ② 변호사는 사건의 상대방 또는 상대방이었던 자에게 사건과 관련하여 이익을 제공하거나 약속하지 아니한다(변호사윤리장전 제44조)고 규정하고 있다. 즉, 상대방 등으로부터 이익 수령 등을 못하게 할 뿐 아니라 상대방 등에게 이익 제공도 못하게 하고 있다.

3. 변호사 아닌 자와의 동업 금지 등

가. 변호사 아닌 자의 유상유치행위 금지

1) 누구든지 법률사건이나 법률사무의 수임에 관하여 ① 사전에 금품·향응 또는 그 밖의 이익을 받거나 받을 것을 약속하고 당사자 또는 그 밖의 관계인을 특정한 변호사나 그 사무직원에게 소개·알선 또는 유인하는 행위나, ② 당사자 또는 그 밖의 관계인을 특정한 변호사나 그 사무직원에게 소개·알선 또는 유인한 후 그 대가로 금품·향응 또는 그 밖의 이익을 받거나 요구하는 행위를 하여서는 아니 된다(법 제34조 제1항). 이는 변호사에게 사건을 알선해 주고 금품을 수수하는 법조부조리를 척결하기 위한 것이다. 이에 위반한 행위를 하면 형사 처벌된다(법 제109조 제2호, 제34조).

2) 위 ①의 위반행위가 성립하기 위해서는 반드시 사전에 소개료 등에 관한 약정이 있어야 한다. 그러나 위 ②의 위반행위는 금품 등을 받을 고의를 가지고 법률사건 등을 변호사 또는 그 사무직원에게 소개하는 등의 행위를 한 후 그 대가로 금품 등을 받거나 요구하면 되는 것이고, 사전에 소개료 등에 관한 약정이 있어야 하는 것은 아니다.[2]

3) 이 위반행위의 적용대상자는 누구든지이다.

① 변호사에 의한 유상의 소개행위도 금지된다.

② 변호사에게 고용되어 있는 사무직원도 유상의 소개행위를 할 수 없다.[3] 이와 반대로, 사무직원에게 소개하는 경우에는, 이후 수수되는 금품 등이 그 소개의 대가로 인정된 이상, 소개된 사무직원이 반드시 금품 등이 수수될 때까지 사무직원으로서의 지위를 유지하고 있어야 하는 것은 아니다.[4]

---

2 대법원 2009. 5. 14. 선고 2008도4377 판결.

3 헌법재판소 2005. 11. 24. 결정, 2004헌바83 : 구 변호사법 제27조 제1항은 변호사에게 사건을 알선해 주고 금품을 수수하는 법조주변의 부조리를 척결하여 법조계의 투명성과 도덕성을 보장하기 위한 것이므로 그 입법목적은 정당하고, 변호사 사무직원도 그 소속 변호사에게 법률사건을 알선하고 금품을 수수할 수 없도록 한 것은 이러한 입법목적의 달성에 적합하고도 필요한 수단이라고 할 것이며, 위 조항으로 말미암아 청구인은 그 소속 변호사에게 사건을 알선하고 금품을 수수할 수 없게 되어 금전적인 불이익을 받게 되는데 비해 변호사에게 사건을 알선해 주고 금품을 수수하는 법조주변의 부조리를 척결하여 법조계의 투명성과 도덕성을 보장함으로써 달성되는 공익은 청구인이 받게 되는 위와 같은 불이익보다 훨씬 크다고 할 것이어서 법익의 균형성도 갖추고 있다. 따라서 구 변호사법 제27조 제1항의 적용대상에서 변호사 사무직원을 제외하지 아니한 것이 과잉금지의 원칙에 위반하여 청구인의 직업수행의 자유를 침해하지 아니한다.

4 대법원 2009. 5. 14. 선고 2008도4377 판결.

③ 의뢰인으로부터 변호사선임과 위임계약을 체결할 권한을 수여받은 자라도 변호사를 선임하면서 변호사로부터 위임계약을 체결한 대가로 보수를 받으면 이에 해당한다.[5]

나. 변호사의 대가제공 금지

1) 변호사나 그 사무직원은 법률사건이나 법률사무의 수임에 관하여 소개·알선 또는 유인한 후 그 대가로 금품·향응 또는 그 밖의 이익을 받거나 요구하는 행위를 하여서는 아니 된다(법 제34조 제1항). 이에 위반하면 형사 처벌된다(법 제109조 제2호, 제34조).

2) 변호사윤리장전도 변호사는 어떠한 경우를 막론하고 사건의 소개·알선 또는 유인과 관련하여 소개비 기타 이와 유사한 금품이나 이익을 제공하지 아니한다고 규정한다(변호사윤리장전 제9조 제2항).

3) 변호사윤리장전은 이에 그치지 아니하고, 알선업자로부터 사건을 소개받는 경우에는 좀 더 엄격한 기준을 제시하고 있다. 즉 변호사는 사건의 알선을 업으로 하는 자로부터 사건을 소개받거나 이러한 자를 이용하거나 이러한 자에게 자기의 명의를 이용하게 하는 일체의 행위를 하지 아니한다(변호사윤리장전 제9조 제1항). 알선업자는 그 자체가 불법이기 때문에 소개비의 수수 여부와 상관없이 금지한 것이다.

4) 변호사가 형사처벌의 대상이 되는 알선에 의하여 법률사건을 수임하더라도 그 수임계약과 이에 따른 소송행위는 유효하다. 법률사건을 수임하고 받은 수임료는 법률사건의 알선을 받은 대가가 아니고 사법상 유효한 위임계약과 그에 따른 대리행위의 대가이므로 변호사법 위반행위로 인하여 얻은 부정한 이익으로 볼 수 없고, 따라서 추징[6]의 대상이 아니다.[7]

사례

변호사 甲의 법률사무소에 근무하는 사무직원 A는 갑의 부재 중 사무소에 찾아온 B와 이혼문제에 관한 법률상담을 하였다. 법률상담 후 B는 이혼의 실제 당사자는 자신이 아니라 C인데 C의 요청으로 자신이 먼저 법률상담을 받고 승소가능성을 알아보러 온 것이라고 하면서 C를 소개해주면 그 대가로 수임료 20%를 줄 수 있겠느냐고 물어보았다. 바로 답변하지 않으면 다른 법률사무소를 찾아가겠다는 B의 말에 A는 나중에 甲에게 보고하기로 하고 B에게 수임료의 20%를 지급하겠다고 하였다. 이는 변호사법 위반이다.[8]

---

5 대한변호사협회, 『변호사법 질의회신』, 432호, 2009. 2. 25.

6 **형법** 제48조(몰수의 대상과 추징) ① 범인이외의 자의 소유에 속하지 아니하거나 범죄 후 범인이외의 자가 정을 알면서 취득한 다음 기재의 물건은 전부 또는 일부를 몰수할 수 있다.
1. 범죄행위에 제공하였거나 제공하려고 한 물건.
2. 범죄행위로 인하여 생하였거나 이로 인하여 취득한 물건.
3. 전 2호의 대가로 취득한 물건.
② 전항에 기재한 물건을 몰수하기 불능한 때에는 그 가액을 추징한다.
③ 문서, 도화, 전자기록등 특수매체기록 또는 유가증권의 일부가 몰수에 해당하는 때에는 그 부분을 폐기한다.

7 대법원 2001. 7. 24. 선고 2000도5069 판결.

8 법조윤리 변호사시험 제7회.

다. 변호사의 명의대여금지

1) 변호사나 그 사무직원은 법 제109조 제1호, 제111조 또는 제112조 제1호에 규정된 자로부터 법률사건이나 법률사무의 수임을 알선 받거나 이러한 자에게 자기의 명의를 이용하게 하여서는 아니 된다(법 제34조 제3항). 이에 위반하면 형사 처벌된다(법 제109조 제2호, 제34조).

2) 이는 사건브로커(법 제109조 제1호, 제111조 또는 제112조 제1호에 규정된 자)로부터 사건의 수임을 알선 받는 경우나, 사건브로커가 변호사의 이름으로 사건을 전담하여 처리하되, 변호사에게는 명의대여 대가로 일정한 보수를 지급하는 경우를 말한다.

3) 변호사가 자신의 명의로 개설한 법률사무소 사무직원(비변호사)에게 자신의 명의를 이용하도록 함으로써 변호사법 제109조 제2호 위반행위를 하고, 그 사무직원이 그 변호사의 명의를 이용하여 법률사무를 취급함으로써 변호사법 제109조 제1호 위반행위를 하였는지 여부를 판단하기 위하여는, 취급한 법률사건의 최초 수임에서 최종 처리에 이르기까지의 전체적인 과정, 법률사건의 종류와 내용, 법률 사무의 성격과 그 처리에 필요한 법률지식의 수준, 법률상담이나 법률문서 작성 등의 업무처리에 대한 변호사의 관여 여부 및 그 내용·방법·빈도, 사무실의 개설과정과 사무실의 운영 방식으로서 직원의 채용·관리 및 사무실의 수입금 관리의 주체·방법, 변호사와 사무직원 사이의 인적 관계, 명의 이용의 대가로 지급된 금원의 유무 등 여러 사정을 종합하여, 그 사무직원이 실질적으로 변호사의 지휘·감독을 받지 않고 자신의 책임과 계산으로 법률사무를 취급한 것으로 평가할 수 있는지를 살펴보아야 한다. 나아가 법률사무소 사무직원이 법률사무소의 업무 전체가 아니라 일정 부분의 업무에 한하여 실질적으로 변호사의 지휘·감독을 받지 않고 자신의 책임과 계산으로 해당 법률사무를 변호사 명의로 취급·처리하였다면, 설령 변호사가 나머지 업무에 관하여 정상적인 활동을 하고 있다고 하더라도 사무직원과 변호사에게는 변호사법 제109조 제1호 및 제2호 위반죄가 성립될 수 있다.[9]

사례

A는 명목상으로는 변호사 甲의 사무원으로 되어 있으나, 그 법률사무소의 운영실태에 있어서는 국가배상사건만을 전담하되 A의 계산 하에 또는 변호사 甲의 지휘감독을 받음이 없이 독자적으로 사건을 처리하고, 변호사 甲에게는 배상결정액의 10%를 명의대여료로 지급하였다. 변호사법 제34조 제3항의 명의를 이용하게 한 것에 해당된다.

라. 비변호사의 변호사 고용 금지

1) 변호사 아닌 자가 변호사를 고용하여 법률사무소를 개설, 운영하여서는 아니 된다(법 제34조 제4항). 이에 위반하면 형사처벌된다(법 제109조 제2호, 제34조).

9 대법원 2015. 2. 12. 선고 2012도9571 판결.

2) 이 경우 변호사 아닌 자에게 고용된 변호사를 변호사법 제34조 제4항 위반죄의 공범으로 처벌할 수는 없다.[10] 변호사 아닌 자가 변호사를 고용하여 법률사무소를 개설·운영하는 행위를 처벌하도록 규정하고 있으므로, 변호사 아닌 자에게 고용된 변호사에 대하여 위 법조항을 바로 적용하여 처벌할 수 없음은 명백하고, 다만, 형법 총칙상의 공범규정의 적용 가능성이 문제된다고 할 것이다. 변호사 아닌 자가 변호사를 고용하여 법률사무소를 개설·운영하는 행위에 있어서는 변호사 아닌 자는 변호사를 고용하고 변호사는 변호사 아닌 자에게 고용된다는 서로 대향적인 행위의 존재가 반드시 필요하고, 나아가 변호사 아닌 자에게 고용된 변호사가 고용의 취지에 따라 법률사무소의 개설·운영에 어느 정도 관여할 것도 당연히 예상되는바, 이와 같이 변호사가 변호사 아닌 자에게 고용되어 법률사무소의 개설·운영에 관여하는 행위는 위 범죄가 성립하는 데 당연히 예상될 뿐만 아니라 범죄의 성립에 없어서는 아니 되는 것인데도 이를 처벌하는 규정이 없는 이상, 그 입법 취지에 비추어 볼 때 변호사 아닌 자에게 고용되어 법률사무소의 개설·운영에 관여한 변호사의 행위가 일반적인 형법 총칙상의 공모, 교사 또는 방조에 해당된다고 하더라도 변호사를 변호사 아닌 자의 공범으로서 처벌할 수는 없다.[11]

3) 변호사를 고용할 수 있는 사람은 변호사뿐이다. 비변호사는 법무법인의 파트너가 될 수 없다. 법무법인이 세무사나 회계사 등 다른 전문직의 사람들을 고용할 수 있는 데 반하여, 세무사나 회계사 또는 전문경영인이 변호사를 고용하여 법률서비스를 제공하는 것은 금지된다.

4) 그러나 예외적으로 변호사로 개업신고를 하고 변호사법 제38조에 따라 소속 지방변호사회의 겸직허가를 받아 사내변호사 형태로 회계법인(또는 특허법인, 세무법인 등)에 소속하여 직무를 수행할 수는 있다. 다만 회계법인의 피용인의 지위에서 소송사건 등을 수행하는 경우에는 당해 사건이 변호사가 소속한 회계법인 자체의 사건일 경우에만 가능하다. 이 경우에도 회계법인의 명의가 아니라, 변호사 명의로 법률사무를 취급해야 한다.

마. 보수분배 등 동업 금지

1) 변호사 아닌 자는 변호사가 아니면 할 수 없는 업무를 통하여 보수나 그 밖의 이익을 분배받아서는 아니 된다(법 제34조 제5항). 이를 위반하면 형사 처벌된다(법 제109조 제2호, 제34조). 변호사윤리장전도 ① 변호사는 변호사 아닌 자와 공동의 사업으로 사건을 수임하거나 보수를 분배하지 아니한다. 다만 외국법자문사법에서 달리 정하는 경우에는 그러하지 아니하다(변호사윤리장전 제34조 제1항). ② 변호사는 소송의 목적을 양수하거나 정당한 보수 이외의 이익분배를 약정하지 아니한다(동조 제2항)고 규정하고 있다.

2) 외국법자문법률사무소의 경우에는 일정한 절차에 따라 예외가 인정된다. 자유무역협정등

10 대법원 2004. 10. 28. 선고 2004도3994 판결.

11 대법원 2004. 10. 28. 선고 2004도3994 판결.

에 따라 법무부장관이 고시하는 자유무역협정등의 당사국에 본점사무소가 설립·운영되고 있는 외국법자문법률사무소는 사전에 대한변호사협회에 제34조의3에 따른 공동 사건 처리 등을 위한 등록을 한 경우 제34조제2항에도 불구하고 법률사무소, 법무법인, 법무법인(유한) 또는 법무조합과 국내법사무와 외국법사무가 혼재된 법률사건을 사안별 개별 계약에 따라 공동으로 처리하고 그로부터 얻게 되는 수익을 분배할 수 있다(외국법자문사법 제34조의2 제1항).

3) 변리사나 세무사 등록을 한 변호사가 변리사 또는 세무사, 공인회계사를 고용하여 특허변리업무 또는 세무회계업무를 하는 것은 무방하나, 그들을 공동사업자로 등록하여 사무실을 함께 운영하는 것은 허용되지 않는다.

4) 변호사법 제34조 제5항은 강력한 처벌규정을 동반하는 강행법규로 되어 있는 점, 위의 규정을 위반하여 변호사가 아닌 자가 변호사가 아니면 할 수 없는 업무에 대하여 보수를 받기로 약정한 경우 그 사법상 효력이 유효하다고 한다면, 강행규정인 변호사법 제109조 제1호 내지 제111조의 입법 취지를 잠탈하는 결과를 초래하게 되는 점, 변호사법 제34조 위반행위는 변호사 자격을 가진 자만이 법률사무를 취급할 수 있다는 사회질서에 반하고 변호사법의 입법목적을 중대하게 침해하는 결과를 초래하게 되는 점 등을 고려할 때, 변호사법 제34조 제5항에 위반된 약정은 그 사법상 효력 역시 무효라고 보아야 한다.[12]

사례

부동산 컨설팅 회사인 X주식회사가 사내변호사 甲을 고용한 후 회사 인터넷 홈페이지에 일반인들을 대상으로 한 유료 법률상담 코너를 개설하여 甲으로 하여금 온라인 상담을 하게 하였다. 그로 인한 상담료는 X주식회사의 수입으로 하였다.

- 비변호사의 변호사를 고용한 법률사무소 개설 운영을 금지한 변호사법 제34조 제4항, 비변호사와의 보수 분배 등 동업을 금지한 변호사법 제34조 제5항의 위반이다.[13]

4. 사건 유치 목적의 출입금지 등

가. 변호사의 사건유치 목적의 접촉·출입·주재 등의 금지

1) 변호사윤리장전은 예상 의뢰인에 관하여, ① 변호사는 변호사로서의 명예와 품위에 어긋나는 방법으로 예상 의뢰인과 접촉하거나 부당하게 소송을 부추기지 아니한다(변호사윤리장전 제19조 제1항). ② 변호사는 사무직원이나 제3자가 사건유치를 목적으로 위 제1항의 행위를 하지 않도록 주의한다(동조 제2항)고 규정하고 있다.

2) 변호사업무광고규정도 예상 의뢰인에 관한 광고를 규제하고 있다. 즉, 변호사는 현재 및

12 춘천지방법원 2007. 6. 22. 선고 2006가합319 판결.
13 법조윤리 변호사시험 제5회.

과거의 의뢰인(법인 기타 단체인 경우, 담당 임직원 포함), 친구·친족 및 이에 준하는 사람 이외의 사람을 방문하거나 전화를 거는 방법으로 광고를 하여서는 아니 된다. 다만 상대방의 동의나 요청이 있는 경우에는 예외로 한다(변호사업무광고규정 제5조 제1항).

3) 나아가 변호사법은 예상 의뢰인을 접촉하기 전이라도, 의뢰인을 확보하기 위해 경찰서, 병원 등에 출입하는 것 자체를 금지하고 있다. 즉, 변호사나 그 사무직원은 법률사건이나 법률사무를 유상으로 유치할 목적으로 법원·수사기관·교정기관 및 병원에 출입하거나 다른 사람을 파견하거나 출입 또는 주재하게 하여서는 아니 된다(법 제35조). 이에 위반하면 과태료를 부과한다(법 제117조 제2항 제1의2호). 변호사윤리장전도 이와 동일한 규정을 두고 있다(변호사윤리장전 제39조). 다만 변호사윤리장전은 널리 '사건을 유치할 목적'으로 법원 등에 출입하는 것을 금지하고 있다는 점에서 '유상으로 유치할 목적'인 경우에 한하는 변호사법과 차이가 있다.

나. 동의 없이 의뢰인 접촉하여 사건 의뢰 권유행위 금지

1) 앰뷸런스 변호사는 미국에서 소송을 부추기는 변호사를 비하하여 지칭하는 말로, 이들 앰뷸런스 변호사는 교통사고 현장과 병원 응급실 등 사건·사고 현장을 맴돌며 피해자들을 자극해 소송을 권유함으로써 소송 만능주의를 불러오기도 한다. 이러한 직접적인 사건 의뢰의 권유행위는 원칙적으로 금지 된다.

2) 특정사건과 관련하여 당사자나 이해관계인에 대하여 그 요청이나 동의 없이 방문, 전화, 팩스, 우편, 전자우편, 문자메시지 송부, 기타 이에 준하는 방식으로 접촉하여 당해 사건의 의뢰를 권유하는 내용의 광고는 금지된다. 다만 소속 지방변호사회의 허가를 받은 경우에는 그러하지 아니하다(변호사업무광고규정 제4조 제6호).

5. 재판·수사기관 공무원의 사건소개 금지

가. 사건소개행위 금지

1) 변호사법은 재판·수사기관 공무원에 대해서는 그 대가 유무를 불문하고 사건소개행위를 금지하고 있다(법 제36조, 제37조). 변호사윤리장전도 법원, 수사기관 등의 공무원으로부터의 사건소개를 금지하고 있다(변호사윤리장전 제40조). 일반적으로 재판, 수사기관 공무원이 아닌 경우에는 사건을 소개하였으나, 금품을 수수하지 않았다면 문제 삼지 않고 있는 것과 비교된다(법 제34조 제1항).

2) 이에 관하여는 '재판기관이나 수사기관 소속 공무원'(법 제36조)과, '재판 또는 수사업무에 종사하는 공무원'(법 제37조)으로 나누어 규제하고 있다.

나. 재판·수사기관 소속 공무원

1) 재판기관이나 수사기관의 소속 공무원은 대통령령으로 정하는 자기가 근무하는 기관에서 취급 중인 법률사건이나 법률사무의 수임에 관하여 당사자 또는 그 밖의 관계인을 특정한 변호사나 그 사무직원에게 소개·알선 또는 유인하여서는 아니 된다(법 제36조). 이는 유·무상 일체의 사건 소개행위를 금지하고 있다. 이를 위반하면 과태료를 부과한다(법 제117조 제2항 제1의2호).

2) 그러나 당사자가 민법 제767조에 따른 친족인 경우에는 예외로 사건 소개가 허용된다(법 제36조 단서). 이 경우에도 금품을 수수하고 사건소개를 하는 것이 금지된다.

3) 여기에서 대통령령으로 정하는 자기가 근무하는 기관은 해당 공무원이 실제 근무하는 헌법재판소, 법원, 군사법원, 검찰청, 경찰서, 해양경찰관서, 사법경찰관리의 직무를 행하는 해당 소속기관, 군검찰부를 말한다(영 제8조).

사례

A는 X지방법원 형사과 소속 사무관인데, 자신의 형 아들 B가 횡령죄로 구속되어 현재 X지방법원에서 재판을 받고 있는 중이다. A는 변호사 甲을 B에게 변호인으로 소개하여 선임하도록 했다.

- 재판기관이나 수사기관의 소속 공무원이라도 사건 당사자가 민법 제767조에 따른 친족인 경우에는 예외로 사건 소개가 허용된다(법 제36조 단서). 따라서 A가 자신의 형 아들 B를 위해 변호사를 소개하는 것은 변호사법에 위배되지 않는다.

다. 재판이나 수사업무에 종사하는 공무원

1) 재판이나 수사 업무에 종사하는 공무원은 직무상 관련이 있는 법률사건 또는 법률사무의 수임에 관하여 당사자 또는 그 밖의 관계인을 특정한 변호사나 그 사무직원에게 소개·알선 또는 유인하여서는 아니 된다(법 제37조 제1항). 이를 위반하면 형사 처벌된다(법 제113조 제6호, 제37조 제1항). 이 경우에는 당사자가 친족인 경우에도 소개할 수 없다.

2) 직무상 관련이란 ① 재판이나 수사업무에 종사하는 공무원이 직무상 취급하고 있거나 취급한 경우(동조 제2항 제1호), 또는 ② 제1호의 공무원이 취급하고 있거나 취급한 사건에 관하여 그 공무원을 지휘, 감독하는 경우다를 말한다. 예외가 없다.

사례

법원 파산부 재판장이 담당 회생사건의 채무자인 주식회사 A, 주식회사 B의 관리인들에게 'ㅇㅇ건설 측구 경영진에게 회사 부실에 관한 손해배상책임을 물어야 하므로 변호사 甲를 찾아가 상담해 보라'는 취지로 말하고, 그 후 위 관리인들이 변호사 甲을 방문하여 위와 같은 경위로 방문하게 되었음을 고지하고 채권회수

방안에 대하여 상담한 다음 변호사 甲과의 변호사 선임 약정에 관한 사건위임계약허가를 신청하자 이에 관하여 허가결정을 내림으로써, 직무상 관련이 있는 법률사건 또는 법률사무의 수임에 관하여 당사자들을 특정한 변호사에게 소개·알선하였다는 사실이 인정된 경우.[14]

Ⅳ. 변호사의 겸직제한

1. 공무원 겸직 금지

1) 변호사는 휴업하지 아니 하면, 보수를 받는 공무원을 겸할 수 없다. 다만 국회의원이나 지방의회 의원 또는 상시 근무가 필요 없는 공무원이 되거나 공공기관에서 위촉하는 업무를 수행하는 경우에는 그러하지 아니하다(법 제38조 제1항, 제3항). 변호사윤리장전도 휴업하지 아니하면, 법령이 허용하는 경우와 공공기관에서 위촉한 업무를 행하는 경우를 제외하고는, 보수를 받는 공무원을 겸할 수 없도록 하고 있다(변호사윤리장전 제6조 제1항, 제3항).

2) 국회의원은 위 변호사법 규정에도 불구하고 국회법에 따라 변호사를 겸직할 수 없다. 국회의원은 직무 외에 영리를 목적으로 하는 업무에 종사할 수 없다(국회법 제29조의2 제1항). 의원이 당선 전부터 영리업무에 종사하고 있는 경우에는 임기 개시 후 6개월 이내에 그 영리업무를 휴업하거나 폐업하여야 한다(동조 제2항).

3) 상시 근무가 필요 없는 공무원으로는 시간제계약직공무원이 그 전형적인 사례에 속한다. 국회의원 보좌관은 국가공무원으로서, 변호사가 겸직할 수 있는 공무원의 범위에 속하지 않는다.

2. 영리목적 업무 등의 겸직허가

가. 의의

1) 변호사는 휴업하지 아니하면, 소속 지방변호사회의 허가 없이 ① 상업이나 그 밖에 영리를 목적으로 하는 업무를 경영하거나 이를 경영하는 자의 사용인이 되거나, 또는 ② 영리를 목적으로 하는 법인의 업무집행사원, 이사 또는 사용인이 될 수 없다. 다만 법무법인, 법무법인(유한) 또는 법무조합의 구성원이 되거나 소속변호사가 되는 경우에는 그러하지 아니하다(법 제28조 제2항, 제3항). 변호사윤리장전도 이를 반영하여, 동일한 규정을 두고 있다(변호사윤리장전 제6조 제2항, 제3항).

2) 변호사회는 공법상의 사단법인이고, 변호사회의 사무 중 변호사의 지도, 감독 등의 사무에

14 대법원 2013. 1. 31. 선고 2012도2409 판결.

관하여는, 국가가 이를 공행정(공행정)의 일부로 인정하고, 그 사무에 대한 감독과 통제를 실시하면서, 지방변호사회에게 이와 관련하여 소속 변호사에 대한 공권(감독권이나 지방변호사회를 경유한 대한변호사협회 등록 등)을 부여하고 있는 점에 비추어 볼 때 지방변호사회는 행정주체의 하나인 공공조합에 해당한다고 봄이 상당하고, 지방변호사회가 소속 변호사에 대하여 행하는 겸직허가행위는 지방변호사회가 소속 변호사 사이에 맺는 공법관계에서 우러나는 것이고, 직업선택의 자유나 영업의 자유를 제한하는 것을 의미하는 변호사의 영리 목적 업무 경영 제한을 해제하여 주는 강학상 허가에 해당하는 것이므로, 지방변호사회의 겸직허가행위는 항고소송으로 그 위법 여부를 다툴 수 있는 행정소송법상의 처분에 해당한다.[15]

나. 겸직허가대상인지 여부가 문제되는 경우

1) 특수법인의 이사 등

한국자산관리공사, 예금보험공사 등 특수법인도 관련 법률에 따르면 수익성과 무관한 업무라고 볼 수 없으므로 상법상의 회사는 아니지만 겸직허가대상인 영리를 목적으로 하는 법인에는 해당된다고 보아야 한다.[16]

2) 준법감시인, 준법지원인

① 「자본시장과 금융투자업에 관한 법률」에 의하면 일정한 금융투자업자의 경우 준법감시인 1인 이상을 두어야 한다(동법 제28조). 5년 이상의 경력이 있는 변호사는 준법 감시인이 될 수 있다(동법 제28조 제4항). 변호사가 준법감시인이 되려면 사내변호사와 마찬가지로 소속 변호사회의 겸직 허가를 받아야 한다.[17] 이러한 준법감시인제도는 은행법(제23조의3), 보험업법다에도 규정되어 있다.

② 상법에 의하면 대통령령으로 정하는 상장회사는 준법지원인 1명 이상을 두어야 한다(상법 제542조의13). 변호사의 자격이 있는 사람은 준법지원인으로 선임될 수 있는데, 이 경우에도 준법감시인과 마찬가지로 소속 변호사회의 겸직 허가를 받아야 할 것이다.

3) 공인중개사, 법무사

① 변호사가 별도 공인중개사 자격에 기하여 공인중개사 업무를 겸업하는 경우, 공인중개사의 업무도 영리업무에 해당하므로 소속 지방변호사회의 겸직 허가를 받아야 한다. 이 경우 공인중개사의 자격은 변호사의 자격과 무관한 별개의 다른 자격이므로 별개의 사무소를 개설하는 것은 변호사법상 이중사무소개설금지에 저촉되지 아니 한다.

---

15 서울행정법원 2003. 4. 16. 선고 2002구합32964 판결.
주문의 형식 : 피고가 2002. 9. 30. 원고에 대하여 한 겸직불허처분을 취소한다.

16 대한변호사협회, 2005. 9. 27. 법제 2344호.

17 대한변호사협회, 2010. 5. 3. 『변호사법 질의회신』, 제525호.

② 변호사가 법무사사무소를 운영하는 것도 스스로 업무수행의 대가를 받고 업무를 경영하는 경우에 해당하므로 겸직허가를 받아야 한다. 이 경우 별개의 사무소를 가지고 있더라도 변호사법상 금지하는 이중사무소개설금지규정에 위반되지 않는다.

4) 특허법인, 세무법인

① 변리업무나 세무업무는 변호사의 법률사무에 포함되므로 변호사의 자격에서 변리업무나 세무업무를 행하더라도 별도의 겸직허가를 필요로 하지 않는다.

② 그러나 개인변호사가 사내변호사의 형태로 특허법인에 소속하여 직무를 수행할 때에는 겸직허가를 받아야 한다. 다만 특허법인 피용인의 지위에서 소송사건 등을 수행하는 경우에는 겸직허가에 수반하는 부관의 제한범위 내에서 당해 특허법인이 당사자인 사건으로 제한된다.[18] 변호사가 세무법인에 소속하여 직무를 수행할 때에도 위와 같이 겸직허가가 필요하다.

5) 비영리법인의 이사 등

이는 제한 없이 허용되므로 겸직허가가 필요하지 않다. 예를 들면 사립학교법에 따른 비영리법인, 장학사업 목적 재단법인 등이 있다.

다. 법무법인의 영리목적사업 경영

1) 법무법인의 직무는 변호사법 제3조에 정한 업무와 공증업무를 행하는 것이다(법 제49조). 상업 기타 영리를 목적으로 하는 업무 등은 이러한 법무법인의 직무범위를 벗어난 것이다.

2) 법무법인은 홈페이지 개설업, 출판업 등을 그 이름으로 직접 경영할 수 없다. 또한 법무법인의 구성원 및 소속 변호사는 법무법인의 실질적인 경영참여의 목적으로 다른 회사의 대표이사 내지 이사직을 수행할 수 없다.[19] 겸직허가를 받았다고 하더라도 수행할 수 없다.

3) 그러나 법무법인이 다른 회사의 주식을 소유하거나 출자하는 데는 변호사법상 특별한 제한이 없다. 다만 이 경우 변호사법 제58조의8 제1항 및 변호사법 시행령 제13조2의 제한을 준수하여야 할 것이다.[20]

18 대한변호사협회, 2012. 6. 25.『변호사법 질의회신』, 제659호.

19 대한변호사협회, 2006. 9. 18. 법제 2193호.

20 대한변호사협회, 2008. 5. 30. 법제 1705호.

Chapter 07 이익충돌회피의무

Ⅰ. 의의

1. 규제의 의의

1) 이익충돌이란 당사자 간의 이해가 대립하는 것을 뜻한다. 동일한 변호사가 이익충돌하는 당사자들을 동시에 대리한다면 각각의 당사자 누구에게도 성실할 수 없다. 어느 한쪽의 이익을 희생시키지 않고는 다른 쪽 의뢰인의 이익을 옹호할 수 없다는 딜레마에 빠지게 된다. 이것이 이른바 이익충돌의 문제이다.

2) 영국, 독일, 프랑스, EU, 일본에서도 변호사의 이익충돌회피의무를 규정하고 있다.[1] 우리나라도 이익충돌에 관하여, 변호사법 제31조에서 수임제한의 규정으로, 변호사윤리장전에서는 그 범위를 확장하여, 제22조와 제48조로 이익충돌행위를 원칙적으로 금하고 있다.

2. 규제의 이유

판례에서는 변호사법 제31조 제1호에서 변호사의 수임을 금지하는 이유는 변호사가 그와 같은 사건에 관하여 직무를 행하는 것은 먼저 그 변호사를 신뢰하여 상의를 하고 사건을 위임한 당사자 일방의 신뢰를 배반하게 되고, 변호사의 품위를 실추시키게 되는 것이므로 그와 같은 사건에 있어서는 변호사가 직무를 집행할 수 없도록 금지한 것이다라고 판시했다.[2]

3. 규제의 유형

변호사에 대한 수임제한의 유형은 ① 일정한 사유에 해당되면 수임을 금지하는 절대적 수임제한사유가 있고(법 제31조 제1항 제1호, 제3호, 제32조), ② 의뢰인의 동의 또는 양해 등이 있으면 수임

---

1 박준, 이상원, 이효원, 박준석, 윤지현, 『주요 국가의 변호사 윤리규범-영국·독일·프랑스·EU·일본-』, 도서출판 소화, 2011. 36면, 37면, 416면, 502면, 557면, 583면, 584면.

2 대법원 2003. 11. 28. 선고 2003다41791 판결.

을 허용하는 상대적 수임제한사유가 있다(변호사법 제31조 제1항 제2호). ③ 법률사무의 전문성, 공정성, 신뢰성 등의 확보를 위한 수임제한으로는 전관예우를 근절하기 위한 공직퇴임변호사의 수임제한(법 제31조 제3항), 변호사시험 합격자의 연수기간 중의 수임제한(법 제31조의2), 사건소개의 대가로 금품을 제공하면서 하는 수임제한(법 제34조 제2항) 등이 있다.[3]

Ⅱ. 수임을 승낙한 사건의 상대방이 위임한 사건

1. 의의

1) 변호사는 당사자 한쪽으로부터 상의를 받아 그 수임을 승낙한 사건의 상대방이 위임한 사건에 관하여 위임인의 동의 여부와 상관없이 그 직무를 수행할 수 없다(법 제31조 제1항 제1호). 변호사윤리장전도 변호사는 동일한 사건에 관하여 상대방을 대리하고 있는 경우 해당 사건을 수임하지 아니한다라고 규정하고 있다(변호사윤리장전 제22조 제1항 제2호).

2) 변호사가 동일사건의 상대방이 위임한 사건을 수임하게 되면, 이는 전형적인 쌍방대리에 해당한다. 민법 제124조는 쌍방대리를 원칙적으로 금지하면서 본인의 허락이 있거나 채무의 이행을 하는 경우에는 예외적으로 허용한다. 그러나 변호사법에서는 동일사건의 상대방이 위임한 사건의 선임을 양당사자의 동의가 있더라도 허용되지 않는다(법 제31조 제1항 제1호). 이는 절대적 수임제한사유이다. 쌍방대리를 허용할 경우에는 의뢰인에게 성실의무를 다해야 하는 변호사의 본래적 역할과 양립할 수 없기 때문이다.

2. 수임금지의 요건

변호사법 제31조 제1항 제1호에 의하여 수임이 금지되는 사건은 당사자 한쪽으로부터 상의를 받아 그 수임을 승낙한 사건(선행사건)의 상대방이 위임한 사건(후행사건)이다. 따라서 수임금지의 요건은, ① 선행사건과 후행사건이 동일해야 하고, ② 선행사건은 수임을 승낙한 사건이어야 하며, ③ 후행사건은 상대방이 위임한 사건이어야 한다.

가. 사건의 동일성

① 여기서 사건이 동일한지의 여부는 그 기초가 된 분쟁의 실체가 동일한지의 여부에 의하여 결정되어야 하는 것이므로 상반되는 이익의 범위에 따라서 개별적으로 판단되어야 하는 것이고, 소송물이[4] 동일한지 여부나 민사사건과 형사사건 사이와 같이 그 절차가 같은 성질의 것인지

---

3 정형근, 『변호사법 주석』, 피앤씨미디어, 2016. 226-227면.

4 이시윤, 『신민사소송법』, 제14판, 박영사, 2020. 244면 : 민사사송에 있어서 당사자가 정하는 소송의 객체를 소송물, 소송상의 청구 혹은 심판의 대상이라 한다(형사소송법에서는 공소사실). 민사소송법상 소송물은 중요한 개념이다. ① 처분권

여부는 관계가 없다.[5]

② 사례로는 동일한 변호사가 형사사건에서 피고인을 위한 변호인으로 선임되어 변호활동을 하는 등 직무를 수행하였다가 나중에 실질적으로 동일한 쟁점을 포함하고 있는 민사사건에서 위 형사사건의 피해자에 해당하는 상대방 당사자를 위한 소송대리인으로서 소송행위를 하는 등 직무를 수행하는 것 역시 마찬가지로 금지되는 것으로 볼 것이다.[6]

③ 등기신청의 대리

등기신청행위는 이미 효력을 발생한 권리변동에 관한 법정의 공시를 신청하는 행위에 불과하다. 등기는 법률에 다른 규정이 없는 경우에는 등기권리자와 등기의무자가 공동으로 신청한다(부동산등기법 제23조 제1항). 따라서 이러한 등기신청행위는 변호사법 제31조 제1항 제1호에 위반되지 않는다.

나. 수임을 승낙한 사건(선행사건)

① 수임을 승낙한 사건은 원칙적으로 소송사건을 의미하나 자문사건 중에서도 대립하는 당사자가 구체적으로 특정되고 구체적인 법률관계에 대하여 일방 당사자에 대해 조력하겠다고 하는 의사가 표시된 경우는 포함된다.[7]

② 수임을 승낙한 경우란 구체적 사건에 있어서 일방 당사자인 의뢰인 측을 위해서 업무를 수행하겠다는 의사표시를 구체적으로 한 경우를 말한다. 다만 약정서나 위임장이 작성되지 아니하고, 수임료의 지급도 없는 경우에는 특별한 사정이 없는 한 수임의 승낙이 없는 것으로 볼 수 있다.[8] 따라서 상담한 사건은 수임을 승낙한 것으로 볼 수 없어 원칙적으로 상대방 대리가 가능하다(변호사윤리장전 제22조 제3항 참조).

③ 복대리인

원고 소송복대리인[9]이 동일사건에서 피고 대리를 하거나 피고 소송복대리를 하는 것은 변호사법 제31조 제1항 제1호에 저촉되므로 금지된다.[10]

주의(민사소송법 제203조)에 의하면 소송물은 원고가 특정할 책임이 있으며, 피고는 여기에 대응하는 방어방법을 강구하여야 한다. ② 청구의 목적물(제218조 제1항) 혹은 계쟁물(다툼의 대상) 자체는 소송물이 아니다. 따라서 토지인도소송에 있어서 토지, 건물철거소송에 있어서 건물은 소송물일 수 없다. ③ 소송에 이르게 된 사실관계 자체는 소송물이 아니다. 그러므로 소송물을 특정할 의무 있는 원고가 사실관계만 제시하여 놓는 것은 소송물의 특정이 아니다. 대법원 1989. 3. 28. 선고 88다1936 판결에서 두 개의 소의 소송물이 동일한 법률사실에 기하고 있더라도 청구원인이 다르다면 그 소송물은 서로 별개라고 할 것이다 라고 판시하였다. 위탁한 운송물이 멸실하였다는 사실관계는 동일하나 불법행위로 인한 손해배상청구와 채무불이행으로 인한 손해배상청구는 소송물이 다르다.

5 대법원 2003. 11. 28. 선고 2003다41791 판결.

6 대법원 2003. 5. 30. 선고 2003다15556 판결.

7 대한변협, 『변호사법 질의회신』, 506호, 2010. 2. 4.

8 대한변협, 『변호사법 질의회신』, 506호, 2010. 2. 4.

9 이시윤, 『신민사소송법』, 제14판, 박영사, 2020. 190면 : 복대리인은 직접 본인(의뢰인)의 대리인이다. 복대리인의 권한도 원칙적으로 통상의 소송대리인과 같은 권한을 가지나, 민사소송법 제90조 제1항의 대리인의 권한범위를 넘을 수 없다. 따라서 복대리인은 재(再)복대리인을 선임할 수 없다.

10 대법원 1995. 7. 28. 선고 94다44903 판결.

다. 상대방이 위임한 사건(후행사건)

① 민사소송법상 당사자는 원칙적으로 형식적인 소송당사자[11]의 지위를 기준으로 판단해야 한다. 그러나 변호사법 제31조 제1항 제1호(변호사윤리장전 제22조 제1항 제2호)에 의하여 수임이 금지되는 동일한 사건에서의 당사자인지 여부는 선행사건과 후행사건의 당사자가 실질적으로 동일한 당사자이어야 한다.[12]

② 보조참가의 참가인(민사소송법 제71조)은 동일한 사건의 대립되는 당사자가 아니므로 상대방이 아니다.[13]

③ 독립당사자참가의 참가인(민사소송법 제79조)은 상대방에 포함된다.[14]

사례

① 교통사고를 야기한 피고인의 업무상과실치사사건의 변호인이었던 변호사가 위 교통사고의 피해자 측의 의뢰를 받아 피고인의 사용자를 상대로 손해배상청구소송을 제기하는 것은 동일한 사건이고 당사자가 실질적으로 동일한 경우에 해당하여 선임할 수 없다.

② 피고(행정기관)가 피고 보조참가인(사업자)을 민간투자시설사업 사업자시행자로 지정처분하는 것에 대해서 원고(다른 사업자)가 취소를 구하는 제1심 소송에서 피고의 대리인이었던 자가 항소심에서 피고 보조참가인의 대리인이 되는 것은 피고와 피고 보조참가인이 동일사건의 대립되는 당사자가 아니므로 선임할 수 있다.

3. 수임제한의 범위

가. 이미 수임한 사건의 처리종료 후 위임받은 경우

변호사법 제31조 제1항 제1호는 수임사무가 종료된 경우(과거의 선행사건)에도 적용된다. 판

---

11 이시윤, 『신민사소송법』, 제14판, 박영사, 2020. 132면 : 당사자는 무슨 판결이든 자기의 이름으로 판결을 요구하는 사람과 그 상대방이면 되기 때문에 실체법과는 관계 없는 소송법상의 형식적 당사자 개념이다. 19세기 말까지는 유럽 등에서 오히려 소송의 목적이 된 권리관계의 주체인 자, 즉 권리자가 원고이고 의무자는 피고로 당사자를 이행하는 실체적 당사자개념이 지배적 경향이었다.

12 대한변협, 『변호사법 질의회신』, 673호, 2012. 8. 13.

13 이시윤, 『신민사소송법』, 제14판, 박영사, 2020. 786, 787, 791, 794면 : 보조참가란 다른 사람 사이의 소송계속중 소송결과에 이해관계가 있는 제3자가 한쪽 당사자의 승소를 돕기 위하여 그 소송에 참가하여 주장·증명을 하는 것을 말한다. 보조함가하는 제3자는 보조참가인 또는 종된 당사자라고 하고 보조받는 당사자를 피참가인 또는 주된 당사자라고 한다. ① 소송결과에 대해서 이해관계가 있을 것이 요건인바 판결의 결과가 참가인 자신의 법적 지위에 영향을 미칠 경우라야 한다. ② 참가인은 당사자의 승소보조자일 뿐 당사자도 공동소소인도 아니다. ③ 참가인으로서 피참가인이 패소하고 나서 뒤에 피참가인이 참가인 상대의 소송을 하는 경우 참가인이 피참가인에게 판결의 내용이 부당한다고 주장할 수 없는 구속력이 참가적 효력이다.

14 이시윤, 『신민사소송법』, 제14판, 박영사, 2020. 805면 : 독립당사자참가란 다른 사람의 소송계속 중에 원고와 피고 양쪽 또는 한쪽을 상대방으로 하여 원고와 피고간의 청구와 관련된 자기의 청구에 대하여 함께 심판을 구하기 위하여 그 소송절차에 참가함을 말한다. 이는 소송중의 소의 일종이며, 이에 의하여 원고, 피고, 참가인 3자간의 분쟁을 일거에 모순 없이 해결함으로써 소송결제를 도모하고 판결의 모순을 방지할 수 있다. 이는 '당사자' 참가이고 '독립'한 지위이므로 종전당사자의 한쪽과 연합관계인 공동소송참가(민사소송법 제83조)와 구별된다.

례는 변호사법 제31조 제1항 제1호에서 금지하고 있는 수임제한의 범위는 현재 수임하고 있는 사건에 대하여 상대방이 수임을 의뢰하는 경우뿐만 아니라, 이미 수임사무가 종료된 경우에도 그와 실질적으로 동일한 쟁점을 포함하는 사건을 상대방이 수임의뢰하는 경우를 포함하는 것으로 판시하고 있다.[15]

나. 공동법률사무소와 법무법인·법무법인(유한)·법무조합에의 준용

1) 단독 개업 변호사는 물론 공동법률사무소 역시 하나의 변호사로 보기 때문에 법 제31조 제1항 제1호상 수임제한을 받게 된다. 법무법인·법무법인(유한)·법무조합이 아니면서도 변호사 2명 이상이 사건의 수임·처리나 그 밖의 변호사 업무 수행 시 통일된 형태를 갖추고 수익을 분배하거나 비용을 분담하는 형태로 운영되는 법률사무소는 하나의 변호사로 본다(법 제31조 제2항).

2) 수익의 분배란 변호사의 직무수행의 대가로 받은 보수 중 비용을 공제한 금액을 나누는 것이다. 비용의 부담이란 사무직원의 급여, 사무실의 임료, 제세공과금 등을 나누어 부담하는 것으로 모든 비용의 부담이 아니라 특정 항목의 부담도 인정된다.

3) 공동법률사무소는 변호사법상의 용어가 아니다. 대한변호사협회 회칙 제39조에서는 공동법률사무소를 사업자등록을 2인 이상이 같이하는 경우와 2인 이상이 개인명의 이외의 명칭을 사용하는 경우로 규정하고 있다.

4) 법무법인·법무법인(유한)·법무조합 모두 변호사법 제31조 제1항을 준용한다.

사례

① 피상속인 A가 생전에 변호사 甲을 유언집행자로 지정하였고 변호사 甲은 A가 사망한 후 A의 유언의 취지에 따라 A의 상속인들인 배우자 B와 아들 C, D, E에게 재산을 분배하였다. 이후 상속인들 사이에 분쟁이 발생하여 E가 B를 상대로 상속회복청구소송을 제기한 사건에서 변호사 甲은 B의 사건을 수임할 수 없다. 지정에 의한 유언집행자는 상속인들의 대리인으로서의 지위이고 타방 상속인에 대한 관계에서 쌍방대리이다.

② 법무법인 甲이 보험사기미수 형사사건의 변호인으로 선임되어 제1심 판결 선고 시까지 직무를 수행한 후에 다시 동일한 쟁점인 화재에 관련하여 보험회사가 제기한 보험금채무부존재확인의 소에서 법무법인 甲의 해산 한 후에 그 소속 변호사 乙이 개인 자격으로 보험회사의 소송대리인으로 선임되어 직무를 수행한 경우에는 변호사법 제31조 제1항 제1호의 위반이다.[16]

15 대법원 2003. 5. 30. 선고 2003다15556 판결.

16 대법원 2003. 5. 30. 선고 2003다15556 판결.

Ⅲ. 수임하고 있는 사건의 상대방이 위임하는 다른 사건

1. 의의

1) 변호사는 사건의 동일성이 없더라도, 수임하고 있는 사건의 상대방이 위임하는 다른 사건에 대해서도 그 직무를 수행할 수 없다(법 제31조 제1항 제2호). 다만 이 경우에는 변호사법 제31조 제1항 제1호의 경우와는 달리, 사건의 위임인이 동의를 한 때에는 사건을 수임할 수 있다(법 제31조 제1항 단서). 변호사윤리장전도 동일한 취지의 규정을 두고 있다(변호사윤리장전 제22조 제1항 제3호).

2) 의뢰인은 변호사에게 사건을 위임한 경우에 그 변호사가 자신의 이익을 위하여 최선을 다할 것을 기대하게 된다. 그런데 그 변호사가 상대방으로부터 다른 사건을 수임하여 그 상대방과 신뢰관계를 형성하면, 종전의 의뢰인은 자신의 이익을 그 변호사가 충실히 대리할 것인지에 대해서 의심하게 된다. 따라서 수임하고 있는 사건의 상대방이 위임하는 다른 사건에 대해서는 종전의 의뢰인의 동의를 조건으로 사건을 수임할 수 있게 한 것이다.

2. 수임하고 있는 사건, 상대방이 위임하는 다른 사건

여기서 수임하고 있는 사건이란 현재 수임하고 있는 사건을 말하고, 이미 종료한 사건은 포함되지 않는다(제1호의 수임을 승낙한 사건과는 표현에서도 구별된다. 제1호는 종료된 사건을 포함한다). 다른 사건이란 현재 의뢰를 받고 있는 사건과는 동일성이 없는 별개의 사건이다.

3. 위임인의 동의

1) 수임하고 있는 사건의 상대방이 위임하는 다른 사건의 경우에는 변호사법 제31조 제1항 제1호의 경우와는 달리, 사건의 위임인이 동의를 한 때에 한하여 사건을 수임할 수 있도록 하고 있다(법 제31조 제1항 제1호). 위임인의 동의를 얻기 위해서는, 동의 여부를 결정하는 데 필요한 정보를 충분히 제공해야 하고, 동의가 가지는 법률적인 의미가 무엇인지에 대한 설명도 함께 제공해야 한다. 상대방으로부터 새로운 사건을 수임하게 됨에 따라 예상되는 기존 사건의 진행경과와 예상되는 불이익이나 위험 등에 대해 충분한 설명이 있어야 할 것이다.[17]

2) 선정당사자[18] 소송의 경우에는 선정당사자의 동의만으로는 수임할 수 없고, 개별 이해충

---

17 조무제, "변호사 윤리로서의 설명의무", 인권과 정의, 2010, 66면.

18 이시윤, 『신민사소송법』, 제14판, 박영사, 2020. 764면 : 선정당사자란 공동의 이해관계 있는 여러 사람이 공동소송인이 되어 소송을 하여야 할 경우에, 그 가운데서 모두를 위해 소송수행 당사자로 선출된 자를 말한다. 선장당사자를 선출한 자를 선정자라 한다(민사소송법 제53조). 공동의 이해관계를 가진 다수자전원이 소송대리자가 되면 변론의 복잡, 송달사무의 촉주와 과다한 송달료, 그리고 다수자 중의 어느 누구에게 발생한 사망 등에 의한 중단사유 때문에 소송진행이 한없이 번잡해진다. 이리하여 다수자 중에서 대표자를 뽑아 그에게 소송을 맡겨 다수당사자소송을 단순화 간소화하는 방법으로 선정당사자제도가 생겼다.

돌이 발생할 수 있는 선정자 전원의 동의를 얻어야 한다.[19] 선정당사자는 선장자의 대리인이 아니라 당사자본인이고 선정자도 당사자이기 때문이다.

사례

甲 변호사는 A를 대리하여 B를 상대로 대여금청구사건을 수임하여 진행 중에 있다. 이러한 상황에서 B가 C를 상대로 한 건물인도청구소송을 甲 변호사에게 수임을 청구한 경우에, 甲 변호사는 A의 동의를 얻어서 위 건물인도청구소송을 수임하는 것이 가능하다.

4. 공동법률사무소

단독 개업 변호사는 물론 공동법률사무소 역시 하나의 변호사로 보기 때문에 법 제31조 제1항 제2호상 수임제한을 받게 된다. 법무법인·법무법인(유한)·법무조합이 아니면서도 변호사 2명 이상이 사건의 수임·처리나 그 밖의 변호사 업무 수행 시 통일된 형태를 갖추고 수익을 분배하거나 비용을 분담하는 형태로 운영되는 법률사무소는 하나의 변호사로 본다(법 제31조 제2항).

5. 제3자가 위임하는 현재 의뢰인을 상대로 한 다른 사건을 수임하는 경우

1) 변호사법 제31조 제1항 제2호는 현재 의뢰인으로부터 수임한 사건의 상대방이 의뢰하는 다른 사건을 수임하는 것만을 제한하고 있을 뿐, 이와 관계없는 다른 사건에서 제3자가 현재의 의뢰인을 상대로 제기하는 사건을 수임하는 경우는 금지하지 않고 있다. 변호사는 제3자가 위임하는 사건을 수임하는데 법률상 장애는 없다. 현재 의뢰인을 상대로 한 다른 사건을 수임하는 경우에는 명문의 제한규정이 없으므로 의뢰인의 동의가 필요 없이 수임이 가능하다고 본다.[20]

2) 다만 두 사건 사이에 이해관계가 저촉되는 등 특별한 사정이 있는 경우에는 관련 변호사 윤리규정(변호사윤리장전 제22조 제1항 제6호 등)에 의하여 수임이 제한될 수 있다.

사례

甲 변호사는 A를 대리하여 B보험회사를 상대로 교통사고로 인한 손해배상청구사건을 수임하여 진행 중에 있다. 이러한 상황에서 C가 A를 상대로 건물인도청구소송을 甲 변호사에게 상담하였다. 甲 변호사는 위 건물인도청구소송을 수임할 수 있다.

---

19 대한변호사협회, 법제 제471호, 2008. 2. 19.

20 대한변호사협회, 법제 제50호, 2008. 1. 14.

Ⅳ. 변호사윤리장전에 규정된 수임제한사유

1. 의뢰인과 관련성으로 인한 수임제한사유의 구체화

가. 일반론

변호사법에서 규정하고 있는 수임제한사유 외에 변호사윤리장전에서 수임제한사유로 구체화한 것으로 ① 변호사는 상대방 또는 상대방 대리인과 친족관계에 있는 경우가 있는 경우 수임하지 아니한다. 다만 의뢰인이 동의하면 그러하지 아니하다(변호사윤리장전 제22조 제1항 제4호)[21], ② 변호사는 동일 사건에서 둘 이상의 의뢰인의 이익이 서로 충돌하는 경우, 현재 수임하고 있는 사건과 이해가 충돌하는 사건을 수임하지 아니한다. 다만, 관계되는 의뢰인들이 모두 동의하고 의뢰인의 이익이 침해되지 않는다는 합리적인 사유가 있는 경우에는 그러하지 아니하다(변호사윤리장전 제22조 제1항 제5, 6호). ③ 변호사는 위임사무가 종료된 경우에도 종전 사건과 기초가 된 분쟁의 실체가 동일한 사건에서 대립되는 당사자로부터 사건을 수임하지 아니한다(변호사윤리장전 제22조 제2항). ④ 변호사는 의뢰인과 대립되는 상대방으로부터 사건의 수임을 위해 상담하였으나 수임에 이르지 아니하였거나 기타 그에 준하는 경우로서, 상대방의 이익이 침해되지 않는다고 합리적으로 여겨지는 경우에는, 상담 등의 이유로 수임이 제한되지 아니한다(변호사윤리장전 제22조 제3항).

나. 동일사건의 복수의뢰인 간 이익충돌

1) 변호사는 복수당사자를 공동으로 수임하는 경우가 적지 않다. 예컨대, 동일한 채무자에 대해서 복수채권자를 대리하여 금전적 청구를 하는 경우, 주채무자와 연대보증인 쌍방을 대리하는 경우, 공동피고인의 경우 등이 이에 해당한다.

2) 변호사는 동일 사건에서 둘 이상의 의뢰인의 이익이 서로 충돌하는 경우을 수임하지 아니한다. 다만, 관계되는 의뢰인들이 모두 동의하고 의뢰인의 이익이 침해되지 않는다는 합리적인 사유가 있는 경우에는 그러하지 아니하다(변호사윤리장전 제22조 제1항 제5호).

3) 따라서 복수 의뢰인들 사이에 이해관계가 충돌되지 않고 있는 경우라면 수임에 아무런 제한이 없다. 반면, 수임단계에서 이해관계가 충돌되는 것이 명백한 경우 또는 수임 이후에 이해관계가 충돌되는 사실관계나 쟁점이 도출되거나 그러한 가능성이 구체화되었을 경우에는 수임이 제한된다.[22]

4) 수임 이후에 둘 이상의 의뢰인 사이에 이해의 대립이 발생한 경우에는 변호사는 적절한

---

21 변호사윤리장전 제20조[수임 시의 설명 등]
③ 변호사는 상대방 또는 상대방 대리인과 친족관계 등 특수한 관계가 있을 때에는, 이를 미리 의뢰인에게 알린다.

22 대한변호사협회, 『변호사법 질의회신』, 631호, 2012. 1. 30.

방법을 강구한다(변호사윤리장전 제27조). 선임 전이라면 한 당사자와만 선임해야 하고 수임 이후에 대리하는 둘 이상의 의뢰인 사이에 이해 대립이 발생한 경우에는 나중에 수임한 사건의 대리는 사임해야 하여야 할 것이다(구 변호사윤리장전 제18조 제3항).

5) 이해관계 충돌이 있는 당사자들 사이에서 중립자로서 조정 역할을 하고 공동으로 지급하는 보수를 받는 것은 수임제한 규정에 위반되지 않는다.

사례

① A는 자신의 친구 B 소유의 자동차를 운전하던 중, 중앙선을 침범하여 반대차로의 운전자 C에게 중상을 입혔다. A는 B의 승낙을 얻어 운전하였다고 주장하고 있으나 B는 A가 자기 몰래 자동차 열쇠를 훔쳐가 운전한 것이라고 주장하고 있다. C는 A와 B를 상대로 위 사고를 원인으로 한 손해배상청구소송을 준비하고 있다. 변호사 甲은 피고 A, B가 모두 동의하더라도 피고 A와 B를 공동으로 대리할 수 없다.[23]

② A와 B는 특수절도죄로 구속되어 재판을 받게 되었는데, 변호사 甲은 두 사람의 가족들로부터 두 사람 모두의 변론을 요청받고 이들을 접견하였다. 그런데 접견 결과 두 사람은 수사 초기부터 현재에 이르기까지 서로 자기는 망만 보았고 상대방이 담을 넘어 들어갔으며, 절취품도 상대방이 처분하였다고 주장하고 있음을 알게 되었다. 甲은 이 사건에서 A와 B가 모두 선임을 요청하더라도 각자의 주장에 변화가 없다면 선임할 수 없다. 의뢰인의 이익이 침해되지 않는다는 합리적인 사유가 있다고 보기 어렵기 때문이다.[24]

③ X회사의 단체협약에서 "회사가 근로자를 해고할 때에는 노동조합과 협의하고 노동조합은 합리적인 이유가 있을 경우 해고에 거부권을 행사할 수 있다."라는 조항이 있다. 경영진이 징계위원회를 열어 근로자 A를 해고하기로 결정하고 노동조합과 협의하였는데 노동조합은 거부권을 행사했다. 위 단체협약 조항의 유효 여부 및 해석에 관해 노사 양측의 의견이 달라, 노사 양측은 공동비용으로 노동법 전문변호사인 갑에게 의뢰하여 양측의 견해 차이를 조정하는 일을 맡기기로 하였다. 이는 양 당사자들 사이에서 중립자로서 조정 역할을 하고 공동으로 지급하는 보수를 받는 것은 수임제한 규정에 위반되지 않는다.[25]

다. 현재 수임사건과 이해가 저촉되는 사건

1) 변호사는 현재 수임하고 있는 사건과 이해가 충돌하는 사건을 수임하지 아니한다. 다만, 관계되는 의뢰인들이 모두 동의하고 의뢰인의 이익이 침해되지 않는다는 합리적인 사유가 있는 경우에는 그러하지 아니하다(변호사윤리장전 제22조 제1항 제6호). 이는 현재 수임하고 있는 사건과 이해가 저촉되는 사건의 수임제한에 관한 규정이다. 여기의 예외 사유는 앞서 설명한 동일사건의 복수의뢰인 간 이익충돌 사건(동항 제5호)과 같다.

2) 이에 관하여 예를 들면, 제1사건과 제2사건이 서로 당사자가 상이하기는 하나, 제1사건에서의 A를 대리하면서 이와 쟁점이 동일한 제2사건에서 그와 대립되는 당사자인 B를 대리하는

23 법조윤리 변호사시험 제9회.

24 법조윤리 변호사시험 제7회.

25 법조윤리 변호사시험 제11회.

것은 현재 계속 중인 사건에 대립되는 이해관계가 존재하고 있으므로 위 제22조 제1항 제6호에 해당될 소지가 있다.

2. 겸직하고 있는 정부기관 사건의 수임제한

변호사윤리장전에서는 겸직 시 수임 제한으로 변호사는 공정을 해할 우려가 있을 때에는, 겸직하고 있는 당해 정부기관의 사건을 수임하지 아니한다(변호사윤리장전 제42조).[26] 여기서의 정부기관은 정부조직법상 행정기관, 법원조직법상 법원, 국회 등을 포함하는 넓은 개념이다.

3. 법무법인 등의 수임제한 및 예외적 허용사유

가. 취지

원칙적으로 법무법인 등은 개인 변호사와 같이 수임 제한사유의 적용을 받게 된다. 다만 법무법인 등에 소속한 특정한 변호사에게만 존재하는 수임제한 사유가 그가 소속된 법무법인 등의 전체에 미치는 것으로 하면 가혹할 수 있어서 예외적으로 수임가능하게 한 것이다.

나. 특정 변호사에게만 수임제한 사유가 있는 경우에 법무법인 수임가능

법무법인 등의 특정 변호사[27]에게만 ① 상대방 또는 상대방 대리인과 친족관계가 있는 경우(제22조 제1항 제4호) 또는 ② 겸직하고 있는 당해 정부기관의 사건을 수임(제42조)에 해당하는 사유가 있는 경우, 당해 변호사가 사건의 수임 및 업무수행에 관여하지 않고 그러한 사유가 법무법인 등의 사건처리에 영향을 주지 아니할 것이라고 볼 수 있는 합리적 사유가 있는 때에는 사건의 수임이 제한되지 아니한다(변호사윤리장전 제48조 제2항).

다. 비밀공유방지 조치

법무법인 등은 당해 사건을 처리하는 변호사와 수임이 제한되는 변호사들 사이에 당해 사건과 관련하여 비밀을 공유하는 일이 없도록 합리적인 조치를 취한다(변호사윤리장전 제48조 제3항).

4. 증인으로서의 변호사가 될 사건의 수임제한

가. 취지

변호사윤리장전은 증인으로서의 변호사이라는 규정을 신설하여 변호사가 스스로 증인이 되

---

26 변호사법 제32조 제1항 제3호는 공무원·조정위원 또는 중재인으로서 직무상 취급하거나 취급하게 된 사건을 수임을 수 없게 한 것이다.

27 여기서의 특정 변호사는 법조윤리협의회에 수임자료 등의 제출의무를 지는 변호사법 제89조의5상의 특정 변호사와 구별해야 한다.

어야 할 사건을 그 수임을 제한하고 있다.

나. 수임가능 사유

원칙적으로는 변호사는 스스로 증인이 되어야 할 사건을 수임하지 아니한다. ① 명백한 사항들과 관련된 증언을 하는 경우, ② 사건과 관련하여 본인이 제공한 법률사무의 내용에 관한 증언을 하는 경우, ③ 사건을 수임하지 아니함으로써 오히려 의뢰인에게 불리한 영향을 미치는 경우의 하나에 해당하는 경우에는 사건을 수임할 수 있다(변호사윤리장전 제54조 제1항).

다. 수임제한 사유

변호사는 그가 속한 법무법인 등의 다른 변호사가 증언함으로써 의뢰인의 이익이 침해되거나 침해될 우려가 있을 경우에는 당해 사건에서 변호사로서의 직무를 수행하지 아니한다(변호사윤리장전 제54조 제2항).

V. 공무원·조정위원·중재인으로 직무상 취급한 사건

1. 의의

1) 변호사는 공무원, 조정위원 또는 중재인으로서 직무상 취급하거나 취급하게 된 사건에 대해서는 직무를 행할 수 없다(법 제31조 제1항 제3호). 법무법인 등의 경우에는 이를 준용하고 있다(법 제57조, 58조, 제58조의16, 제58조의30). 이를 위반하는 경우 형사처벌의 대상이다(법 제113조 제4호). 변호사윤리장전도 변호사는'과거 공무원·중재인·조정위원 등으로 직무를 수행하면서 취급 또는 취급하게 된 사건이거나, 공정증서 작성사무에 관여한 사건'을 수임하지 아니한다고 규정한다(변호사윤리장전 제22조 제1항 제1호).

2) 이 규정의 취지는, 공적 임무를 수행하면서 얻은 정보 혹은 공적 임무를 수행하면서 형성된 관계를 그 후 사적 이익의 대상으로 삼는 것을 금지하여, 변호사직무의 공정성을 담보하고 사건관계자를 비롯한 일반 국민의 신뢰를 확보하려는데 있다.[28]

2. 공무원, 조정위원 또는 중재인

1) 여기서 공무원은 법원조직법에 의한 법관, 검찰청법에 의한 검사, 국가공무원법과 지방공무원법 등에 의한 공무원 및 공무원 의제규정에 의하여 공무원으로 인정된 자를 포함한다.

2) 공무원 신분을 갖지 아니한 사람이라 하더라도 그 사람이 취급한 사건이 국가의 권능에

28 대한변호사협회, 법제 1391호, 2007. 4. 23.

속하는 사건이면 변호사법 제31조 제1항 제3호에 해당된다.[29] 따라서 선관위, 행정심판위원회, 토지수용위원회 등 각 위원회의 위원도 상임, 비상임을 불문하고 여기에 해당한다.

3) 그러나 법무법인의 구성원 변호사나 소속 변호사가 아닌 직원이 공무원 등으로 취급한 사건은 여기에 해당하지 않는다. 따라서 당해 법무법인이 그 사건을 수임할 수 있다.[30]

3. 직무상 취급하거나 취급하게 된 사건과 수임할 수 없는 사건의 범위

변호사법 제31조 제1항 제1호와 제3호의 입법취지를 고려하여 직무상 취급하거나 취급하게 된 사건과 수임할 수 없는 사건의 범위는 두 사건의 분쟁의 기초가 되는 사실관계가 동일한지 여부를 중심으로 판단하여야 한다.[31]

4. 판사

1) 변호사가 판사로 재직하다가 퇴직한 경우, ① 당직 판사로 영장업무를 수행한 사건, ② 구속적부심 단계에서 취급한 사건, ③ 소속되었던 재판부로 사건배당은 되었으나 기일은 지정되지 않았던 사건, ④ 기일이 이미 지정되었으나 실제로 공판은 진행되지 않는 사건 등은 모두 수임할 수 없다.[32] ⑤ 경매사건을 담당한 판사는 변호사 개업 후 그 경매사건의 경매물건 하자를 이유로 채권자, 채무자, 감정인을 상대로 한 손해배상 사건을 선임할 수 없다.[33]

2) 형사사건에서 공범사건은 단순한 관련 사건과는 달리 그 실체가 동일한 사건으로 보아야 한다.[34] 따라서 예컨대 2인의 공범 중 한 명에 대한 구속영장을 발부한 영장담당 판사는 변호사 등록 후 다른 공범에 대한 형사사건을 수임할 수 없다. 또한 3인의 공범의 예금계좌에 대한 압수수색 영장을 발부한 판사는 변호사 등록 후 그 중 한 명에 대한 형사사건을 수임할 수 없다.

3) 회사회생사건에 관하여는 판사로서 재직 시 구체적인 계약 등 법률행위의 허가, 허가의 변경 등에 관여하였을 경우 그 계약과 관련된 소송대리만을 제한된다.[35]

4) 재판연구관이 대법원장의 명령을 받아 계속 중인 사건기록 전반을 검토하여 당해 사건의 쟁점을 정리하고, 이에 대한 양당사자의 주장과 증거방법을 검토하고, 이에 대한 법률적 견해를 정리하는 업무를 취급하는 경우에는 공무원으로서 당해 사건을 취급 또는 처리한 것에 해당한다.[36]

29 대법원 1975. 5. 13. 선고 72다1183 전원합의체 판결.
30 대한변호사협회, 2008. 1. 14. 법제 52호.
31 정형근, 『변호사법 주석』, 피앤씨미디어, 2016. 247면.
32 대한변호사협회, 2006. 4. 4. 법제 1167호.
33 변호사시험 법조윤리 제3회.
34 대한변호사협회, 2007. 4. 23. 법제 1391호.
35 서울행정법원 2008. 2. 5. 선고 2007구합27455 판결.
36 대한변호사협회, 2005. 5. 7. 법제 1336호.

5. 검사

검사 재직 시 처리한 사건에는 직접 수사한 사건 및 수사지휘한 사건도 포함된다. 또한 검사 재직 시 사건을 취급하던 중 변호사개업으로 다른 검사에게 재배당되어 처리된 사건도 검사 재직 시 처리한 사건에 해당한다.

6. 공증사건

1) 공증인은 공무원 신분을 갖지 않고 있지만, 그 취급사건이 국권의 하나인 사법권능에 속하는 사건이면, 즉 채무명의나 집행력 있는 정본의 형성에 관한 것이라면 그 취급사건에 관한 한 변호사법 제31조 제1항 제3호의 공무원에 해당한다.[37] 변호사윤리장전도 변호사는 공정증서작성 사무에 관여한 사건을 수임하지 아니한다고 규정하고 있다(변호사윤리장전 제22조 제1항 제1호).

2) 합동법률사무소의 명의로 공증한 사건에 관하여는 그 공정증서에 서명날인한 변호사는 물론 그에 서명날인하지 아니한 변호사라 할지라도 변호사법 제31조 제1항 제3호가 적용된다.

3) 법무법인의 경우에는 그 법인이 인가공증인으로서 공증한 사건에 관하여 변호사 업무를 수행할 수 없다(법 제51조).

사례

① 변호사 甲은 공정거래위원회 위원으로 재직하면서 심의한 X회사의 담합행위와 관련하여 X회사와 대표이사가 공정거래법 위반 혐의로 검찰에 고발된 후 퇴직하였다. 이 경우 퇴직한 甲이 소속된 법무법인 L은 위 공정거래법 위반에 대한 형사사건을 수임할 수 없다.[38]

② 변호사 甲은 판사 재직 시 A가 B를 상대로 하는 위약금청구사건을 취급한 바 있는데, 변호사로 개업한 후에 ⅰ. 위 위약금청구권을 피보전권리로 하여 B가 C에게 한 신탁계약이 사해신탁에 해당한다는 것을 청구원인으로 하는 사해행위취소소송, ⅱ. 위약금청구권을 채무명의로 하여 B의 채무자 D를 상대로 하는 추심금청구소송을 수임할 수 있는지 – 두 사건의 법률적 쟁점이 동일하여 실질적으로 동일한 사건으로 취급할 수 없다. 변호사 갑은 위 사건을 수임할 수 있다.[39]

③ 변호사 甲은 재판연구원으로 근무하던 중 재판장의 지시로 사기사건에 대한 기록을 검토하였는데, 재판연구원의 임기를 마친 후 변호사로 개업하여 위 사건의 피고인 B로부터 사건을 수임하였다. 이는 변호사법에 따른 형사처벌을 받는 경우이다.[40]

④ A는 자신의 친구 B 소유의 자동차를 운전하던 중, 중앙선을 침범하여 반대차로의 운전자 C에게 중상을 입혔다. A는 B의 승낙을 얻어 운전하였다고 주장하고 있으나 B는 A가 자기 몰래 자동차열쇠를 훔쳐

37 대법원 1975. 5. 13. 선고 72다1183 전원합의체 판결.

38 법조윤리 변호사시험 제5회.

39 대한변호사협회 2014. 2. 7. 질의회신.

40 법조윤리 변호사시험 제8회.

가 운전한 것이라고 주장하고 있다. C는 위 사고를 원인으로 한 손해배상청구소송을 준비하고 있다. 변호사 甲이 과거 검사로서 A의 교통사고처리특례법위반 사건을 처리하였더라도 A를 상대로 한 C의 손해배상청구사건을 수임할 수 없다.[41]

Ⅵ. 공직퇴임변호사의 수임제한

1. 의의

1) 법조계의 고질적 병폐로 지적되어 온 전관예우에 대한 의혹을 불식시켜 국민의 사법 및 공직에 대한 신뢰성을 높이기 위하여 공직퇴임변호사는 마지막 1년간의 근무지가 관할하는 사건을 1년 동안 수임하지 못하도록 제한하고 있다(법 제31조 제3항).

2) 다만 공직퇴임변호사가 이를 위반하더라도 형사처벌할 수 없고 과태료의 대상도 아니다. 징계의 대상일 뿐이다.

2. 공직퇴임변호사의 의의

1) 공직퇴임변호사는 법관, 검사, 장기복무 군법무관,[42] 그 밖의 공무원 직에 있다가 퇴직하여 변호사 개업을 한 자이다.[43]

2) 그러나 재판연구원, 사법연수생과 병역의무를 이행하기 위하여 군인·공익법무관 등으로 근무한 자는 제외한다.

3. 수임제한 국기가관의 범위

1) 공직퇴임변호사의 수임이 제한되는 국가기관은 해당 변호사가 퇴직 전 1년부터 퇴직 할 때까지 국가공무원법에 따른 국가공무원으로 근무한 모든 국가기관을 말한다(시행령 제7조의2 제1항).

2) 대법원, 고등법원, 지방법원 및 지방법원 지원과 그에 대응하여 설치된 대검찰청, 고등검찰청, 지방검찰청, 지방검찰청 지청은 각각 동일한 국가기관으로 본다(법 제31조 제3항).[44]

---

41 법조윤리 변호사시험 제9회.

42 장기복무 군법무관은 군법무관으로 임용된 자가 군법무관시보로 임용된 날부터 10년을 복무하고 전역한 자를 말한다(군법무관임용 등에 관한 법률 제7조).

43 변호사 아닌 퇴직공직자가 법무법인, 법무법인(유한), 법무조합에 취업한 때에는 업무활동내역 등을 제출하는 것으로 규제된다(법 제89조의6 제1항).

44 서울중앙지방법원과 서울중앙지방검찰청은 동일 기관이다.

3) 「법원조직법」 제3조에 따른 대법원, 고등법원, 특허법원, 지방법원, 가정법원, 행정법원, 지방법원 지원, 가정법원 지원, 가정지원 시·군 법원 및 「법원조직법」 제27조 제4항에 따라 관할구역의 지방법원 소재지에서 사무를 처리하는 고등법원의 부는 각 별도의 기관으로 본다. 다만, 「법원조직법」 제3조 제2항 단서에 따라 지방법원 및 가정법원의 지원 2개를 합하여 1개의 지원으로 하는 경우에 그 지방법원 및 가정법원의 지원은 이를 동일한 국가기관으로 본다(시행령 제7조의2 제2항 제1호).

4) 「검찰청법」 제3조에 따른 대검찰청, 고등검찰청, 지방검찰청, 지방검찰청 지청 및 「검찰청법」 제19조 제2항에 따라 관할구역의 지방검찰청 소재지에서 사무를 처리하는 고등검찰청의 지부는 각 별도의 기관으로 본다(동항 제2호).

5) 「군사법원법」 제5조 각 호에 따른 고등군사법원 및 보통군사법원, 「군사법원법」 제36조 제2항에 따른 고등검찰부 및 보통검찰부, 「경찰법」 제2조에 따른 경찰청과 지방경찰청 및 경찰서, 「정부조직법」 및 그 밖의 다른 법률에 따른 각 중앙행정기관, 위 중앙행정기관에 그 소속의 행정기관이 있는 경우에는 각각의 행정기관은 각 별도의 기관으로 본다(동항 제3-7호).[45]

6) 파견, 휴직 등으로 인하여 실제로 근무하지 아니한 소속 기관 등은 수임제한 대상 국가기관에서 제외한다. 즉 파견, 직무대리, 교육훈련, 휴직, 출산휴가 또는 징계 등으로 인하여 실제로 근무하지 아니한 국가기관은 수임제한 대상 국가기관으로 보지 아니한다(시행령 제7조의2 제3항). 겸임발령 등으로 인하여 둘 이상의 기관에 소속된 경우에 실제로 근무하지 아니한 국가기관 역시 수임제한 대상 국가기관으로 보지 아니한다(동조 제4항). 그리고 퇴직 전 1년부터 퇴직한 때까지 일시적 직무대리, 겸임발령 등으로 인하여 소속된 국가기관에서의 근무기간이 1개월 이하인 국가기관도 수임제한 대상 국가기관으로 보지 아니한다(동조 제5항).

4. 수임제한의 범위

1) 공직퇴임변호사는 퇴직 전 1년부터 퇴직한 때까지 근무한 법원, 검찰청, 군사법원, 금융위원회, 공정거래위원회, 경찰관서 등 국가기관이 처리하는 사건을 퇴직한 날부터 1년 동안 수임할 수 없다(법 제31조 제3항).

2) 공직퇴임변호사는 퇴임 후 법무법인 등으로 들어간 경우 법무법인 등은 수임할 수 있다.

공직퇴임변호사는 수임제한사건의 담당변호사가 될 수 없음은 물론, 사실상 수임도 금지된다. 즉 ① 공직퇴임변호사가 법무법인, 법무법인(유한), 법무조합 또는 「외국법자문사법」 제2조 제9호에 따른 합작법무법인(이하 '법무법인 등'이라 한다)의 담당변호사로 지정되는 경우, ② 공직퇴임변호사가 다른 변호사, 법무법인 등으로부터 명의를 빌려 사건을 실질적으로 처리하는 등

45 국방부 고등군사법원과 국방부 고등검찰부는 다른 기관이다.

사실상 수임하는 경우, ③ 법무법인 등의 경우 사건수임계약서, 소송서류 및 변호사의견서 등에는 공직퇴임변호사가 담당변호사로 표시되지 않았으나 실질적으로는 사건의 수임이나 수행에 관여하여 수임료를 받은 경우도 위 수임제한 대상에 포함된다(동조 제4항).

3) 그러나 국선변호 등 공익목적의 수임과 사건당사자가 민법 제767조에 따른 친족인 경우의 수임은 제한대상에서 제외된다(동조 제3항 단서). 여기서 '공익목적 수임'이란 ① 국선변호 또는 국선대리, ② 대한변호사협회 또는 지방변호사회가 지정하는 무상 공익활동, ③ 공익법인 또는 비영리법인에 대하여 무료로 제공하는 법률서비스, ④ 이에 준하는 것으로 법무부장관이 지정하는 활동을 말한다(시행령 제7조의 3).

사례

① 1년간 광주지방검찰청에서 검사로 근무한 후 3개월간 광주지방검찰청 목포지청의 지청장 직무대리로 근무하다가 퇴직한 후 변호사로서 8개월 만에 광주지방검찰청 순천지청에서 처리하는 사건을 수임하는 경우는 공직퇴임변호사의 사건 수임이 제한되는 경우에 해당하지 않는다.[46] 수임제한 국가기관이 광주지방검찰청과 광주지방검찰청 목포지청이다.

② 변호사 甲은 서울중앙지방법원에서 법관으로 재직하다가 2015. 3. 2. 퇴직한 후 법무법인 L의 구성원 변호사로 활동하던 중, 2016. 2. 15. A로부터 서울중앙지방법원에 계속 중인 형사사건을 맡아달라는 의뢰를 받았다. 법무법인 L은 위 사건을 수임할 수 있다. 법무법인 L은 변호사 甲을 담당변호사로 지정할 수 없다.[47]

③ 甲은 법학전문대학원을 졸업하고 변호사시험에 합격한 후 병역의무를 이행하기 위하여 3년간 군법무관으로 군사법원에서 근무하다가 제대하였다. 그 후 甲은 검사로 임용되어 서울중앙지방검찰청에 발령받아 10개월을 근무하던 중 수사능력을 인정받아 서울고등검찰청 반부패사범특별수사본부에 파견되어 20일을 근무하다가 사직하고 변호사로 개업하였다. 甲은 군사법원에서 처리하는 사건을 검사로서 퇴직한 날부터 1년이 경과하지 않더라도 수임할 수 있다.[48]

④ P지방국세청 산하 세무서에 근무하던 자가 퇴직하여 변호사로 개업하는 경우 변호사법 제31조 제3항에 따라 수임할 수 없는 사건은 P지방국세청이 관리하는 산하 세무서장을 상대로 하는 과세 전 적부심사청구, 이의신청, 심사청구 등 조세행정심사사건에 제한되는 것인지 아니면 법원에서 관할하는 소송사건에까지 영향을 미치는 것인지가 문제된 사례

변호사법 제31조 제3항상의 처리란 국가기관이 문제가 된 사건에 관하여 심의, 조사, 결정하는 권한을 가지고 있는 경우를 의미한다고 할 것이다. 조세행정소송의 경우 당해 국가기관인 지방국세청(관할 세무서 포함)이 심의, 조사, 결정하는 권한을 갖고 있지 아니하며, 이러한 권한은 넘어간 상태이므로 이 경우까지 위 수임제한 규정의 규범력이 미친다고 볼 것은 아니다. 따라서 지방국세청 출신 변호사에게 수임이 제한되는 사건은 당해 지방국세청에서 처리하는 사건, 즉 법원에 소가 제기되어 소송사건화 하기 이전 단계의 사건으로 제한되고, 법원에 소가 제기되어 소송사건으로 이행된 후에는 당해 지방국세청의 상대방이 위임하는 사건이든 당해 지방국세청이 위임하는 사건이든 불문하고 수임제한을 받지 아니한다고 보아야 한다.[49]

---

46 법조윤리 변호사시험 제4회.

47 법조윤리 변호사시험 제7회.

48 법조윤리 변호사시험 제7회.

Ⅶ. 계쟁권리의 양수 등

1. 계쟁권리의 양수

가. 의의

1) 변호사는 계쟁권리(係爭權利)를 양수하여서는 아니 된다(법 제32조). 법무법인 등의 경우에는 이를 준용하고 있다(법 제57조, 제58조의16, 제58조의30). 변호사윤리장전에서도 변호사의 소송의 목적의 양수를 금지하고 있다(변호사윤리장전 제34조 제2항).

2) 이 규정을 위반하여 계쟁권리를 양수한 자는 형사처벌의 대상이다(법 제112조 제5호).[50]

3) 계쟁권리의 양수를 금지하는 취지는 변호사가 당사자로부터 계쟁권리를 양수함으로 인하여 당사자와 변호사 사이의 신임관계에 균열을 초래하며, 또는 당사자와 이해상반하는 결과를 가져오는 등 변호사의 일반적 품위를 손상시킬 염려가 있기 때문이다.[51]

나. 계쟁권리

1) 계쟁이란 소송당사자들의 법적인 다툼을 말한다. 계쟁권리라 함은 계쟁 중에 있는 그 권리를 말한다. 이는 소송 계속 중인 실체법적 권리이다. 계쟁목적물은 아니다.

2) 계쟁권리인 이상 양수가 유상이든 무상이든, 계약 유형이 어떠하든 관계 없다. 사무장 등 다른 사람명의로 하더라도 실질적인 양수인이 변호사이면 이에 해당한다.[52]

다. 계쟁권리양수의 사법적 효력

변호사법 제32조의 변호사의 계쟁권리양수를 금한 규정은 변호사의 그와 같은 행위를 단속하기 위하여 금지규정[53]일 둔 것에 불과하여 그 양수행위의 사법적 효력에는 영향이 없다.[54]

---

49 대한변호사협회, 『변호사법 질의회신』, 668호, 2012. 8. 13.

50 변호사법 제32조(제57조, 제58조의16 또는 제58조의30에 따라 준용되는 경우를 포함한다)를 위반하여 계쟁권리를 양수한 자 역시 형사처벌의 대상이다(법 제112조 제5호). 또한 타인의 권리를 양수하거나 양수를 가장하여 소송, 조정 또는 화해, 그 밖의 방법으로 그 권리를 실행함을 업으로 한 자도 형사처벌 된다(법 제112조 제1호). 여기의 권리의 실행이라 함은 실제로 타인의 권리를 양수하거나 양수를 가장하여 그 권리자로서 자기의 권리를 실행한 경우를 말하는 것이고, 채권자로부터 그 수령권한만을 위임받아 채무자들에게 채무의 변제를 요구한 행위는 이에 해당하지 않는다.

51 대법원 1985. 4. 9. 선고 83다카1775 판결.

52 대한변호사협회, 『변호사법 축조해설』, 법무부 2003. 7. 3. 질의회신, 210면.

53 김준호, 『민법강의』, 제20판, 2014. 247면 : 행정법규 중에는 국가가 일정한 행위를 금지 내지 제한하는 금지법규를 정하고 있는 것이 많다. 이는 개인이 금지법규에서 정하고 있는 금지나 제한을 위반하여 다른 개인과 거래를 하였을 경우에 그 효력 여하가 문제된다. 금지법규는 효력규정과 단속규정으로 나누어진다. 효력규정은 그 규정에 위한하는 행위의 사법적 효과가 부정되는 것이고 단속규정은 그에 위반하여도 벌칙의 적용이 있을 뿐이고 행위 자체의 사법적 효과에는 영향이 없다. 이는 법규정의 목적과 이익형량을 고려하여 개별적으로 판단할 수밖에 없다.

54 대법원 1985. 4. 9. 선고 83다카1775 판결.

사례

① 변호사 甲은 의뢰인 A로부터 상대방 B에 대한 공사대금청구 소송을 수임하여 진행하다가 변호사 보수를 지급하지 못한 A의 요청으로 위 공사대금청구권 중 10%를 채권양도방식으로 양수하였다. 위 채권양수행위의 사법적 효력에는 아마 영향이 없으나 甲의 행위는 형사처벌을 받을 수 있다.[55]

② 변호사 甲은 계쟁권리를 양수하여서는 아니 됨에도, A가 주식회사 B를 피고로 하여 제기한 상표권이전등록말소청구소송에 주식회사 B의 소송대리인으로 선임되어 재판을 진행하던 중에 위 소송의 계쟁권리인 상표권을 주식회사 B로부터 양수하고, 같은 날 상표등록원부에 양도를 원인으로 변호사 甲 명의로 권리의 전부이전등록을 마쳤다. 변호사 甲은 계쟁권리의 양수 금지 위반으로 과태료 300만 원에 처해졌다.[56]

③ 변호사 甲은 A로부터 X토지에 대한 B명의의 소유권보존등기말소청구 사건을 수임하면서 성공보수로 X토지의 20%지분을 넘겨받기로 약정하고 미리 소유권이전등기에 필요한 서류를 받아두었다. 甲은 위 소송에서 승소확정 판결을 받아 A명의로 소유권보존등기를 마치고 X토지의 20% 지분을 甲 명의로 이전등기하였다.[57]

→ 계쟁권리라 함은 바로 계쟁 중에 있는 그 권리이며 이 사안과 같이 판결이 확정된 계쟁목적물이었던 부동산은 계쟁권리라 할 수 없다. 여기서 계쟁권리는 말소등기청구권이다.

④ 법무법인L은 수년간 회사Y로부터 여러 사건을 수임하여 처리하였는데, 수임료 및 성공보수로 3,000만원이 넘는 돈을 지급받지 못하게 되자, 회사 Y가 개인 C에 대하여 가지고 있던 4,000만원 상당의 대여금 채권을 양수하였다. 법무법인L은 자신의 이름으로 C를 상대로 대여금청구의 소를 제기한 후 그 채권을 추심하여 미납수임료 등 채무의 변제에 충당하였다. 회사 Y의 대여금 채권은 계쟁 중에 있는 권리라고 할 수 없으므로 법무법인L이 회사Y로부터 대여금채권을 양수하는 것은 계쟁권리양수에 해당하지 않는다.[58]

2. 금전거래

1) 변호사는 그 지위를 부당하게 이용하여 의뢰인과 금전대여, 보증, 담보제공 등의 금전거래를 하지 아니한다(변호사윤리장전 제14조).

2) 이와 같은 금전거래를 인정하면, 의뢰인으로부터 독립성의 유지가 곤란할 뿐만 아니라, 의뢰인의 이익을 해하는 결과가 생길 우려가 있기 때문이다.

---

55 법조윤리 변호사시험 제10회.

56 대한변호사협회, 『징계사례집(제7집)』, 2016. 1. 25. 결정, 445, 446면.

57 대법원 1985. 4. 9. 선고 83다카1775 판결.

58 법조윤리 변호사시험 제7회.

Ⅷ. 이익충돌회피의무 위반의 소송법상 효력

1. 민사소송에서 이익충돌회피의무 위반의 효력

1) 변호사법 제31조 제1항을 위반한 변호사의 소송행위의 효력이 문제된다.

2) 판례는 이의설의 입장이다. 즉, 변호사법 제31조 제1호의 규정에 위반한 변호사의 소송행위에 대하여는 상대방 당사자가 법원에 대하여 이의를 제기하는 경우 그 소송행위는 무효이고 그러한 이의를 받은 법원으로서는 그러한 변호사의 소송관여를 더 이상 허용하여서는 아니 될 것이지만, 다만 상대방 당사자가 그와 같은 사실을 알았거나 알 수 있었음에도 불구하고 사실심 변론종결시까지 아무런 이의를 제기하지 아니하였다면 그 소송행위는 소송법상 완전한 효력이 생긴다.[59]

2. 형사소송에서 이익충돌회피의무 위반의 효력

가. 사선변호인의 경우

피고인들의 제1심 변호인에게 변호사법 제31조 제1호의 수임제한 규정을 위반한 위법이 있다 하여도, 피고인들 스스로 위 변호사를 변호인으로 선임한 이 사건에 있어서 다른 특별한 사정이 없는 한 위와 같은 위법으로 인하여 변호인의 조력을 받을 피고인들의 권리가 침해되었다거나 그 소송절차가 무효로 된다고 볼 수는 없다.[60]

나. 국선변호인의 경우

피고인과 공동피고인이 공범관계에 있지는 않지만, 각 공소사실은 서로 상대방에 대하여 상해를 입혔다는 내용으로 각자에 대한 공소사실 범행의 피해자가 상대방 피고인이므로, 어느 피고인에 대한 유리한 변론은 다른 피고인에 대한 공소사실의 유죄 인정 여부나 그 피고인의 범죄성, 범행의 죄질 등 정상에 대하여 당연히 불리한 결과를 초래하게 되어서 위 공소사실들 자체로서 피고인과 공동피고인은 이해가 상반되는 관계에 있음이 명백하다. 그럼에도 원심이 피고인과 공동피고인을 위하여 동일한 국선변호인을 선정한 다음 그 국선변호인의 변론을 거쳐 심리를 마친 과정에는 소송절차에 관한 형사소송규칙 제15조 제2항[61]을 위반하여 피고인으로 하여금 국선변호인의 조력을 받아 효과적인 방어권을 행사하지 못하도록 하는 결과를 가져옴으로써 판

---

59 대법원 2003. 5. 30. 선고 2003다15556 판결.

60 대법원 2009. 2. 26. 선고 2008도9812 판결.

61 형사소송규칙 제15조(변호인의 수) ① 국선변호인은 피고인 또는 피의자마다 1인을 선정한다. 다만, 사건의 특수성에 비추어 필요하다고 인정할 때에는 1인의 피고인 또는 피의자에게 수인의 국선변호인을 선정할 수 있다.
② 피고인 또는 피의자 수인간에 이해가 상반되지 아니할 때에는 그 수인의 피고인 또는 피의자를 위하여 동일한 국선변호인을 선정할 수 있다.

결에 영향을 미친 위법이 있다.[62]

사례

실제보다 과다한 화재보험금을 청구한 이유로 사기미수 혐의로 공소가 제기된 피고인A는 법무법인 L을 형사재판 절차에서 변호인으로 선임하였다. 법무법인 L은 변호사 甲과 변호사 乙을 담당변호사로 지정하였는데, 실제로 법정에 출석하여 변론한 변호사는 甲이고 乙은 변론에 관여하지 않았다. 그 사기미수 사건(사건 1)이 유죄로 확정되자 보험회사 X는 A를 상대로 보험금지급채무가 존재하지 않음을 확인한다는 내용의 채무부존재확인의 소(사건 2)를 제기하였다. X는 개인변호사가 된 변호사 乙을 새로운 대리인으로 선임하였다. 변호사법 제31조 제1항 제1호에 위반한 소송행위에 대하여 상대방 당사자 A가 법원에 대하여 이의를 제기하는 경우 그 소송행위는 무효이지만, 만일 상대방 당사자A가 그와 같은 사실을 알았거나 알 수 있었음에도 불구하고 사실심 변론종결 시까지 아무런 이의를 제기하지 아니하였다면 그 소송행위는 소송법상 완전한 효력이 생긴다.[63]

62 대법원 2014. 12. 24. 선고 2014도13797 판결.

63 법조윤리 변호사시험 제10회.

Chapter

08 변호사의 광고

Ⅰ. 의의

1) 변호사법은 변호사가 자신의 업무를 광고하는 것을 원칙적으로 허용하고 있다. 즉, 변호사나 법무법인, 법무법인(유한) 또는 법무조합은 자기 또는 구성원의 학력, 경력, 주요 취급 업무, 업무 실적, 그 밖에 그 업무의 홍보에 필요한 사항을 신문, 잡지, 방송, 컴퓨터통신 등의 매체를 이용하여 광고할 수 있다(법 제23조 제1항).

2) 그러나 변호사법 제23조 제2항은 허위광고 등 일정한 광고를 금지하고 있다(법 제23조 제2항). 여기서 금지되지 않는 광고는 모두 허용된다. 이른바 네거티브 규제방식을 취하고 있다.

3) 금지되는 광고 중 ① 변호사의 업무에 관하여 거짓된 내용을 표시하는 광고, ② 국제변호사를 표방하거나 그 밖에 법적 근거가 없는 자격이나 명칭을 표방하는 내용의 광고를 하는 경우에는 형사처벌의 대상이다(법 제113조 제3호).

4) 변호사법은 광고에 관한 세부규율을 대한변호사협회가 정하도록 규정하고 있다(법 제23조 제4항). 이에 따라 제정된 것이 변호사업무광고규정, 외국법자문사업무광고규정이다.

Ⅱ. 변호사업무광고규정의 내용

1. 변호사 광고의 정의

1) 광고는 변호사가 고객 또는 의뢰인의 유치 및 유지를 주된 목적으로 하여 자기 또는 그 구성원이나 그 업무에 관하여 아래에 열거한 방식을 포함한 일체의 방법으로 정보를 제공하는 것이다(변호사업무광고규정 제2조).

2) 그 광고방식으로는, 변호사사무소간판의 설치, 신문·잡지·공중파·케이블·인터넷·컴퓨터통신의 이용 등을 열거하고 있다. 그러나 이 방식들은 단지 예시에 불과하므로 여기에 열거되지

아니한 광고도 원칙적으로 허용된다.

2. 광고의 기본원칙

변호사는 변호사(구성원 포함) 및 그 업무에 대한 정보와 자료를 제공함으로써 변호사 선택에 도움을 주고, 공정한 경쟁에 의하여 고객을 유치하기 위하여 광고를 할 수 있다(변호사업무광고규정 제3조).

3. 광고의 주체

1) 변호사 광고의 주체는 변호사·법무법인·법무법인(유한)·법무조합(법 제23조 제1항), 공동법률사무소이다(변호사업무광고규정 제1조).

2) 단독 개업한 변호사는 자격등록을 하고 개업신고를 마친 다음에 광고할 수 있다. 법무법인, 법무법인(유한) 또는 법무조합도 설립절차를 거친 다음 개업신고 후부터 광고할 수 있다. 법무법인, 법무법인(유한)은 그 주사무소의 소재지에서 설립등기를 함으로써 성립하고(법 제43조 제3항), 법무조합은 법무부장관이 법무조합의 설립을 인가한 후 관보에 고시가 있을 때에 성립한다(법 제58조의19 제2,3항). 그러므로 사전광고는 금지된다. 즉, 변호사는 자격등록신청이 수리되기 전이나 소속 지방변호사회에서 입회신청이 허가되기 전에 미리 광고행위를 하여서는 아니 된다(변호사업무광고규정 제6조).

3) 변호사는 자신의 이름으로 업무광고를 하여야 한다(변호사업무광고규정 제3조 제1항). 법무법인 등이 광고를 하는 경우에는 광고책임변호사를 표시하여야 한다. 다만, 사무소 소재지에 위치하면서 사무소 명칭, 연락처만을 표시하는 경우는 제외한다(변호사업무광고규정 제3조 제2항). 이는 광고에 대한 책임주체를 명확히 함으로써 의뢰인을 보호하기 위한 것이다.

4) 법무법인이 아닌 자가 법무법인 또는 이와 유사한 명칭을 사용하지 못하는데 이를 위반한 경우에는 형사처벌의 대상이 된다(법 제112조 제6호).

4. 광고의 내용

가. 원칙

변호사 등은 ① 자기 또는 그 구성원의 학력, ② 경력, ③ 주요 취급 업무, ④ 업무 실적, ⑤ 그 밖에 그 업무의 홍보에 필요한 사항을 신문, 잡지, 방송, 컴퓨터통신 등의 매체를 이용하여 광고할 수 있다(법 제23조 제1항).

사례

변호사 甲은 서울중앙지방검찰청 형사1부 부장검사로 퇴진하고 변호사로 등록한 후, 검사 경력을 알리기 위하여 자신이 개설한 인터넷 홈페이지에 '서울중앙지방검찰청 부장검사 출신 변호사'라고 게재하였다. 이는 허용된다.[1]

나. 변호사법상의 제한

변호사 등은 다음의 어느 하나에 해당하는 광고를 하여서는 아니 된다(법 제23조 제2항). 이에 해당되지 않는 광고는 모두 허용되는 이른바 네거티브 규제방식을 채택하고 있다.

1) 변호사의 업무에 관하여 거짓된 내용을 표시하는 광고(제1호)

2) 국제변호사를 표방하거나 그 밖에 법적 근거가 없는 자격이나 명칭을 표방하는 내용의 광고(제2호)

3) 객관적 사실을 과장하거나 사실의 일부를 누락하는 등 소비자를 오도하거나 소비자에게 오해를 불러일으킬 우려가 있는 내용의 광고(제3호)

4) 소비자에게 업무수행 결과에 대하여 부당한 기대를 가지도록 하는 내용의 광고(제4호)

5) 다른 변호사 등을 비방하거나 자신의 입장에서 비교하는 내용의 광고(제5호)

6) 부정한 방법을 제시하는 등 변호사의 품위를 훼손할 우려가 있는 광고(제6호)

7) 그 밖에 광고의 방법 또는 내용이 변호사의 공공성이나 공정한 수임질서를 해치거나 소비자에게 피해를 줄 우려가 있는 것으로서 대한변협이 정하는 광고(제7호)

다. 변호사업무광고규정상의 제한

변호사는 직접 또는 타인을 통하여 다음과 같은 내용의 광고를 할 수 없다(변호사업무광고규정 제4조).

1) 변호사의 업무에 관한 객관적 사실에 부합하지 아니하거나 허위의 내용을 표시한 광고(동조 제1호)

2) 국제변호사 기타 법적 근거가 없는 자격이나 명칭을 표방하는 내용의 광고(제7호)

3) 객관적 사실을 과장하거나 사실의 일부를 누락하는 등으로 고객을 오도하거나 고객으로 하여금 객관적 사실에 관하여 오해를 불러일으킬 우려가 있는 내용의 광고(제2호)

4) 승소율, 석방율 기타 고객으로 하여금 업무수행결과에 대하여 부당한 기대를 가지도록 하

1 법조윤리 변호사시험 제11회. 단, 공직퇴임변호사로 수임제한이 해제되었다는 사실을 광고하는 것은 허용되지 않는다.

는 내용의 광고(제3호)

5) 다른 변호사를 비방하거나 다른 변호사나 그 업무의 내용을 자신의 입장에서 비교하는 내용의 광고(제4호)

6) 변호사의 품위 또는 신용을 훼손할 우려가 있는 내용의 광고(제5호)

7) 특정사건과 관련하여 당사자나 이해관계인(당사자나 이해관계인으로 예상되는 자 포함)에 대하여 그 요청이나 동의 없이 방문, 전화, 팩스, 우편, 전자우편, 문자메시지 송부, 기타 이에 준하는 방식으로 접촉하여 당해 사건의 의뢰를 권유[2]하는 내용의 광고. 다만, 소속지방변호사회의 허가를 받은 경우에는 그러하지 아니하다(제6호).

8) 과거에 취급하였거나 관여한 사건이나 현재 수임중인 사건 또는 의뢰인(고문 포함)을 표시하는 내용의 광고. 다만, 의뢰인이 동의하거나, 당해 사건이 널리 일반에 알려져 있거나 의뢰인이 특정되지 않는 경우 등 의뢰인의 이익을 해칠 우려가 없는 경우에는 그러하지 아니하다(제8호).

9) 법률사건이나 법률사무의 수임을 위하여 재판이나 수사 등 업무(변호사법 제109조 제1호 각 목에 정한 사건 관련 업무)에 종사하는 공무원과의 연고 등 사적인 관계를 드러내며 영향력을 미칠 수 있는 것으로 선전하거나 암시하는 내용의 광고(제9호)

10) 변호사법 제31조 제3항에서 정한 수임제한의 해제 광고(제10호)

11) 기타 법령 및 대한변호사법의 회칙이나 규정에 위반되는 내용의 광고(제11호)

사례

① '변호사 통계 사이트 집계 전년도 변호사 승소율 국내 1위, 사건 맡겼다가 손해 볼 걱정을 할 필요가 없습니다'라고 블로그 메인화면에 올렸다. - (변호사업무광고규정 제4조 제3호 위반)

② 변호사 甲은 자신의 독특한 업무방식을 광고하고자 같은 분야의 다른 변호사들의 업무방식과 비교하는 광고를 신문에 게재하였다. - (변호사업무광고규정 제4조 제4호 위반)[3]

③ 변호사 甲은 건강 검진을 위해 병원에 갔다가 그 병원에 대형 건물에서 발생한 화재 사고 피해자들이 입원해 있다는 사실을 알게 되었다. 甲은 피해자들 중에 아는 사람이 있는 것은 아니었지만 피해자들이 입원해 있는 병실을 방문하였다. 병실에서 화재 사고 피해자 A에게 건물 화재로 인한 손해배상청구소송에 관한 법률상담을 해 주는 데 그치지 않고 당해 사건의 의뢰를 권유하였다. - (변호사업무광고규정 제4조 제6호 위반)[4]

④ 변호사 甲은 현재의 의뢰인에게 문자메시지를 보내 검사로서 퇴직한 지 1년이 경과하여 공직퇴임변호사의 수임제한이 해제되었다는 사실을 알렸다. - (변호사업무광고규정 제4조 제10호 위반).

2 홍관표, 『핵심 법조윤리』, 제7판, 에듀비, 2020. 301면: 특정사건과 관련된 당사자나 이해관계인에 대하여 당해 사건의 의뢰를 권유하지 않고 단순히 무료법률상담을 제공한다는 내용의 우편을 발송하는 것은 소속 변호사회의 허가 없이도 가능하다.

3 법조윤리 변호사시험 제10회.

4 법조윤리 변호사시험 제9회.

5. 광고의 방식

가. 원칙

1) 변호사업무에 관한 광고는 아래에 열거한 방식을 포함한 일체의 방법으로 할 수 있다(변호사업무광고규정 제2조).

① 변호사사무소간판 등의 설치

② 국내외의 신문·잡지 등의 정기 또는 부정기 간행물, 단행본, 화상 및 음성기록물, 일반전화번호부 및 비즈니스 디렉터리, 공중파, 케이블, DMB 기타 각종 방송, 인터넷, 컴퓨터 통신 등 각종 매체의 이용

③ 인사장, 연하장, 달력, 명함, 봉투, 서식, 편지지 기타의 사무용지 등의 유인물 또는 복사물의 배포

④ 안내책자, 사외용의 사무소보, 기념품, 안내편지, 관광안내지도, 개업연, 기타의 연회, 협찬

⑤ 법률상담, 설명회, 세미나 등

2) 위 광고의 방식은 단지 예시에 불과하므로 여기에 열거되지 아니한 방법의 광고도 원칙적으로 허용된다.

3) 그러나 명시적으로 금지되는 광고방식이 있다(변호사업무광고규정 제5조 제6항).

① 자동차, 전동차, 기차, 선박, 비행기 기타 운송수단의 외부에 광고물을 비치, 부착, 게시하는 행위(제1호) 지하철역, 고속버스터미널, 버스 음성광고는 허용된다.

② 현수막을 설치하거나, 애드벌룬, 도로상의 시설 등에 광고물을 비치, 부착, 게시하는 행위(제2호)

③ 광고 전단, 명함 기타 광고물을 공공장소에서 불특정한 다수인에게 나누어주거나, 차량, 비행기 등을 이용하여 살포하는 행위(제3호)

④ 확성기, 샌드위치맨, 어깨띠 등을 사용하여 광고하는 행위(제4호)

⑤ 관련 행정법령 등 법령에 위반되는 광고(제5호)

사례

① 버스 내 음성 방송으로 정류장 안내와 함께 L법무법인을 공고하는 것은 변호사의 업무광고로 허용된다.[5]

② 변호사 甲이 무료신문(혹은 생활정보지)에 개인회생, 소비자파산 등의 업무를 처리한다는 내용의 광고를 게재하는 것은 허용된다.[6]

③ 변호사 甲은 지하철 전동차 선반 위에 자신의 법률사무소를 홍보하기 위한 광고물을 부착하였다.

---

5 법조윤리 변호사시험 제9회.

6 법조윤리 변호사시험 제6회.

④ 변호사 甲은 뉴욕 주 변호사 자격을 취득하였다. 그 후 대한변호사협회에 자신의 전문분야를 국제거래, 해외투자 두 분야로 등록하였다. 변호사 甲은 2020년 봄 외국계 기업이 다수 입주해 있는 여의도 소재 A빌딩 입구에 현수막을 설치하고 '국제거래 및 해외투자 전문 甲 변호사'라는 내용의 광고를 하였다.[7] – (변호사업무광고규정 제5조 제6항 제2호 위반)

⑤ 변호사 甲은 강남역 인근에 위치한 불특정 다수의 기업체들을 상대로 법률자문계약을 체결하기 위한 광고 안내문을 발송하면서 안내문에 자신의 경력, 자문계약의 비용을 기재하는 것은 허용되지 않는다.[8]

나. 광고방법의 제한

광고방법 등에 대해서도 다음과 같은 제한을 두고 있다(변호사업무광고규정 제5조).

1) 변호사는 현재 및 과거의 의뢰인(법인 기타 단체인 경우, 담당 임직원 포함), 친구, 친족 및 이에 준하는 사람 이외의 사람을 방문하거나 전화를 거는 방법으로 광고를 하여서는 안 된다. 다만, 상대방의 동의나 요청이 있는 경우에는 예외로 한다(동조 제1항).

2) 변호사는 불특정다수인에게 팩스, 우편, 전자우편 또는 문자메시지 등을 보내거나 이에 준하는 방법을 이용하여 광고를 하여서는 아니 된다(동조 제2항).[9]

3) 변호사는 광고이면서도 광고가 아닌 것처럼 가장하는 방법으로 광고를 하여서는 아니 된다(동조 제3항).

4) 변호사는 광고 대상자에게 금품 기타의 이익을 공여하거나 공여할 것을 약속하는 방법으로 광고하여서는 아니 된다(동조 제4항).

5) 변호사는 제3자가 이 규정에 위반하여 변호사업무에 관한 정보를 전달하거나 표시행위를 하는 것을 용인하여서는 아니 된다(동조 제5항).

7) 변호사가 업무외 다른 목적을 위한 광고를 하는 경우에는 변호사업무에 관한 광고와 동시에 또는 연결하여 할 수 없다(동조 제7항).

사례

① 변호사 甲은 과거 의뢰인이었던 회사의 법무팀 직원이 다른 회사의 법무팀장이 된 것을 알고 전화를 걸어 법률사무소 홍보를 하였다. 이는 변호사 업무광고로 허용된다.[10] – (변호사업무광고규정 제5조 제1항 허용)

---

7 법조윤리 변호사시험 제6회.

8 법조윤리 변호사시험 제11회.

9 다만, 소속 지방변호사회의 허가를 받은 경우에는 그러하지 아니하다라는 규정이 삭제됨(동조 제2항 단서).

10 법조윤리 변호사시험 제8회.

② 변호사 甲은 자신의 법률사무소 명칭이 기재된 연하장을 우편으로 보내면서 '부동산법 일반'에 관한 세미나에 참석을 부탁하는 안내문을 함께 법률사무소 인근 아파트 단지 주민들에게 우편으로 발송하였고, 우편 발송이 어려운 아파트 단지에는 개별 방문하여 안내문을 배포하였다. - (변호사업무광고규정 제5조 제2항 예외 없이 위반)

6. 주로 취급하는 업무 광고

1) 변호사는 주로 취급하는 업무('주요취급업무', '주로 취급하는 분야', '주요취급분야'등의 용어도 사용 가능하다)를 광고할 수 있다(변호사업무광고규정 제7조 제1항).

2) '전문' 표시의 경우, 협회의 「변호사 전문분야 등록에 관한 규정」에 따라 전문분야 등록을 한 변호사만이 사용할 수 있다(동조 제1항 단서).

① 전문분야 등록을 하고자 하는 변호사는 대한변협에 신청을 하여야 하고, 신청서에 전문분야에 대한 전문성을 입증할 만한 서류를 첨부해야 한다(변호사 전문분야 등록에 관한 규정 제9조). 이 규정에 따라 변호사가 전문 변호사로 등록할 수 있는 업무는 61개 분야이다(동 규정 제2조 제1항). 이주 및 비자, 해외투자, 스포츠, 종교, 성년후견, 스타트업, 학교폭력 등 다양하다. 변호사는 자신의 전문분야를 2개까지 등록할 수 있다(동조 제2항).

② 변호사가 해당 분야에 전문성이 있는지를 심사하기 위하여 대한변협은 전문분야등록심사위원회를 두고 있다(동 규정 제3조).

③ 전문분야의 등록요건은 해당 변호사의 법조경력이 3년 이상일 것, 해당 변호사가 전문분야의 등록신청 전 최근 3년 내에 이 회가 인정하는 연수 또는 강의경력 기준을 포함하여 해당 전문분야 관련 교육을 14시간 이상 이수하였을 것, 해당 변호사가 전문분야의 등록신청 전 최근 3년 내에 전문분야별 요구되는 사건수임 건수 이상의 사건을 수임하였을 것을 모두 충족하여야 한다(동 규정 제8조 제1항).

④ 심사위원회는 전문분야의 등록을 한 경우 등록신청인에게 등록증을 교부하고, 그 뜻을 통지하여야 한다. 이를 등록 후 1개월 이내에 대한변협신문에 전문분야의 등록사실을 공시하고, 그 명단을 홈페이지에 공개하여야 한다(동 규정 제13조). 등록의 거부 또는 취소에 관한 불복이의 신청은 통지를 받은 날부터 1개월 이내 대한변호사협회에 이의신청을 할 수 있다(동 규정 제23조 제1항).

⑤ 기존에는 전문분야 등록의 유효기간은 등록일로부터 5년을 인정하였으나 이는 폐지되었다. 등록료는 전문분야별로 200,000원으로 한다(동 규정 제25조).

3) 변호사는 자신이나 자신의 업무에 대하여 '최고', '유일' 기타 이와 유사한 용어를 사용하여 광고할 수 없다(변호사업무광고규정 제7조 제2항).

사례

① 변호사 甲은 자신이 주로 가사사건을 많이 수임하고 처리하고 있었기 때문에 대한변호사협회의 승인 없이 주로 취급하는 분야를 '가사법'이라고 광고하였다. 허용된다.[11]

② 변호사 甲은 대한변호사협회에 재개발·재건축 전문분야 등록을 한 후 마을버스 내부에 재개발·재건축 전문변호사라고 광고를 부착할 수 있다(변호사업무광고규정 제5조 제6항 제1호 위반이 아님, 제7조 제1항 단서에 따라 전문 표시 가능).

③ 변호사 甲의 사무소는 X지역에 소재하고 있는데, X지역 변호사 중 식품·의약 전문분야에 등록한 변호사는 甲 뿐이다. 甲은 'X지역 내 식품·의약 최고 전문 변호사'라고 광고할 수 없다(변호사업무광고규정 제7조 제2항 위반).

7. 법률상담 광고

1) 변호사는 유료 또는 무료 법률상담에 관한 사항을 광고할 수 있으며, 법률상담 방식에 의한 광고를 할 수 있다(변호사업무광고규정 제8조 제1항).

2) 그러나 변호사는 다음에 해당하는 법률상담과 관련한 광고를 하거나 하게 허용하여서는 아니 된다(동조 제2항).

① 변호사 아닌 자가 법률상담의 대가의 전부 또는 일부를 직접 또는 간접적으로 갖는 경우(제1호).

② 변호사 또는 법률 상담의 대상자가 법률상담 연결 또는 알선과 관련하여 대가(알선료, 중개료, 회비, 가입비, 기타 명칭 불문)를 지급하는 경우. 다만, 간행물, 인터넷, 케이블티비를 포함한 유료 광고 매체를 사용하는 경우에 변호사가 통상적인 사용료 또는 광고료를 지급하는 경우를 포함하지 아니한다(제2호).

③ 제3자의 영리를 위한 사업의 일환으로 운영되는 법률상담에 참여하는 경우(제3호).

④ 기타 법령 및 협회의 회칙이나 규정에 위반되는 행위를 목적 또는 수단으로 하여 행하는 경우(제4호).

사례

① 시민단체가 운영하는 모바일 애플리케이션을 통하여 법률문제에 대한 질의를 하는 일반인을 대상으로 변호사가 무료 법률자문 행위를 하는 것은 가능하다.

② 변호사가 1인 인터넷 요리 방송을 하면서 자신의 학력·경력 등의 정보를 게시하고 법률상담을 원하는 시청자에 대해 무료법률상담을 해주겠다는 홍보를 하는 것은 가능하다.

11 법조윤리 변호사시험 제11회.

③ 소셜커머스 업체가 변호사와 상담할 수 있는 티켓을 유료로 판매하여 변호사와 상담할 수 있게 하는 경우
- [변호사업무광고규정 제8조 제2항 제2호 위반, 법 제34조 제5항(변호사가 아닌 자는 변호사가 아니면 할 수 없는 업무를 통하여 보수나 그 밖의 이익을 분배받아서는 아니 된다) 위반][12]

8. 변호사의 광고규정 위반 여부에 대한 심사 요청 등

1) 변호사는 변호사업무광고규정 위반 여부에 대한 심사를 소속 지방변호사회 광고심사위원회 위원장에게 요청할 수 있다(변호사업무광고규정 제14조 제1항). 이에 위원장은 지체 없이 변호사업무광고규정 위반 여부를 심사하고 그 결과와 이유를 변호사에게 통지한다(동조 제2항).

2) 대한변호사협회 광고심사위원회 위원장은 직권으로 변호사업무광고규정 위반 여부에 대하여 조사할 수 있다(동 규정 제15조 제3항).

Ⅲ. 위반행위에 대한 조치

1. 위반행위에 대한 조치

1) 지방변호사회장은 이 규정에 위반한 변호사에 대하여 소속 지방변호사회 광고심사위원회 의결을 거쳐 경고하거나 위반행위의 중지 또는 시정을 위하여 필요한 요구 기타 필요한 조치를 하고, 이를 협회장에게 보고한다. 다만, 이러한 조치를 취하기 전에 당해 변호사에게 소명의 기회를 주어야 한다(변호사업무광고규정 제16조 제1항).

2) 변호사는 소속 지방변호사회장으로부터 위 1)의 요구를 받았을 때에는 즉시 이를 이행한 후 그 결과를 보고하여야 하고, 지방변호사회장은 이를 대한변협에 보고해야 한다(동조 제2항).

3) 지방변호사회장은 변호사가 위 1)의 요구에 불구하고 즉시 시정조치를 취하지 아니 하는 경우, 지방변호사회장의 명의로 시정조치 요구 사실 및 그 이유의 요지를 공표할 수 있고, 그 비용은 당해 변호사가 부담한다(동조 제3항).

4) 대한변협의 장은 지방변호사회장이 위 1) 및 3)의 조치를 취하지 아니하거나 그 조치가 부적절하다고 판단될 때에는, 광고심사위원회의 의결을 거쳐 위 1) 및 3)의 조치 기타 필요한 조치를 취할 수 있다(동조 제4항).

---

12 법조윤리 변호사시험 제10회.

2. 형사처벌

변호사법 제23조 제2항의 광고금지 사항 중, ① 변호사의 관하여 거짓된 내용을 표시하는 광고(동항 제1호), ② 국제변호사를 표방하거나 그 밖에 법적 근거가 없는 자격이나 명칭을 표방하는 내용의 광고(동항 제2호)를 한 자는 형사처벌된다(법 제113조 제3호).

Chapter

09 변호사의 보수

Ⅰ. 의의

1) 1982. 12. 31. 개정 변호사법은 변호사의 보수기준은 대한변호사협회가 이를 정한다고 했다(제19조). 이에 1983. 5. 21. 대한변호사협회는 「변호사 보수기준에 관한 규칙」을 만들었다. 그러나 1999. 2. 5. 제정된 「독점규제 및 공정거래에 관한 법률의 적용이 제외되는 부당한 공동행위 등의 정비에 관한 법률」에 의하여 위 변호사법 제19조는 삭제되었다.[1]

2) 변호사법은 변호사 보수에 관한 규정이 없다. 따라서 보수의 결정은 원칙적으로 변호사와 의뢰인 사이의 계약에 의한다. 그러나 시장의 불완전성이 지배하는 법률서비스 시장에서는 여전히 일정한 규제와 공공적 개입이 요구된다.

3) 따라서 변호사윤리장전과 대한변호사협회 회칙에서는 보수에 대한 규정이 있다(변호사윤리장전 제31조 - 제34조, 대한변호사협회 회칙 제44조). 그러나 변호사윤리장전 등에서 완전성공보수제도[2]를 금지하는 규정은 없다. 변호사를 사건의 당사자화하고 불필요한 소송을 유발한다는 이유이다.[3]

---

1 정형근, 『변호사법 주석』, 피앤씨미디어, 2016. 323, 324면. 위 법률에 의해 변호사, 행정사, 공인회계사, 세무사, 관세사, 건축사, 수의사 및 공인노무사 등 사업자의 보수를 해당 사업자단체가 정하는 제도와 주무 행정기관이 해당 사업자의 보수기준을 승인 또는 인가하는 제도를 폐지하였다.

독점규제 및 공정거래에 관한 법률

제19조(부당한 공동행위의 금지) ① 사업자는 계약·협정·결의 기타 어떠한 방법으로도 다른 사업자와 공동으로 부당하게 경쟁을 제한하는 다음 각 호의 어느 하나에 해당하는 행위를 할 것을 합의(이하 "부당한 공동행위"라 한다)하거나 다른 사업자로 하여금 이를 행하도록 하여서는 아니 된다.

1. 가격을 결정·유지 또는 변경하는 행위

2. 완전성공보수제란 사건수임 시에는 보수를 일체 받지 않지만, 승소할 때에는 그 승소액의 일정비율을 성공보수로 받고, 반면 패소할 때에는 전혀 보수를 받지 않는 형태의 성공보수계약이다. 미국은 가사사건과 형사사건에서 완전성공보수제는 금지하고 있다.

3. 박휴상, 『핵심 법조윤리』, 신정3판, 도서출판 피데스, 2016. 329면.

Ⅱ. 변호사 보수의 약정

1. 보수청구권의 성립

가. 위임계약과 보수청구권

1) 변호사선임계약은 일반적으로 위임계약의 성격을 지닌다. 변호사 보수는 변호사가 의뢰인과의 수임계약의 결과로 의뢰인이 변호사에게 지불하는 대가를 말하다. 민법상 위임계약은 무상계약이 원칙이다(민법 제686조 제1항). 그러나 변호사 보수는 무보수로 한다는 등 특별한 사정이 없는 한 응분의 보수를 지급할 묵시의 약정이 있는 것으로 봄이 상당하다 할 것이다.[4]

2) 변호사와 의뢰인 사이에 변호사의 소송위임사무에 대한 보수금액에 관하여 약정이 있는 경우에 착수금 약정과 같은 특약이 없다면 위임사무를 완료한 변호사는 약정된 보수금액을 전부 청구할 수 있다.

3) 수인의 의뢰인이 공동당사자로서 변호사에게 소송대리를 위임한 경우, 특별한 약정이 없는 한 그 보수지급채무는 분할채무로서 성격을 지닌다.[5]

나. 보수약정시 명확히 정할 사항 및 보수약정의 형식

1) 변호사는 사건을 수임할 경우에는 수임할 사건의 범위, 보수, 보수 지급방법, 보수에 포함되지 않는 비용 등을 명확히 정하여 약정한다(변호사윤리장전 제32조).

2) 변호사는 가급적 서면으로 수임계약을 체결한다. 다만 단순한 법률자문이나 서류의 준비, 기타 합리적인 이유가 있는 경우에는 그러하지 아니하다(변호사윤리장전 제32조). '가급적' 서면으로 작성하도록 권고하고 있으므로 서면으로 계약할지의 여부는 개별 변호사의 재량에 맡겨져 있으나, 분쟁의 소지를 막기 위해서는 서면계약을 하는 것이 적절할 것이다.

2. 적정한 보수의 기본원칙과 기준

가. 보수의 기본원칙

변호사는 직무의 공공성과 전문성에 비추어 부당하게 과다한 보수를 약정하지 아니한다(변호사윤리장전 제31조 제1항). 대한변호사협회 회칙도 보수는 사회통념에 비추어 현저하게 부당한 것이어서는 아니 된다고 규정하고 있다(회칙 제44조 제3항). 이들은 모두 변호사 보수의 기본원칙이 적정성, 즉 부당하게 과다하지 않는 보수를 약정하는 데 있음을 강조한 것이다.

4 대법원 1995. 12. 5. 선고 94다50229 판결.
5 대법원 1993. 2. 12. 선고 92다42941 판결.

나. 적정한 보수 산정 기준

1) 적정한 보수를 산정하는 기준에 관하여 변호사윤리장전은 변호사의 보수는 사건의 난이도와 소요되는 노력의 정도와 시간, 변호사의 경험과 능력, 의뢰인이 얻게 되는 이익의 정도를 제반 사정을 고려하여 합리적으로 결정한다(변호사윤리장전 제31조 제2항)고 규정한다.

2) 판례도 적정한 보수를 산정하는 기준으로 '의뢰인과의 평소부터의 관계, 사건수임의 경위, 착수금의 액, 사건처리의 경과와 난이도, 노력의 정도, 소송물가액, 의뢰인이 승소로 인하여 얻게 된 구체적 이익과 소속변호사회의 보수규정 기타 변론에 나타난 제반 사정'을 들고 있다.[6]

Ⅲ. 착수금 및 성공보수금

1. 변호사 보수의 서비스 내용에 의한 분류

변호사가 제공하는 법적 서비스의 내용에 따라 사건보수·사무보수·실비변상으로 나눌 수 있다(대한변협 회칙 제44조 제1항).

가. 사무보수

위임사무 처리에 있어서 성공과 실패가 의미를 갖지 않는 법률사무의 처리에 대한 보수를 말한다. 사무보수는 상담료, 감정료, 문서작성료, 고문료로 분류된다(동 회칙 제44조 제2항).

나. 사건보수

위임사무 처리에 있어서 성공과 실패가 있는 법률사무의 처리에 대한 보수를 말한다. 사건보수는 보수지급방식에 따라 착수금과 성공보수로 분류된다(대한변협 회칙 제44조 제2항). 그리고 사건보수는 사건 및 심급마다 1건으로 하여 정하는 것이 원칙이다.

다. 실비변상

수임사무 및 사건의 처리비용 및 여비를 말한다(동 회칙 제44조 제2항). 실비변상은 변호사 보수와 별도로 지급된다. 비용은 인지대, 송달료, 복사료, 우편료, 통신료 등을, 여비는 교통비, 숙박료 등을 의미한다.

2. 착수금

가. 착수금의 약정

착수금은 위임된 사건처리의 결과와 관계없이 지급되는 보수로서 일반적으로 사건수임시에

---

6 대법원 1992. 3. 31. 선고 91다29804 판결.

지급하는 것으로 약정하는 것이다. 착수금은 위임사무의 처리비용 외에 보수금 일부의 선급금조로 지급받는 성질의 금원이다.[7]

나. 지급시기

변호사가 사건을 수임하면서 착수금을 정하고 그 지급일을 약정하였다면 의뢰인은 특별한 사정이 없는 한 그 약정한 지급일에 지급해야 한다.[8] 업무개시여부나 변호인 선임서, 위임장의 제출여부에 좌우되는 것이 아니다.

3. 성공보수금

가. 성공보수의 약정

1) 성공보수는 사건을 성공적으로 처리하는 것을 조건으로 지급되는 보수이다. 종래 성공보수 약정은 일반적으로 유효한 것으로 인정되었다.

2) 형사사건에서의 성공보수약정

대법원 전원합의체는 형사사건에서의 성공보수약정은 수사·재판의 결과를 금전적인 대가와 결부시킴으로써, 기본적 인권의 옹호와 사회정의의 실현을 사명으로 하는 변호사 직무의 공공성을 저해하고, 의뢰인과 일반 국민의 사법제도에 대한 신뢰를 현저히 떨어뜨릴 위험이 있으므로, 선량한 풍속 기타 사회질서에 위배되는 것으로 평가할 수 있다.

다만 선량한 풍속 기타 사회질서는 부단히 변천하는 가치관념으로서 어느 법률행위가 이에 위반되어 민법 제103조에 의하여 무효인지는 법률행위가 이루어진 때를 기준으로 판단하여야 하고, 또한 그 법률행위가 유효로 인정될 경우의 부작용, 거래자유의 보장 및 규제의 필요성, 사회적 비난의 정도, 당사자 사이의 이익균형 등 제반 사정을 종합적으로 고려하여 사회통념에 따라 합리적으로 판단하여야 한다. 대법원이 이 판결을 통하여 형사사건에 관한 성공보수약정이 선량한 풍속 기타 사회질서에 위배되는 것으로 평가할 수 있음을 명확히 밝혔음에도 불구하고 향후에도 성공보수약정이 체결된다면 이는 민법 제103조에 의하여 무효로 보아야 한다.[9]

3) 민사사건에서의 성공보수약정

대법원은 결과가 승소와 패소로 갈리고 의뢰인이 승소로 인해 경제적 이익을 얻게 되는 민사사건은 형사사건과 성질이 다르다며 계약자유의 원칙에 따라 성공보수약정이 허용되는 데 아무런 문제가 없다고 판시했다.

---

7 대법원 1982. 9. 14. 선고 82다125, 82다카284 판결.

8 대법원 2000. 6. 27. 선고 98두17876 판결.

9 대법원 2015. 7. 23. 선고 2015다200111 전원합의체 판결.

나. 지급시기

1) 성공보수는 당사자 사이에 특약이 없는 한, 수임사무가 종결된 후에 지급함이 원칙이다(민법 제686조 제2항).

2) 소송대리와 관련된 변호사선임계약은 심급별로 체결하게 되므로, 성공보수청구권은 심급대리의 원칙에 따라 수임한 소송사무가 종료하는 시기인 당해 심급의 판결을 송달받은 때에 발생한다.[10] 따라서 그때부터 3년의 단기소멸시효기간이 진행된다(민법 제163조 제5호).

3) 그러나 소송사건의 전체 심급에 대해서 소송대리하기로 약정하고 성공보수 역시 심급별로 지급하는 것이 아니라 수임사건이 승소로 확정되었을 때 받기로 약정했다면, 성공보수청구권은 수임사건에 대한 판결이 확정됨으로써 사건이 종국적으로 완결된 때에 발생한다.[11]

4) 항소심 사건의 소송대리인인 변호사의 위임사무는 특별한 약정이 없는 한 항소심판결이 송달된 때에 종료되므로, 변호사 등은 항소심판결이 송달되어 위임사무가 종료되면 원칙적으로 그에 따른 보수를 청구할 수 있다. 그러나 항소심판결이 상고심에서 파기되고 사건이 환송되는 경우에는 사건을 환송받은 항소심법원이 환송 전의 절차를 속행하여야 하고 환송 전 항소심에서의 소송대리인인 변호사 등의 소송대리권이 부활하므로, 환송 후 사건을 위임사무의 범위에서 제외하기로 약정하였다는 등의 특별한 사정이 없는 한 변호사 등은 환송 후 항소심 사건의 소송사무까지 처리하여야만 비로소 위임사무의 종료에 따른 보수를 청구할 수 있다.[12]

다. 성공보수 조건부 선 수령 금지 삭제

종전 변호사윤리장전은 변호사는 성공보수를 조건부로 미리 받아서는 아니 된다고 규정하고 있었으나, 개정 변호사윤리장전에서는 계약자유의 원칙에 맡기기로 하고 위 규정을 삭제하였다.[13]

라. 계약상 성공이라고 합의한 사항의 적용

1) 양 쪽 당사자가 출석하지 않은 경우에 소취하 간주된 경우

양 쪽 당사자가 출석하지 않은 경우에 소취하 간주된 경우에 관하여 판례는, 변론기일에 쌍불이 두번 있으면 응소자의 소송행위에 관계없이 그 사유만으로써 자동적으로 취하의 효력이

10 대법원 1995. 12. 26. 선고 95다24609 판결.

11 대법원 2007. 6. 28. 선고 2002도3600 판결.

12 대법원 2016. 7. 7. 선고 2014다1447 판결.

13 장혜진, "변호사 성공보수 내년부터 선수령 허용", 법률신문, 2013. 9. 13. 변협 관계자는 개정 이유에 대해 "변호사들이 불황으로 가뜩이나 힘든데 열심히 일해서 사건을 이겨도 약정된 성공보수를 받지 못하는 경우가 늘어나 보수를 제대로 받을 수 있게 해주자는 것"이라고 밝혔다. 지난 2011년 서울지방변호사회가 회원들을 상대로 한 설문조사 결과에 따르면 변호사의 97%가 의뢰인과 성공보수 약정을 맺고도 제대로 받지 못한 경험이 있는 것으로 드러났다. 하지만 소송을 제기하는 등 법적으로 대응한 변호사는 2.5%에 불과했다

생긴다 하더라도(민사소송법 제268조 제3항) 이는 법률이 마련한 사건종결의 한 방식으로서 실질적으로는 쌍불을 이유로 소각하의 판결을 한 것과 같은 것이 될 것이므로, 응소자나 그 대리인이 이 방식에 따라 제소자의 소권행사를 저지하는 결과를 가져왔다면 이는 그 이후의 재소여하에 구애없이 그 승소에 준해서 보아 무방할 것이고, 또 쌍불취하 간주시기가 변론을 거듭하고 증거조사를 거쳐 사건이 거의 유리하게 끝날 전망이 보이는 그러한 무렵이 아니고 본안변론에 들어가기 전인 처음 몇 번째의 기일이었다 하더라도 응소자나 그 대리인은 그 응소의 준비에 그 나름대로 응분의 노력을 하고 있었다 할 것이다.[14] 따라서 이 경우에도 의뢰인이 보수약정이나 수임사건의 변론상황 등에 따라 성공보수를 지급해야 할 경우가 있을 수 있다.

2) 화해권고결정의 경우

일부 승소 시에도 성공보수를 지급하기로 약정한 소송에서 청구취지의 일부가 받아들여진 화해권고 결정이 확정된 경우, 청구취지의 일부가 받아들여진 것이므로 의뢰인은 변호사에게 수임약정에 정한 일부 승소 시의 성공보수를 지급해야 한다.[15]

3) 조정이 성립된 경우

조정이 성립된 경우 최소한의 성공보수금을 지급하기로 약정한 경우 임의조정이 성립된 경우에 지급을 약속한 성공보수금의 하한액을 지급할 의무가 있다.[16]

마. 승소간주조항

1) 변호사가 의뢰인에게 미리 작성된 계약서를 제시하여 체결한 계약서상에 의뢰인이 변호사의 동의 없이 소를 취하, 청구의 포기, 화해하거나 소송위임을 해지한 경우 성공보수 전액을 지급한다는 승소간주조항이 있는 경우, 위 약정이 약관인지, 그 약관조항의 유효 여부가 문제된다.

2) 약관이란 그 명칭이나 형태 또는 범위에 상관없이 계약의 한쪽 당사자가 여러 명의 상대방과 계약을 체결하기 위하여 일정한 형식으로 미리 마련한 계약의 내용을 말한다(약관의 규제에 관한 법률 제2조 제1호). 이에 해당하는 약관조항은 약관의 규제에 관한 법률이 적용되어 불공정약관조항이면 무효가 된다(약관의 규제에 관한 법률 제6조 - 제14조).

3) 이 조항의 효력에 관해, 판례는 최종적인 소송물에 대한 처분권을 가진 위임인에 대하여 부당하게 불리한 조항으로서 신의성실의 원칙에 반하여 공정을 잃은 약관조항이라고 할 것이므로 약관의 규제에 관한 법률 제6조에 의하여 무효라고 한다.[17]

4) 부동문자로 인쇄되어 미리 변호사가 준비한 계약서상 위임인의 정당한 사유 없는 일방적

---

14 대법원 1970. 12. 22. 선고 70다2312 판결.

15 서울중앙지방법원 2006. 11. 14. 선고 2006가단192332 판결.

16 대법원 2012. 8. 17. 선고 2010다60172 판결.

17 대법원 2007. 9. 21. 선고 2005다43067 판결.

위임계약 해지를 승소로 간주한다는 조항은 약관이고 불공정약관에 해당하지 않는다.[18]

5) 특약사항으로 위임인이 위임계약을 위반하거나 중도 해지 등을 한 경우 전체에 대하여 승소한 것으로 간주하고 승소사례금을 지급하기로 정한 경우는 위임 계약을 위반할 때 부담할 손해배상액을 예정한 것으로 이는 약관이 아니고 개별약정으로 민법이 적용된다(약관의 규제에 관한 법률 제4조). 위임인이 변호사와 아무런 상의 없이 소취하 등을 한 경우는 위임계약을 위반한 것이므로 손해배상의 예정에 의하여 승소사례금을 위약금으로서 청구할 수 있다. 다만 법원은 사건처리의 경과, 난이도 등 제반사정을 고려하여 위 위약금 중 일부를 감액할 수 있다(민법 제398조 제2항).[19]

사례

변호사 甲은 의뢰인 A와 구상금청구의 항소사건만으로 수임 범위를 한정하는 소송위임계약을 체결하였고, 그 위임계약을 체결하였고, 그 위임계약서에는 "의뢰인이 임의로 청구의 포기 또는 인낙, 화해하거나 소를 취하는 경우 전부 승소한 것으로 본다."라는 승소간주조항이 부동문자로 인쇄되어 있다. 또는 위 계약의 특약사항으로 "1) 착수금은 계약 당일 변호사 甲이 정한 계좌로 입금한다. 2) 착수금은 어떠한 일이 있어도 반환하지 않는다. 3) 성공보수는 상고심 결과와 관계없이 당해 항소사건의 판결선고 시에 지급한다."라는 내용이 포함되어 있다.[20]

① 이 사례의 경우 의뢰인 A가 임의로 항소 취하한 경우 A는 변호사 甲에게 성공보수를 지급할 필요가 없다. 위 승소간주조항은 약관이고 위 약관은 신의성실의 원칙에 반하는 불공정약관으로 무효이기 때문이다.

② 의뢰인 A가 위임계약일부터 일주일이 지나도록 착수금을 지급하지 않고 있는 경우 변호사 甲은 법원에 위임장을 제출하지 않았더라도 의뢰인 A에게 착수금을 청구할 수 있다.

③ 변호사 甲은 특약 3)으로 인하여 상고심에서 파기환송되어도 성공보수금은 항소사건의 판결선고시에 지급받을 수 있다.

Ⅳ. 수임업무가 중도에 종료된 경우의 보수

1. 수임업무의 중도 종료의 경우에 보수청구에 대한 약정이 있는 경우

일방당사자에 의해서 위임관계가 중도에 종료된 경우 이에 관한 보수 약정이 있으면 그에 따라야 할 것이다. 다만 그 내용이 현저히 불공평한 경우에는 그 적용이 제한되거나 보수액이 감액될 수 있다. 변호사과 의뢰인 간에 지급된 착수금에 대해서는 원칙적으로 그 반환을 구할 수 없는 것으로 약정한 경우, 변호사의 귀책사유로 계약이 종료되었다고 하더라도 변호사가 계

18 부산고등법원 2015. 8. 13. 선고 2014나53967 판결.

19 대법원 2007. 9. 21. 선고 2005다43067 판결.

20 법조윤리 변호사시험 제8회.

약종료 당시까지 이행한 사무 처리부분에 관하여 상당하다고 인정되는 보수금액 및 처리비용을 착수금 중 공제하고 나머지 착수금만 수임인으로부터 반환받을 수 있다.[21]

2. 수임업무의 중도 종료의 경우에 보수청구에 대한 약정이 없는 경우

1) 변호사가 정당한 사유 없이 사임한 경우에는 보수를 청구할 수 없다. 그러나 정당한 사유에 의한 사임의 경우에는 이미 처리한 사무의 비율에 따라 보수를 청구할 수 있다(민법 제686조 제3항).

2) 의뢰인이 정당한 사유 없이 변호사를 해임한 경우, 변호사는 이미 처리한 수임사무의 비율에 따른 상당한 보수를 청구할 수 있다(민법 제686조 제3항).

3) 판례에 의하면, ① 소송위임계약과 관련하여 위임사무 처리 도중에 수임인의 귀책사유로 신뢰관계가 훼손되어 더 이상 소송위임사무를 처리하지 못하게 됨에 따라 계약이 종료되었다 하더라도, 위임인은, 수임인이 계약종료 당시까지 이행한 사무처리 부분에 관해서 수임인이 처리한 사무의 정도와 난이도, 사무처리를 위하여 수임인이 기울인 노력의 정도, 처리된 사무에 대하여 가지는 위임인의 이익 등 여러 사정을 참작하여 상당하다고 인정되는 보수 금액 및 상당하다고 인정되는 사무처리 비용을 지급할 의무가 있다.[22] ② 그리고 당사자들 사이에 이른바 성공보수의 약정을 하면서 전 심급을 통하여 최종적으로 승소한 금액의 일정 비율을 성공보수금으로 지급하기로 한 경우에, 특별한 사정이 없는 한 성공보수는 소송위임계약에서 정한 소송위임사무처리 대가로서의 보수의 성격을 가진다고 할 것이고, 또한 각 심급별 소송비용에 산입될 성공보수는 최종 소송 결과에 따라 확정된 성공보수금을 승소한 심급들 사이에서 각 심급별 승소금액에 따라 안분하는 방법으로 산정함이 타당함에 비추어 보면, 위와 같이 상당한 보수 금액을 정할 때에는 그 당시까지의 소송 수행의 결과 충분히 예상 가능한 성공보수액도 참작할 수 있다고 봄이 상당하다고 한다.[23]

사례

변호사 甲은 의뢰인 A로부터 곧 수임료를 지급하겠다는 약속을 받고 A의 형사사건의 변론을 맡아 기록을 등사하고 피고인 신문사항과 변론요지서를 미리 준비하였다. 그럼에도 불구하고 의뢰인 A가 수임료를 지급하지 아니하여 여러 차례 그 지급을 요청하였으나 의뢰인 A는 수임료 지급을 미루면서 오히려 변호사가 작성한 변론요지서 등이 부실하다고 비난하고 있다. 의뢰인 A가 변호사 甲을 해임한 경우에 변호사 甲은 이미 처리한 수임사무의 비율에 따른 보수의 지급을 청구할 수 있다.[24]

21 대법원 2008. 12. 11. 선고 2006다32460 판결.
22 대법원 2008. 12. 11. 선고 2006다32460 판결.
23 대법원 2012. 6. 14. 선고 2010다52584 판결.
24 법조윤리 변호사시험 제2회.

V. 보수의 미지급 및 단체의 비용으로 대표자 개인의 변호사 비용을 지출한 경우

1. 보수의 미지급 문제

1) 변호사가 보수를 받지 못한 경우, 의뢰인에게 소를 제기할 수 있다. 소송 이외의 방법으로는, 소속 지방변호사회의 분쟁조정에 의한 방법이 있다. 변호사윤리장전은 변호사는 의뢰인과 직무와 관련한 분쟁이 발생한 경우에는, 소속 지방변호사회의 조정에 의하여 분쟁을 해결하도록 노력한다고 규정한다(변호사윤리장전 제30조).

2) 의뢰인이 약정된 보수를 지급하지 않는다면, 이는 변호사의 정당한 사임사유가 된다. 다만 변호사는 사임에 앞서 의뢰인의 손해를 방지하는 합리적 조치를 취해야 한다.

3) 변호사 보수는 수임사건 처리의 대가이며, 보관하는 서류에 관하여 생긴 채권이 아니다. 또한 그러한 서류는 상행위로 인하여 변호사가 보관하기에 이른 것도 아니다. 따라서 보수 미지급을 이유로 보관하는 서류에 대한 유치권을 행사할 수 없다(민법 제320조, 상법 제58조).

2. 단체의 비용으로 대표자 개인의 변호사 비용을 지출한 경우

1) 단체의 비용으로 지출할 수 있는 변호사 보수는 원칙적으로 단체 자체가 소송당사자가 된 경우에 한한다. 따라서 단체의 대표자 개인이 당사자가 된 재판의 변호사 보수는 단체의 비용으로 지출할 수 없다. 만약 단체의 비용으로 대표자 개인의 변호사 비용을 지출하였다면 이는 횡령죄에 해당한다.[25,26]

2) 그러나 예외적으로 당해 법적 분쟁이 단체와 업무적인 관련이 깊고 제반 사정에 비추어 단체의 이익을 위하여 소송을 수행하여야 할 특별한 필요성이 있는 경우에는 단체의 비용으로 지출할 수 있다.[27]

① 분쟁에 대한 실질적 이해관계는 단체에 있으나 법적인 이유로 그 대표자의 지위에 있는 개인이 소송 기타 법적 절차의 당사자가 된 경우에는 단체의 비용으로 그 보수를 지출할 수 있다.

② 소송을 당하거나 수사를 받게 된 경위와 내용에 비추어 개인적인 행위가 아니라 그 단체의 기관으로서 적법한 업무 수행 중 발생한 일로 인해 소송이나 수사를 받게 되었고, 이러한 소송 및 수사에서 적극적으로 다투는 것이 그 단체에도 이익이 되는 경우 이를 다투기 위하여 필요한 범위에서 단체의 비용으로 변호사를 선임하고 보수를 지출 할 수 있다.[28]

---

25 대법원 2006. 10. 26. 선고 2004도6280 판결.

26 박휴상, 『법조윤리』, 제3판, 도서출판 피데스, 2013, 365~366면.

27 최철환, "단체 대표자 개인을 위한 변호사 비용 지출과 횡령죄 성부", 「대법원 판례해설」 제66호, 2007. 341~343면.

3) 반대로 법인 자체가 소송당사자가 된 경우에는 원칙적으로 그 소송의 수행이 법인의 업무수행이라고 볼 수 있으므로 그 변호사 보수를 법인의 비용으로 지출할 수 있다. 그러나 그 소송에서 법인이 형식적으로 소송당사자가 되어 있을 뿐 실질적인 당사자가 따로 있고 법인으로서는 그 소송의 결과에 있어서 별다른 이해관계가 없다고 볼 특별한 사정이 있는 경우에는, 그 소송의 수행이 법인의 업무수행이라고 볼 수 없어 법인의 비용으로 이를 위한 변호사 보수를 지출할 수 없다.[29]

Ⅳ. 기타 보수에 대한 규제

1. 추가보수의 금지

변호사는 정당한 사유 없이 추가보수를 요구하지 아니한다(변호사윤리장전 제33조 제1항).

2. 보수전환 금지

변호사는 명백한 서면 약정 없이 공탁금, 보증금, 기타 보관금 등을 보수로 전환하지 아니한다. 다만, 의뢰인에게 반환할 공탁금 등을 미수령 채권과 상계할 수 있다(변호사윤리장전 제33조 제2항).

사례

A는 2016. 4. 6. 1억 원을 빌려주면 매달 1%에 해당하는 100만 원의 이자를 지급하고 3년 후에는 원금을 반환해주겠다는 B의 말을 믿고 1억 원을 빌려 주었다. 첫 두달 동안은 100만 원의 이자가 지급되었으나 석 달째부터는 지급되지 않아, A는 B에게 전화를 하였으나 B는 전화를 잘 받지 않고 돈이 없다는 답변을 할 뿐이다. A는 B를 상대로 하여 대여금반환청구의 소를 제기하기로 마음 먹고 변호사 甲과 대여금반환청구사건의 위임계약을 체결하였다. A와 변호사 甲이 체결한 위임계약에는 착수금과 성공보수금 약정이 있었고 甲이 B로부터 대여금을 반환받거나 공탁금을 수령하여 보관할 수 있다는 내용이 포함되어 있었다. 대여금반환청구의 소가 제기되었음에도 A가 위임계약에서 정한 착수금을 변호사 甲에게 지급하지 않은 경우 B가 대여금반환청구소송 중에 甲에게 대여금을 반환하였다면 변호사 甲은 착수금채권을 보관금반환채권과 대등액에서 상계할 수 있다.[30]

3. 교제용 보수 금지

1) 변호사는 담당 공무원에 대한 접대 등의 명목으로 보수를 정해서는 아니 되며, 그와 연관

28 대법원 2006. 10. 26. 선고 2004도6280 판결.
29 대법원 2008. 6. 26. 선고 2007도9679 판결.
30 법조윤리 변호사시험 제10회.

된 명목의 금품을 요구하지 아니한다(변호사윤리장전 제33조 제3항).

2) 변호사나 사무직원이, ① 판사, 검사 그 밖에 재판, 수사기관의 공무원에게 제공하거나 그 공무원과 교제한다는 명목으로 금품이나 그 밖의 이익을 받거나 받기로 한 행위(법 제110조 제1호), ② 제1호에 규정된 공무원에게 제공하거나 그 공무원과 교제한다는 명목의 비용을 변호사 선임료·성공사례금에 명시적으로 포함시키는 행위(동조 제2호)를 한 경우에는 형사처벌의 대상이 된다.

3) 위 조항의 교제는 변호사가 의뢰받은 사건의 해결을 위해 접대나 향응은 물론 사적인 연고관계나 친분관계를 이용하는 등 공공성을 지닌 법률 전문직으로서의 정상적 활동이라고 보기 어려운 방법으로 당해 공무원과 직·간접적으로 접촉하는 것을 말한다고 한다.[31]

4. 보수 분배 금지 등

1) 변호사는 변호사 아닌 자와 공동의 사업으로 사건을 수임하거나 보수를 분배하지 아니한다. 다만 외국법자문사법에서 달리 정하는 경우에는 그러하지 아니하다(변호사윤리장전 제34조 제1항). 대한변호사협회에 공동사건 처리 등을 위한 등록을 한 외국법자문법률사무소는 법률사무소, 법무법인 등과 국내법사무와 외국법사무가 혼재된 법률사건을 사안별 개별 계약에 따라 공동으로 처리하고 그로부터 얻은 수익을 분배할 수 있다(외국법자문사법 제34조의2 제1항).

2) 변호사는 소송의 목적을 양수하거나, 정당한 보수 이외의 이익분배를 약정하지 아니한다(변호사윤리장전 제34조 제2항).

5. 법원에 의한 감축

판례에 의하면, 약정된 보수액이 부당하게 과다하여 신의성실의 원칙이나 형평의 원칙에 반한다고 볼 만한 특별한 사정이 있는 경우에는 예외적으로 상당하다고 인정되는 범위 내의 보수액만을 청구할 수 있다고 한다.[32]

31 대법원 2006. 11. 23. 선고 2005도3255 판결.

32 대법원 2009. 7. 9. 선고 2009다21249 판결.

Chapter 10 변호사에 대한 징계 및 법조윤리협의회

Ⅰ. 의의

변호사법에 의하면 대한변호사협회가 일차적으로 변호사에 대한 징계권을 갖는다(법 제92조, 제93조). 변호사 징계처분의 법적 성질은 넓은 의미의 행정처분으로 변호사법이 정한 바에 따라 부여된 공적 권능의 행사이다.

Ⅱ. 징계 종류

징계의 종류에는 ① 영구제명, ② 제명, ③ 3년 이하의 정직, ④ 3천만 원 이하의 과태료, ⑤ 견책의 5가지 종류가 있다(법 제90조).

1. 영구제명

1) 변호사의 신분을 영구적으로 박탈하는 징계처분이다. 영구제명은 변호사의 결격사유에 해당하므로(법 제5조 제7호), 당해 변호사는 다시 변호사등록을 하여 변호사 신분을 회복할 수 없다.

2) 영구제명의 징계처분은 징계혐의자의 변호사등록원부에 그 징계결정의 내용을 기재하여 등록을 취소하고 변호사등록원부를 말소하는 방식으로 집행한다(변호사징계규칙 제43조 제1호).

3) 영구제명된 변호사가 변호사업무를 수행하는 것은 당연히 금지된다. 영구제명된 변호사는 변호사가 아니므로, 업무금지위반행위를 하면 변호사법 제109조 제1호에 해당되어 형사처벌의 대상이 된다.

2. 제명

1) 변호사 신분을 박탈하는 징계처분이다. 영구제명과 다른 것은 제명의 징계처분을 받은

변호사의 경우 5년이 경과되면 다시 변호사등록을 하여 변호사 신분을 회복할 수 있다는 점이다(법 제5조 제4호).

2) 제명의 징계처분은 영구제명과 동일한 방식으로 집행한다. 제명된 변호사가 업무금지위반 행위를 하면 영구제명의 경우와 같이 형사처벌의 대상이 된다(법 제109조 제1호).

3. 3년 이하의 정직

1) 일정 기간(3년 이하) 변호사 업무를 금지하는 것이다. 변호사 자격 및 신분을 잃는 것은 아니지만 정직 기간 동안 일체의 변호사 업무를 행할 수 없는 제재를 받는다.

2) 정직의 집행은 징계혐의자의 변호사등록원부에 정직개시일과 정직기일을 명시하여 정직 결정의 내용을 기재하는 방식으로 한다(변호사징계규칙 제43조 제1항 제2호).

3) 정직결정을 위반하여 변호사직무를 수행한 변호사는 형사처벌의 대상이 된다(법 제112조 제4호).

4. 3천만 원 이하의 과태료

1) 변호사 신분에는 영향을 미치지 않지만 과태료를 납부해야 하는 재산상의 불이익을 받는다. 과태료의 결정은 민사집행법에 따른 집행력 있는 집행권원과 같은 효력이 있으며, 검사의 지휘로 집행한다(법 제98조의5 제2항).

2) 과태료는 징계결정의 내용을 변호사등록원부에 기재하고, 대한변협의 장이 검사에게 의뢰하여 집행한다(변호사징계규칙 제43조 제1항 제3호).

5. 견책

1) 변호사의 신분과 활동에 아무런 제한도 가하지 않는 가장 가벼운 징계처분이다. 명예에 손상을 줄 뿐이다.

2) 견책은 대한변협의 장이 근신자숙하라는 취지의 문서를 송달하고, 징계결정의 내용을 변호사등록원부에 기재하는 방식으로 집행한다(변호사징계규칙 제43조 제1항 제4호).

Ⅲ. 징계 사유

변호사법 제91조는 징계사유를 영구제명에 해당하는 징계사유와 그렇지 않은 징계사유로 나누어서 규정하고 있다.

1. 영구제명의 징계사유(법 제91조 제1항)

1) 변호사의 직무와 관련하여 2회 이상 금고 이상의 형을 선고받아(집행유예를 선고받은 경우를 포함한다) 그 형이 확정된 경우(과실범의 경우는 제외한다)

2) 이 법에 따라 2회 이상 정직 이상의 징계처분을 받은 후 다시 제2항에 따른 징계 사유가 있는 자로서 변호사의 직무를 수행하는 것이 현저히 부적당하다고 인정되는 경우

2. 영구제명 외의 징계사유(법 제91조 제2항)

1) 변호사법을 위반한 경우

2) 소속 지방변호사회나 대한변호사협회의 회칙을 위반한 경우

변호사법 제25조는 변호사는 소속 지방변호사회와 대한변협의 회칙을 준수하여야 한다고 규정하고 있다. 또한 대한변협 회칙 제9조 제1항은 모든 회원은 이 회의 회칙, 규칙, 규정 및 결의를 준수하여야 하며, 이 회로부터 지정 또는 위촉받은 사항을 신속, 정확하게 처리하여야 한다고 규정하고 있다. 따라서 회칙뿐만 아니라, 규칙, 규정 등에서 변호사가 준수해야 할 의무를 정한 경우 이를 위반한 행위도 징계사유에 해당할 수 있다.

3) 직무의 내외를 막론하고 변호사로서의 품위를 손상하는 행위를 한 경우[1]

4) 변호사징계규칙에 의하여 출석, 경위서 및 소명자료제출 등의 요구를 받고도 2회 이상 불응한 경우(변호사징계규칙 제9조 제6호)

Ⅳ. 징계의 절차

1. 절차의 개요

1) 지방검찰청 검사장, 지방변호사회의 장, 법조윤리협의회 위원장은 변호사에게 징계사유가 발견될 때 대한변협의 장에게 징계개시신청을 한다(법 제97조의2, 제89조의4 제4항, 제89조의5 제3항, 제89조의6 제5항). 의뢰인이나 그 법정대리인 등에게는 징계개시신청의 청원권이 인정되고 있다

---

1 헌재 2012. 11. 29. 2010헌바454 결정(구 변호사법 제90조 제1항 제2호 등 위헌소원) 헌법 제11조 제1항이 규정하고 있는 법 앞에서의 평등의 원칙은 본질적으로 같은 것은 같게, 본질적으로 다른 것은 다르게 취급할 것을 요구한다. 그러므로 본질적으로 같은 것을 다르게, 다른 것을 같게 취급하는 경우에 비로소 침해가 발생하고, 본질적으로 같지 않은 것을 다르게 취급하는 경우에는 차별 자체가 존재한다고 할 수 없다. 그런데 청구인이 차별취급의 대상으로 주장하는 법관, 의사, 공인노무사, 변리사, 세무사, 관세사, 공인중개사, 건축사, 기술사는 변호사와 그 직무의 내용 및 성질, 목적 또는 사명, 자격요건, 의무 등에 차이가 있어서 본질적으로 같은 직업이라고 할 수 없으므로, 이들과 변호사를 청구인의 주장과 같이 다르게 취급한다 하더라도 이는 본질적으로 같지 않은 것을 다르게 취급하는 것에 불과하여 차별 자체가 존재한다고 할 수 없다. 따라서 이 사건 품위손상조항은 평등원칙에 위배되지 아니한다.

(법 제97조의3).

2) 대한변협의 장은 징계개시 신청된 변호사가 변호사법 제91조에 따른 징계사유에 해당된다고 판단되면 '대한변호사협회 변호사징계위원회'(이하 '변협징계위원회'라 한다)에 징계개시를 청구한다(법 제97조). 징계개시청구에 의하여 변호사에 대한 징계심사가 이루어진다.

3) 변협징계위원회는 징계사건을 심의한 후(법 제95조 제1항), 징계결정을 한다(법 제98조의4).

4) 변협징계위원회의 결정에 불복하는 징계혐의자 및 징계개시신청인은 그 통지를 받은 날부터 30일 이내에 법무부 변호사징계위원회에 이의신청을 할 수 있다(법 제100조 제1항).

5) 법무부징계위원회의 결정에 불복하는 징계혐의자는 행정소송법으로 정하는 바에 따라 그 통지를 받은 날부터 90일 이내에 행정법원에 소를 제기할 수 있다(법 제100조 제4항).

2. 징계개시의 신청과 청구

가. 징계개시신청 청원 및 재청원

1) 의뢰인 등에게는 징계개시신청의 청원권을 인정해주고 있다.

2) 의뢰인이나 의뢰인의 법정대리인·배우자·직계친족 또는 형제자매는 수임변호사나 법무법인[법무법인(유한)과 법무조합을 포함한다]의 담당변호사에게 제91조에 따른 징계 사유가 있으면 소속 지방변호사회의 장에게 그 변호사에 대한 징계개시의 신청을 청원할 수 있다(법 제97조의3 제1항). 지방변호사회의 장은 위 청원을 받으면 지체 없이 징계개시의 신청 여부를 결정하고 그 결과와 이유의 요지를 청원인에게 통지하여야 한다(동조 제2항).

3) 청원인은 지방변호사회의 장이 제1항의 청원을 기각하거나 청원이 접수된 날부터 3개월이 지나도 징계개시의 신청 여부를 결정하지 아니하면 대한변호사협회의 장에게 재청원할 수 있다. 이 경우 재청원은 제2항에 따른 통지를 받은 날 또는 청원이 접수되어 3개월이 지난 날부터 14일 이내에 하여야 한다(동조 제3항).

나. 징계개시의 신청

1) 징계개시의 신청인은 지방검찰청검사장이나 지방변호사회의 장이다(법 제97조의2). 지방검찰청검사장은 범죄수사 등 검찰 업무의 수행 중 변호사에게 제91조에 따른 징계 사유가 있는 것을 발견하였을 때에는 대한변호사협회의 장에게 그 변호사에 대한 징계개시를 신청하여야 한다(동조 제1항). 지방변호사회의 장이 소속 변호사에게 제91조에 따른 징계 사유가 있는 것을 발견한 경우에 대한변협의 장에게 징계개시를 신청해야 한다(동조 제2항). 신청인은 직접 징계를 청구할 수는 없고, 대한변협의 장에게 징계의 개시를 신청할 수 있는 데 그친다.

2) 법조윤리협의회는 전관예우와 법조 브로커를 퇴치하기 위하여 공직퇴임변호사나 특정변

호사(일정 수 이상의 사건을 수임한 변호사)의 수임자료와, 법무법인 등에서의 퇴직공직자의 명단 및 업무내역서를 제출받아 검토하는데, 만일 위원장이 관련자들에게 변호사법 제91조에 따른 징계사유가 있는 것을 발견한 때에는 대한변협의 장에게 그 변호사에 대한 징계개시를 신청할 수 있다(법 제89조의4 제4항, 제89조의5 제3항, 제89조의6 제5항).

다. 대한변호사협회의 장의 징계개시 청구

1) 대한변호사협회의 장은 변호사가 징계 사유에 해당하면 변협징계위원회에 징계개시를 청구하여야 한다(법 제97조). 변호사에 대한 징계개시청구권은 대한변협의 장만이 독점적으로 행사할 수 있다.

2) 대한변협의 장은 지방검찰청 검사장, 지방변호사회의 장 또는 윤리협의회 위원장의 징계개시신청이 있거나(법 제97조의2 제1항, 제2항, 제89조의4 제4항, 제89조의5 제3항), 의뢰인 등의 재청원(법 제97조의3 제3항)이 있으면 지체 없이 징계개시의 청구여부를 결정하여야 한다(법 제97조의4 제1항).

3) 대한변협의 장은 징계개시의 청구 여부를 결정하기 위하여 필요하면 대한변협에 설치된 조사위원회로 하여금 징계혐의사실에 대하여 조사하도록 할 수 있다(법 제97조의4 제2항).

4) 대한변협의 장은 징계개시청구의 결정을 하였을 때에는 지체 없이 그 사유를 징계개시 신청인이나 재청원인에게 통지하여야 한다(법 제97조의4 제3항).

5) 징계청구의 시효는 징계 사유가 발생한 날부터 3년으로 제척기간이다(법 제98조의6).[2]

라. 징계개시 신청인의 이의신청

- 대한변호사협회의 장의 징계개시신청 기각결정에 대하여 변협징계위원회에 이의신청

1) 징계개시 신청인은 대한변호사협회의 장이 징계개시의 신청을 기각하거나 징계개시의 신청이 접수된 날부터 3개월이 지나도 징계개시의 청구 여부를 결정하지 아니하면 변협징계위원회에 이의신청을 할 수 있다. 이 경우 이의신청은 대한변호사협회의 장으로부터 징계개시 신청을 기각 통지를 받은 날 또는 징계개시의 신청이 접수되어 3개월이 지난 날부터 14일 이내에 하여야 한다(법 제97조의5 제1항).

2) 변협징계위원회는 제1항에 따른 이의신청이 이유 있다고 인정하면 징계절차를 개시하여야 하며, 이유 없다고 인정하면 이의신청을 기각하여야 한다(동조 제2항). 변협징계위원회는 제2항의 결정을 하였을 때에는 지체 없이 그 결과와 이유를 이의신청인에게 통지하여야 한다(동조 제3항).

3) 위와 같이 변호사법은 대한변협의 장뿐만 아니라 변협징계위원회에도 변호사에 대한 징계개시 결정권을 인정하고 있다.

---

2 국가공무원법 제83조의2, 법관징계법 제8조, 검사징계법 제25조에서 징계시효는 3년으로 규정하고 있다.

3. 징계심의절차

가. 변협징계위원회

1) 변호사의 징계는 변호사징계위원회가 한다(법 제92조 제1항). 변호사징계위원회는 변협징계위원회와 법무부징계위원회로 이원화되어있다(동조 제2항). 변협징계위원회는 변호사에 대한 징계절차에서 심의하는 역할을 수행한다. 법무부징계위원회는 변협징계위원회의 징계결정에 대한 이의신청사건을 심의한다(법 제96조).

2) 변협징계위원회는 ① 법원행정처장이 추천하는, 판사 1명과 변호사가 아닌 경험과 덕망이 있는 자 1명, ② 법무부장관이 추천하는, 검사 1명과 변호사가 아닌 경험과 덕망이 있는 자 1명, ③ 대한변호사협회 총회에서 선출하는 변호사 3명, ④ 대한변호사협회의 장이 추천하는, 변호사가 아닌 법학 교수 및 경험과 덕망이 있는 자 각 1명 등 9명의 위원으로 구성되며, 예비위원 9명을 둔다(법 제93조 제1항, 제3항).[3] 변협징계위원회에 위원장 1명과 간사 1명을 두며, 위원장과 간사는 위원 중에서 호선한다(동조 제2항). 변호사자격을 취득한 날로부터 10년이 지나지 아니한 자는 위원장이나 판사, 검사, 변호사인 위원 또는 예비위원이 될 수 없다(동조 제4항). 위원 및 예비위원의 임기는 각각 2년으로 한다(동조 제5항).

3) 변협징계위원회의 징계사건 심의 대상자는 대한변협에 등록한 변호사와 법인회원이다(대한변협 회칙 제48조의2). 따라서 휴업신고를 한 변호사뿐만 아니라 변호사 자격등록 후 개업신고를 하지 아니한 변호사와 변호사 시험 합격자 중 변호사 자격등록 후 법률사무종사기관에서 법률사무에 종사 중이거나, 협회 연수를 마치지 아니한 변호사도 변호사법을 위반하는 경우에는 징계의 대상이 된다. 법인회원도 징계의 대상이 된다.

나. 조사위원회

1) 변호사의 징계혐의사실에 대한 조사를 위하여 대한변협에 조사위원회를 둔다(법 제92조2 제1항). 조사위원회는 대한변협의 장의 요구가 있거나 변호사에게 징계사유에 해당하는 혐의가 있다고 인정될 때에는 혐의유무에 대하여 조사를 한 후 그 결과를 대한변협의 장에게 보고하여야 한다(변호사징계규칙 제38조의 제1항). 또한 조사위원회는 변협징계위원회로부터 징계혐의사실에 대한 조사를 요청받은 경우 이를 조사하여 그 결과를 변협징계위원회에 보고하여야 한다(동 제41조 제4항).

2) 조사위원회는 필요하면 관계기관, 단체 등에 자료 제출을 요청할 수 있으며 당사자나 관계

---

3 법제처 변호사법(2018. 12. 18. 법률 제15974호) 개정이유 : 법무부 법무실장을 검사 외에 고위공무원단에 속하는 일반직 공무원으로도 보할 수 있게 됨에 따라 종전에 법무부 변호사징계위원회의 위원 또는 예비위원 중 각 2명을 검사로 임명하던 것을 검사 외에 고위공무원단에 속하는 일반직공무원도 위원 또는 예비위원으로 임명될 수 있도록 하는 한편, 법무부 변호사징계위원회의 위원 또는 예비위원이 심신장애로 인하여 직무를 수행할 수 없는 경우 등 일정한 사유에 해당하면 해임·해촉할 수 있도록 하고, 공무원이 아닌 법무부 변호사징계위원회의 위원 또는 예비위원이 「형법」 제129조부터 제132조까지의 규정을 위반한 경우 공무원으로 의제하여 처벌하도록 함으로써 변호사 징계의 공정성과 공공성을 강화하려는 것임.

인을 면담하여 사실에 관한 의견을 들을 수 있다(법 제92조의2 제2항).

3) 조사위원회는 징계혐의사실의 존재유무를 조사하여 대한변협의 장 또는 변협징계위원회에 보고하는 보조기관이라 할 수 있다. 그러나 조사위원회의 징계혐의사실 조사는 반드시 필요한 절차는 아니다.

다. 심의절차

1) 징계개시와 통지

변협징계위원회는 대한변협의 장의 징계개시청구(법 제97조) 또는 변협징계위원회의 징계개시결정(법 제97조의5)에 의하여 개시된다. 변협징계위원회는 징계절차를 개시한 때에는 즉시 징계혐의자에게 징계개시통지서와 징계개시청구서 부본 1통을 송달하여야 한다(변호사 징계규칙 제17조 제1항). 징계개시통지서에는 심의기일에 출석하여 진술할 수 있고, 증거자료 등을 제출할 수 있으며, 특별변호인을 선임할 수 있음과 심사기일의 공개를 신청할 수 있음을 기재하여야 한다(동조 제2항).

2) 심의기일의 통지

변협징계위원회는 징계혐의자에게 심의기일의 일시, 장소를 통지하여야 한다. 다만 심의기일을 출석한 징계혐의자에게는 고지 할 수 있다(변호사징계규칙 제20조 제1항).

변협징계위원회는 징계청구가 징계개시 신청인에 의한 것일 때에는 당해 징계개시신청인에게도 심의기일의 일시, 장소를 통지하여야 한다(동조 제2항). 최초의 심의기일의 통지는 그 기일의 7일 전까지 통지서를 송달하여야 한다(동조 제3항).

3) 심의방법

변협징계위원회의 위원장은 징계심의의 기일을 정하고 징계혐의자에게 출석을 명할 수 있다(법 제98조의2 제1항). 변협징계위원회는 징계심의기일에 심의를 개시하고 징계혐의자에 대하여 징계 청구에 대한 사실과 그 밖의 필요한 사항을 심문할 수 있다(법 제98조의2 제3항). 또한 조사위원회의 징계혐의사실에 대한 조사를 요청할 수 있다(변호사징계규칙 제38조의 제2항).

변협징계위원회는 참고인에게 사실의 진술이나 감정을 요구할 수 있다(변호사징계규칙 제26조 제1항). 또한 직권 또는 신청에 의하여 필요한 물건이나 장소에 대한 검증을 할 수 있고 서류 기타 물건의 소지인에게 그 제출을 요구할 수 있다(동조 제2항). 필요한 때에는 직권으로 징계혐의사실에 대한 조사를 담당한 자를 소환하여 의견을 청취할 수 있다(동조 제3항). 국가기관 등에 대하여 사실조회도 할 수 있다(동조 제4항). 변협징계위원회 위원장은 출석한 징계혐의자 및 선임된 특별변호인에게 최종의견을 진술할 기회를 주어야 한다(법 제98조의2 제6항).

4) 심의절차에서 징계혐의자의 지위

징계혐의자는 징계심의기일에 출석하여 구술 또는 서면으로 자기에게 유리한 사실을 진술하거나 필요한 증거를 제출할 수 있다(법 제98조의2 제2항). 징계혐의자는 변호사 또는 학식과 경험이 있는 자를 특별변호인으로 선임하여 사건에 대한 보충 진술과 증거 제출을 하게 할 수 있다(동조 제4항).

③ 변협징계위원회는 징계혐의자가 위원장의 출석명령을 받고 징계심의기일에 출석하지 아니하면 서면으로 심의할 수 있다(동조 제5항).

5) 대한변협의 장 등의 의견진술

징계개시청구를 한 대한변협의 장은 직접 또는 대리인을 통하여 구술 또는 서면으로 징계혐의사건에 대한 의견을 진술할 수 있다(변호사징계규칙 제25조 제3항). 징계심의절차는 형사소송절차와 같이 대립당사자의 존재를 예정하고 있는 것이 아니다. 따라서 대한변협의 장에게는 위 의견진술권이 인정될 뿐이며, 형사절차의 소추기관에게 인정되는 증거신청권, 증거제출권 등은 인정되지 않는다. 징계개시 신청인도 징계사건에 관하여 의견을 진술할 수 있다(법 제98조의2 제7항).

6) 심의의 정지

변협징계위원회는 징계혐의자가 징계청구된 징계혐의사실로 공소제기 되어 있을 때에는 그 사건이 확정될 때까지 심의절차를 정지한다. 다만 공소의 제기가 있는 경우로서 징계사유에 관하여 명백한 증명자료가 있거나 징계혐의자의 심신상실, 질병 등의 사유로 형사재판절차가 진행되지 아니할 때에는 징계심의를 진행할 수 있다(변호사징계규칙 제19조).

7) 제척사유

위원장과 위원은 자기 또는 자기의 친족이거나 친족이던 자에 대한 징계 사건의 심의에 관여하지 못한다(법 제98조의3). 위원장, 위원 및 예비위원은 자기 또는 8촌 이내의 혈족이나 4촌 이내의 인척 및 배우자에 관한 징계혐의사건, 조사위원회에 관여한 사건 및 지방변호사회의 징계혐의자에 대한 조사에 관여한 사건의 심사에서 제척된다(변호사징계규칙 제3조 제1항).

4. 징계결정절차

가. 징계결정기간

변협징계위원회는 징계개시의 청구를 받거나 제97조의5 제2항에 따라 징계절차를 개시한 날로부터 6개월 이내에 징계에 관한 결정을 하여야 한다. 다만 부득이한 사유가 있을 때에는 그 의결로 6개월의 범위에서 기간을 연장할 수 있다(법 제98조 제1항).

나. 징계의결

1) 변협징계위원회는 사건 심의를 마치면 위원 과반수의 찬성으로써 의결한다(법 제98조의4 제1항).

2) 징계청구가 부적법한 경우, 예컨대 징계혐의자가 사망한 경우나 3년의 제척기간이 도과한 경우(법 제98조의6), 동일한 사유로 이미 징계처분을 받은 경우 등에는 징계결정을 각하하는 결정을 한다. 징계혐의사실이 인정되지 않거나 인정되더라도 정상참작사유가 있어 징계처분을 하지 않음이 상당한 경우에는 징계처분을 기각하는 결정을 한다. 그렇지 않은 경우에는 징계처분을 해야 한다.

3) 변협징계위원회가 행하는 징계결정은 변호사법이 정한 바에 의해서 자기에게 부여된 공적 권능을 행사하는 것이므로 넓은 의미에서 행정처분에 속한다고 할 것이다.

다. 징계결정 이후의 절차

1) 변협징계위원회는 징계의 의결 결과를 징계혐의자와 징계청구자 또는 징계개시 신청인에게 각각 통지하여야 한다(법 제98조의4 제2항).

2) 대한변협의 장은 변협징계위원회에서 징계에 관한 결정을 한 후 지체없이 그 사실을 법무부장관에게 보고하여야 한다(법 제99조).

라. 징계의 효력발생시기

1) 징계혐의자가 징계결정의 통지를 받은 후 30일 이내에 이의 신청을 하지 아니하면 이의 신청 기간이 끝난 날부터 변협징계위원회의 징계의 효력이 발생한다(법 제98조의4 제3항).

2) 그러나 이의신청을 한 경우에는 법무부징계위원회의 이의신청에 대한 결정을 송달받은 날부터 효력을 발생한다(변호사징계규칙 제35조).

5. 법무부징계위원회의 이의신청절차

가. 법무부징계위원회

법무부징계위원회는 변협징계위원회의 징계결정에 대한 이의신청사건을 심의한다(법 제96조). 법무부징계위원회는 위원장(법무부장관) 1명과 위원 8명으로 구성하며, 예비위원 8명을 둔다(법 제94조 제1항). 위원과 예비위원의 임기는 각각 2년으로 한다(동조 제3항). 헌법재판소는 변협징계위원회의 징계결정이나 그에 불복하여 열리는 법무부징계위원회의 징계결정은 모두 기본적으로 공권력적 행정처분이라고 하면서 법무부징계위원회의 결정은 행정심판에 해당된다고 한다.[4]

4 헌법재판소 2000. 6. 29. 99헌가9 결정.

나. 이의신청절차

변협징계위원회의 결정에 불복하는 징계혐의자 및 징계개시 신청인은 그 통지를 받은 날부터 30일 이내에 법무부징계위원회에 이의신청을 할 수 있다(법 제100조 제1항).

다. 이의신청에 대한 심의절차

1) 법무부징계위원회는 변협징계위원회의 결정에 대한 이의신청을 받은 날부터 3개월 이내에 징계에 관한 결정을 하여야 한다. 다만, 부득이한 사유가 있는 때에는 그 의결로 3개월의 범위에서 기간을 연장할 수 있다(법 제98조 제2항).

2) 징계심의 절차에 관하여는 변협징계위원회의 심의절차에 관한 변호사법 제98조의2를 준용한다(법 제100조 제2항).

라. 이의신청에 대한 결정

1) 법무부징계위원회는 이의신청이 이유 있다고 인정하면 변협징계위원회의 징계 결정을 취소하고 스스로 징계 결정을 하여야 하며, 이의신청이 이유 없다고 인정하면 기각하여야 한다(법 제100조 제2항). 또한 이의신청이 부적법한 경우, 예컨대 이의신청기간을 도과한 경우나 이의신청권자가 아닌 자가 이의신청한 경우 등에는 이의신청을 각하해야 한다.

2) 결정은 위원 과반수의 찬성으로 의결한다(동조 제3항).

마. 결정의 효력발생시기

법무부징계위원회의 이의신청에 대한 결정을 송달받은 날부터 효력을 발생한다(변호사징계규칙 제35조).

바. 결정에 대한 불복

법무부징계위원회의 결정에 불복하는 징계혐의자는 행정소송법으로 정하는 바에 따라 그 통지를 받은 날부터 90일 이내에 행정법원에 소를 제기할 수 있다(법 제100조 제4항). 이 경우 징계결정이 있었던 날부터 1년이 지나면 소를 제기할 수 없다. 다만, 정당한 사유가 있는 경우에는 그러하지 아니하다(동조 제5항). 제소기간은 불변기간이다(동조 제6항).

6. 징계의 집행

가. 집행

징계는 대한변협의 장이 집행한다(법 제98조의5 제1항). 변호사법 제90조 제4호의 과태료 결정은 민사집행법에 따른 집행력 있는 집행권원과 같은 효력이 있으며, 검사의 지휘로 집행한다(동조

제2항). 대한변협의 장은 징계혐의자에게 징계의 집행 사실을 서면으로 통지하여야 한다(변호사징계규칙 제44조 제2항).

나. 징계처분의 공개

1) 대한변협의 장은 징계처분을 하면 이를 지체 없이 대한변협이 운영하는 인터넷 홈페이지에 3개월 이상 게재하는 등 공개하여야 한다(법 제98조의5 제3항).

2) 징계처분의 공개범위와 시행 방법에 관하여 필요한 사항은 대통령령으로 정하도록 하고 있다(동조 제5항). ① 징계처분을 받은 변호사의 성명·생년월일·소속지방변호사회 및 사무실의 주소·명칭[해당 변호사가 법무법인, 법무법인(유한), 법무조합(이하 "법무법인등"이라 한다)에 소속되어 있거나 그 구성원인 경우에는 그 법무법인등의 주소·명칭을 말한다], ② 징계처분의 내용 및 징계사유의 요지(위반 행위의 태양 등 그 사유를 구체적으로 알 수 있는 사실관계의 개요를 포함한다), ③ 징계처분의 효력발생일. 다만, 징계의 종류가 정직인 경우에는 정직개시일 및 정직기간으로 한다(시행령 제23조의2 제1항).

3) 대한변협의 장은 변호사 징계처분정보를 징계처분의 확정일부터 2주일 이내에 인터넷 홈페이지에 게재하고, 해당 징계처분의 확정일 이후 최초로 발간하는 대한변협 발행 정기간행물에 게재하여야 한다(시행령 제23조의2 제1항).

4) 징계처분정보를 인터넷 홈페이지에 게재하는 기간은 최초 게재일부터 기산하여, ① 영구제명, 제명 : 3년, ② 정직 : 1년, 다만 정직기간이 1년보다 장기인 경우에는 그 정직기간, ③ 과태료 : 6개월, ④ 견책 : 3개월이다(시행령 제23조의2 제2항).

다. 징계정보의 열람·등사

1) 대한변호사협회의 장은 변호사를 선임하려는 자가 해당 변호사의 징계처분 사실을 알기 위하여 징계정보의 열람·등사를 신청하는 경우 이를 제공하여야 한다(법 제98조의5 제4항). 위 변호사를 선임하려는 자의 해당 여부, 열람·등사의 방법 및 절차, 이에 소요되는 비용에 관하여 필요한 사항은 대통령령으로 정하도록 하고 있다(동조 제5항).

2) 열람, 등사의 신청권자는 ① 해당 변호사와 면담하였거나 사건수임 계약을 체결하는 등 변호사를 선임하였거나 선임하려는 자(시행령 제23조의3 제1항 제1호), ② 위 사람의 직계존비속, 동거친족 또는 대리인이다(동항 제2호).

3) 열람 등사를 신청할 수 있는 징계정보의 범위는 신청일부터 기산하여, ① 영구제명, 제명 : 10년, ② 정직 : 7년, ③ 과태료 : 5년, ④ 견책 : 3년 이내에 각 확정된 징계처분 정보이다(동조 제3항).

4) 신청권자는 신청서 및 그 첨부서류를 대한변협의 장에게 직접 제출하거나 우편, 모사 전송

또는 이메일 등 정보통신망을 이용하여 징계정보의 열람, 등사를 신청할 수 있다(시행령 제23조의4 제1항).

5) 대한변협의 장은 ① 신청서에 필요적 기재사항을 누락하였거나 신청권이 있음을 증명하는 서류를 제출하지 아니한 경우, ② 정당한 이유 없이 수회에 걸쳐 반복적으로 열람 등사를 신청하거나, 징계정보의 제공신청대상변호사가 사건에 비추어 과도하게 다수인 경우 등 열람, 등사 신청의 목적이 변호사를 선임하기 위한 것이 아님이 명백한 경우는 징계정보를 제공하지 아니할 수 있다(동 제23조의3 제4항).

라. 변호사의 자기 정보 열람 등

1) 변호사는 언제든지 자신의 징계처분 기록에 대한 열람, 등사 및 징계처분 여부에 대한 확인서 발급을 신청할 수 있다(변협징계규칙 제54조 제1항).

2) 변호사는 징계처분 기록이 사실과 다른 경우에는 그 기록의 정정을 신청할 수 있다(동조 제2항). 대한변협의 장은 위 신청이 있는 경우에는 그 신청이 있는 날부터 30일 이내에 정정 여부를 결정하여야 한다(동조 제3항). 위 정정여부의 결정이 있을 때까지 당해 변호사의 징계처분의 내용을 공개하지 못한다(동조 제4항).

사례

변호사 甲은 대전지방검찰청 수사검사에게 변호인선임서를 제출하지 아니하고 검사실을 방문하여 수사 중인 형사사건에 대하여 수사의 적법절차위반의 점과 혐의 없음을 변호하였다.

① 대전지방검찰청 검사장은 변호사 甲을 변호사법 제29조의2(변호인선임서 등의 미제출 변호 금지) 위반의 징계혐의사실로 대한변호사협회의 장에게 징계개시를 신청하여야 한다.

② 대한변호사협회 변호사징계위원회가 과태료 300만 원의 징계결정을 하였다면, 변호사 甲은 그 통지를 송달받은 날부터 30일 이내에 법무부 변호사징계위원회에 이의신청을 할 수 있다.

③ 법무부 변호사징계위원회의 이의신청 기각결정에 불복하는 경우 변호사 甲은 법무부 변호사징계위원회를 상대로 그 통지를 받은 날부터 90일 이내에 행정법원에 소를 제기할 수 있다.

④ 변호사 甲에 대한 징계가 과태료 300만 원으로 확정되었다면 징계처분 정보를 대한변호사협회 인터넷 홈페이지에 게재하는 기간은 최초 게재일부터 기산하여 6개월이다.[5]

5 법조윤리 변호사시험 제11회.

V. 업무정지명령과 과태료

1. 업무정지명령

가. 의의

1) 법무부장관은 변호사가 공소제기되거나 제97조에 따라 징계 절차가 개시되어 그 재판이나 징계 결정의 결과 등록취소, 영구제명 또는 제명에 이르게 될 가능성이 매우 크고, 그대로 두면 장차 의뢰인이나 공공의 이익을 해칠 구체적인 위험성이 있는 경우에는 법무부징계위원회에 그 변호사의 업무정지에 관한 결정을 청구할 수 있다. 다만, 약식명령이 청구된 경우와 과실범으로 공소제기된 경우에는 그러하지 아니하다(법 제102조 제1항).

2) 법무부장관은 법무부징계위원회의 결정에 따라 해당 변호사에 대하여 업무정지를 명할 수 있다(법 제102조 제2항).

나. 요건

1) 변호사법 제102조는 업무정지명령의 요건으로 ① 등록취소, 영구제명 또는 제명이 이르게 될 가능성, ② 그대로 두면 장차 의뢰인이나 공공의 이익을 해칠 구체적 위험성을 들고 있다.

2) 여기서 그대로 두면 장차 의뢰인이나 공공의 이익을 해칠 구체적 위험성은 등록취소 등의 가능성이 있음으로 인하여 당연히 추정된다고 볼 수는 없고, 등록취소 등의 개연성이 있다는 사정과는 별개로 구체적으로 그러한 위험성이 있다는 사정이 나타나야 한다.[6] 따라서 단순히 변호사를 고소하고 그로 인해 공소제기 되어 등록취소의 위험성이 있다는 이유만으로 변호사에 대한 업무정지명령을 내릴 수는 없다.

3) 변호사법 제102조는 공소제기된 범죄의 종류에 대하여 제한하고 있지 않으며, 업무정지명령은 의뢰인뿐만 아니라 사법제도의 원활한 운영 등 공공의 이익 보호를 그 입법취지로 하고 있으므로, 공소제기된 범죄가 뇌물을 공여하거나 의뢰인에게 사기를 치는 등으로 자신의 의뢰인 또는 일반 국민에게 직접적인 악영향을 미치는 범죄로 한정된다고 할 수 없다.[7]

다. 업무정지명령 절차

1) 법무부징계위원회는 제102조 제1항에 따라 청구를 받은 날부터 1개월 이내에 업무정지에 관한 결정을 하여야 한다. 다만, 부득이한 사유가 있는 때에는 그 의결로 1개월의 범위에서 그 기간을 연장할 수 있다(법 제103조 제1항). 업무정지에 관하여는 동법 제98조 제3항 및 제98조의2

6 서울행정법원 2008. 4. 22. 선고 2007구합44023 판결.

7 서울행정법원 2006. 12. 27. 선고 2006구합32795 판결.

제2항부터 제6항까지의 징계절차 규정을 준용한다(제103조 제2항).

2) 법무부징계위원회의 결정에 따라 법무부장관이 해당 변호사에 대하여 업무정지를 명한다(법 제102조 제2항). 법무부장관의 업무정지명령은 당해 변호사에 대하여 송달된 때로부터 효력을 발생한다(시행령 제26조).

라. 업무정지 기간과 갱신

1) 업무정지 기간은 6개월로 한다. 다만, 법무부장관은 해당 변호사에 대한 공판 절차 또는 징계 절차가 끝나지 아니하고 업무정지 사유가 없어지지 아니한 경우에는 법무부징계위원회의 의결에 따라 업무정지 기간을 갱신할 수 있다(법 제104조 제1항). 갱신할 수 있는 기간은 3개월이다(동조 제2항).

2) 업무정지 기간은 갱신 기간을 합하여 2년을 넘을 수 없다(동조 제3항).

마. 업무정지명령 해제

1) 법무부장관은 업무정지 기간 중인 변호사에 대한 공판절차나 징계절차의 진행 상황에 비추어 등록취소·영구제명 또는 제명에 이르게 될 가능성이 크지 아니하고, 의뢰인이나 공공의 이익을 침해할 구체적인 위험이 없어졌다고 인정할 만한 상당한 이유가 있으면 직권으로 그 명령을 해제할 수 있다(법 제105조 제1항).

2) 대한변호사협회의 장, 검찰총장 또는 업무정지명령을 받은 변호사는 법무부장관에게 업무정지명령의 해제를 신청할 수 있다(동조 제2항). 법무부장관은 제2항에 따른 신청을 받으면 직권으로 업무정지명령을 해제하거나 법무부징계위원회에 이를 심의하도록 요청하여야 하며, 법무부징계위원회에서 해제를 결정하면 지체 없이 해제하여야 한다(동조 제3항).

바. 업무정지명령의 실효 등

1) 업무정지명령은 그 업무정지명령을 받은 변호사에 대한 해당 형사 판결이나 징계 결정이 확정되면 그 효력을 잃는다(법 제106조).

2) 업무정지명령을 받은 변호사가 공소제기된 해당 형사사건과 같은 행위로 징계개시가 청구되어 정직 결정을 받으면 업무정지 기간은 그 전부 또는 일부를 정직 기간에 산입한다(법 제107조).

사. 업무정지명령에 대한 불복

업무정지명령을 받은 자는 행정소송법으로 장하는 바에 따라 그 통지를 받은 날부터 90일 이내에 행정법원에 소를 제기할 수 있다(동법 제100조 제4항). 이 기간은 불변기간이다.

아. 형사처벌

업무정지명령을 위반하여 변호사의 직무를 수행한 변호사는 형사처벌의 대상이다(법 제112조 제4호).

2. 과태료

가. 의의

1) 변호사법 제117조 제1항, 제2항, 제3항에 해당하는 자에게 지방검찰청 검사장은 과태료를 부과한다(동조 제4항).

2) 변호사에 대한 과태료는 두 종류가 있다. 변호사법 제90조 제4호 소정의 징계처분으로서의 과태료처분이고, 다른 하나는 변호사법 제117조 소정의 과태료처분이다. 전자는 변호사에 대한 징계처분이고, 후자는 행정상의 의무위반행위에 대한 제재인 행정질서벌의 일종이다.

3) 변호사법 제117조 소정의 과태료 처분의 대상이 되는 변호사의 비행은 변호사법을 위반하는 행위이므로 징계사유에도 해당된다(법 제91조). 따라서 변호사는 위 과태료처분과는 별도로 징계처분을 받을 수 있다. 양자는 그 목적을 달리하기 때문이다.

나. 과태료처분사유

1) 2천만 원 이하의 과태료 부과대상은 공직퇴임변호사(법 제89조의4 제1항, 제2항), 특정변호사(법 제89조의5 제2항)가 수임자료와 처리결과에 대한 거짓 자료를 제출한 경우이다(법 제117조 제1항).

2) 1천만 원 이하의 과태료 부과대상은 무자격 사무직원의 채용(법 제22조 제2항 제1호), 수임장부의 작성, 보관의무 위반(법 제28조), 수임사건의 건수 및 수임액의 보고(법 제28조 제2항 제2호), 변호인선임서 등의 지방변호사회 미경유(법 제29조), 변호사 선임서 미제출 변호(법 제29조의2), 사건유치 목적으로 법원, 수사기관 등의 출입(법 제35조), 재판, 수사기관 공무원의 사건 소개(법 제36조), 공직퇴임변호사와 특정변호사의 수임자료와 처리결과 미제출(법 제89조의4 제1항, 제2항, 제90조의5 제2항) 등이다.

3) 5백만 원 이하의 과태료 부과대상은 연수교육 미이행(법 제85조 제1항), 윤리협의회의 요구에 정당한 이유 없이 따르지 아니한 경우(제89조 제3항)이다.

다. 과태료처분절차

1) 과태료는 지방검찰청 검사장이 부과, 징수한다(법 제117조 제4항).

2) 과태료처분을 받고도 이의를 제기하지 않은 채 과태료를 내지 아니하면 국세체납의 예에 따라 징수한다(법 제117조 제7항).

라. 과태료 처분에 대한 불복

1) 과태료처분에 불복하는 자는 그 처분을 고지 받은 날부터 30일 이내에 그 처분을 한 지방검찰청 검사장에게 이의를 제기할 수 있다(법 제117조 제5항).

2) 이의가 제기된 경우 과태료처분을 한 지방검찰청 검사장은 지체 없이 관할 법원에 그 사실을 통보하여야 하며, 그 통보를 받은 관할 법원은 「비송사건절차법」에 따른 과태료 재판을 한다(동조 제6항).

VI. 법조윤리협의회

1. 기능과 권한

1) 변호사법은 법조윤리를 확립하고 건전한 법조풍토를 조성하기 위하여 법조윤리협의회를 설치하고 있다(법 제88조).

2) 윤리협의회의 기능은 ① 법조윤리의 확립을 위한 법령, 제도 및 정책에 관한 협의, ② 법조윤리 실태의 분석과 법조윤리 위반행위에 대한 대책, ③ 법조윤리와 관련된 법령을 위반한 자에 대한 징계개시의 신청 또는 수사 의뢰, ④ 그 밖에 법조윤리의 확립을 위하여 필요한 사항에 대한 협의 등이다(법 제89조 제1항).

3) 윤리협의회는 위에 따른 징계개시의 신청 또는 수사 의뢰 등 업무수행을 위하여 필요하다고 인정하면 관계인 및 관계 기관·단체 등에 대하여 관련 사실을 조회하거나 자료 제출 또는 윤리협의회에 출석하여 진술하거나 설명할 것을 요구할 수 있다. 이 경우 요구를 받은 자 및 기관, 단체 등은 이에 따라야 한다(법 제89조 제2항).

2. 구성

1) 윤리협의회는 경력 10년 이상의 판사, 검사, 변호사나, 법학교수 또는 부교수, 그리고 경험과 덕망이 있는 자 중에서 법원행정처장, 법무부장관 및 대한변협의 장이 각 3명씩 지명하거나 위촉하는 9명의 위원으로 구성한다(법 제89조의2 제1항).

2) 위원장은 대한변협의 장이 지명하거나 위촉하는 위원 중에서 재적위원 과반수의 동의로 선출한다(동조 제2항). 위원장과 위원의 임기는 2년으로 하되, 연임할 수 있다(동조 제3항).

3) 윤리협의회의 위원, 간사, 사무직원 또는 그 직에 있었던 자는 업무처리 중 알게 된 비밀을 누설하여서는 아니 된다(법 제89조의8). 그러나 위반시 과태료 처분의 대상이 아니다.

3. 공직퇴임변호사 등의 수임자료 제출

가. 개요

윤리협의회의 설립목적은 전관예우에 대한 의혹을 불식하고 법조브로커를 근절함으로써, 법조에 대한 신뢰를 회복하는 데 있다. 이를 위하여, ① 공직퇴임변호사, ② 특정변호사, ③ 법무법인 등에 취업한 퇴직 공직자에 대한 자료를 제출받아 검토하고, 징계사유나 위법행위가 발견되면 관련자들에 대해서 징계개시를 신청하거나 수사를 의뢰하는 등의 역할을 한다.

나. 공직퇴임변호사의 수임자료 등 제출

1) 공직퇴임변호사는 퇴직일부터 2년 동안 수임한 사건에 관한 수임 자료와 처리 결과를 대통령령으로 정하는 기간마다 소속 지방변호사회에 제출하여야 한다(법 제89조의4 제1항). 공직퇴임변호사가 법무법인·법무법인(유한) 또는 법무조합의 담당변호사로 지정된 경우나 「외국법자문사법」 제35조의20에 따라 합작법무법인의 담당변호사로 지정된 경우에도 제1항과 같다(동조 제2항).

① 여기서 공직퇴임변호사는 법관, 검사, 장기복무군법무관 그 밖의 공무원 직에 있다가 퇴직하여 변호사 개업을 한 자를 말한다. 이른바 전관예우 변호사들이다. 다만 이러한 의혹이 없는 재판연구원, 사법연수생과 병역의무를 이행하기 위하여 군인, 공익법무관 등으로 근무한 자는 제외한다(법 제31조 제3항).

② 수임자료 등을 제출하여야 할 시기는, 매년 1월 1일부터 6월 30일까지의 수임사건에 대하여는 7월 31일까지, 매년 7월 1일부터 12월 31일까지의 수임사건에 대하여는 다음 해 1월 31일까지이다(시행령 제20조의11 제1항).

2) 지방변호사회는 제출받은 수임 자료와 처리 결과를 윤리협의회에 제출하여야 한다(동조 제3항). 윤리협의회의 위원장은 공직퇴임변호사에게 징계사유나 위법의 혐의가 있는 것을 발견하였을 때에는 대한변호사협회의 장이나 지방검찰청 검사장에게 그 변호사에 대한 징계개시를 신청하거나 수사를 의뢰할 수 있다(동조 제4항).

3) 공직퇴임변호사에게는 위와 같은 수임자료제출의무(법 제89조의4 제1항)외에 퇴직 후 1년 동안의 수임제한의무(법 제31조 제3항)가 함께 부과되고 있다.

다. 특정변호사의 수임자료 등 제출

1) 지방변호사회는 특정변호사의 성명과 사건 목록을 윤리협의회에 제출하여야 한다(법 제89조의5 제1항).

여기서 특정변호사란 대통령령으로 정하는 수 이상의 사건을 수임한 변호사(법무법인, 법무법인 유한 또는 법무조합의 담당변호사나 외국법자문사법 제35조의20에 따른 합작 법무법인의 담당변호사를 포함)를 말한다(법 제89조의5 제1항, 시행령 제20조의12 제2항 내지 제5항 참조). 형사사건의 수임건수가 제출기간(6개월)동안에 30건 이상이고 소속 회원의 형사사건 평균 수임건수의 2.5배 이상이면 특정변호사로 선정된다(시행령 제20조의12 제2항 제1호). 형사사건 외의 본안사건의 수임건수가 60건 이상이고 소속 회원의 평균수임건수의 2.5배 이상인 변호사도 이에 해당한다(동항 제2호). 형사 외 신청사건의 수임건수가 120건 이상이고 소속 회원의 평균 수임건수의 2.5배 이상인 변호사도 해당된다(동항 제3호).

2) 제출하여야 할 시기는 공직퇴임변호사의 경우와 같다(시행령 제20조의12 제1항).

윤리협의회는 변호사법 제30조(연고 관계 등의 선전금지), 제31조(수임제한), 제34조 제2항, 제3항(수임관련 금품 등 제공금지) 및 제35조(사건 유치 목적의 출입금지 등) 등 사건 수임에 관한 규정의 위반 여부를 판단하기 위하여 수임 경위 등을 확인할 필요가 있다고 인정되는 특정변호사에게 사건 목록에 기재된 사건에 관한 수임자료와 처리 결과를 제출하도록 요구할 수 있다. 이 경우 특정변호사는 제출을 요구받은 날부터 30일 이내에 제출하여야 한다(법 제89조의5 제2항).

3) 윤리협의회의 위원장은 특정변호사에게 징계사유나 위법의 혐의가 있는 것을 발견하였을 때에는 대한변협의 장이나 지방검찰청 검사장에게 그 변호사에 대한 징계개시를 신청하거나 수사를 의뢰할 수 있다(법 제89조의5 제3항, 제89조의4 제4항).

라. 법무법인 등에서의 퇴직공직자 활동내역 등 제출

1) 「공직자윤리법」 제3조에 따른 재산등록의무자 및 대통령령으로 정하는 일정 직급 이상의 직위에 재직했던 변호사 아닌 퇴직공직자가 법무법인·법무법인(유한)·법무조합 또는 「외국법자문사법」 제2조 제9호에 따른 합작법무법인에 취업한 때에는, 법무법인등은 지체 없이 취업한 퇴직공직자의 명단을 법무법인등의 주사무소를 관할하는 지방변호사회에 제출하여야 하고, 매년 1월 말까지 업무활동내역 등이 포함된 전년도 업무내역서를 작성하여 법무법인등의 주사무소를 관할하는 지방변호사회에 제출하여야 한다(법 제89조의6 제1항).

① 여기서 취업이란 퇴직공직자가 근로 또는 서비스를 제공하고, 그 대가로 임금·봉급, 그 밖에 어떠한 명칭으로든지 금품 또는 경제적 이익을 받는 일체의 행위를 말한다(동조 제2항).

② "대통령령으로 정하는 일정 직급 이상의 직위에 재직했던 변호사 아닌 퇴직공직자"란 다음 각 호의 사람을 말한다. 5급 일반직공무원 및 지방공무원과 이에 상당하는 보수를 받는 별정직 공무원, 5등급 외무공무원과 5급 국가정보원 직원 및 대통령경호처 경호공무원, 헌법재판소 헌법연구관보, 중령 및 3급 군무원, 위와 같은 공무원으로 임명할 수 있는 직위 또는 이에 상당하는 직위에 채용된 계약직 공무원, 금융감독원의 3급 및 4급 지원 등을 말한다(시행령 제20조의13).

2) 지방변호사회에 제출해야 할 서류는 퇴직공직자의 명단과 업무내역서이다.

① 퇴직공직자의 명단자료에는 퇴직공직자의 성명, 퇴직공직자의 주민등록번호, 퇴직 시 소속 기관과 직급, 퇴직공직자의 법무법인 등 취업일, 명단제출 책임변호사를 기재하여야 한다(시행령 제20조의14).

② 업무내역서에는 퇴직공직자가 관여한 사건, 사무 등 업무활동내역 및 그 밖에 대통령령으로 정하는 사항을 기재하여야 한다(법 제89조의6 제6항). 그 밖의 대통령령으로 정하는 사항이란 퇴직공직자가 법무법인 등의 의뢰인 및 변호사 등 소속원에게 제공한 자문 및 고문 내역, 퇴직공직자의 보수 등이다(시행령 제20조의15 제1항). 위 자문 및 고문 내역은 퇴직공직자가 퇴직 전 5년 이내에 소속하였던 부처의 업무와 관련된 사항에 한정한다(동조 제2항).

3) 지방변호사회는 위 제출받은 자료를 윤리협의회에 제출하여야 한다(법 제89조의6 제4항). 윤리협의회의 위원장은 제출받은 자료를 검토하여 관련자들에 대한 징계사유나 위법의 혐의가 있는 것을 발견하였을 때에는 대한변협의 장에게 징계개시를 신청하거나 지방검찰청 검사장에게 수사를 의뢰할 수 있다(동조 제5항).

4) 위와 같은 퇴직공무원 활동내역 등 제출의무는 법무법인 등이 아니면서도 변호사 2명 이상이 사건의 수임, 처리나 그 밖의 변호사 업무 수행 시 통일된 형태를 갖추고 수익을 분배하거나 비용을 분담하는 형태로 운영되는 법률사무소에도 적용된다(동조 제3항).

마. 수임사건 처리 결과 등의 통지

1) 윤리협의회는 제89조의4 제3항과 제89조의5 제2항에 따라 자료를 제출받으면 지체 없이 그 사건 목록을 관할 법원·검찰청 등 사건을 관할하는 기관의 장에게 통지하여야 한다(법 제89조의7 제1항).

2) 위 각 기관의 장은 제1항의 통지를 받은 날부터 1개월 이내에 통지받은 사건에 대한 처리 현황이나 처리 결과를 윤리협의회에 통지하여야 한다. 다만, 사건이 종결되지 아니한 경우에는 사건이 종결된 때부터 1개월 이내에 통지하여야 한다(동조 제2항).

바. 제출의무불이행 시 제재

1) 제89조의4 제1항·제2항 및 제89조의5 제2항을 위반하여 수임 자료와 처리 결과에 대한 거짓 자료를 제출한 자에게는 2천만원 이하의 과태료를 부과할 수 있다(법 제117조).

2) 그러나 법무법인 등에서의 퇴직공직자에 관한 제89조의6의 경우에는 업무내역서를 제출하지 않거나 거짓 자료를 제출하더라도 과태료를 부과할 수 없다. 이에 대한 과태료 부과규정이 없기 때문이다.

3) 변호사법 제89조 제2항에 따른 윤리협의회의 요구에 정당한 이유 없이 따르지 아니한 자에게는 과태료를 부과한다(법 제117조 제3항 제2호).

4. 국회에 대한 보고

1) 윤리협의회는 매년 제89조 제1항의 업무수행과 관련한 운영상황을 국회에 보고하여야 한다(법 제89조의9 제1항).

2) 윤리협의회는 윤리협의회의 위원·간사·사무직원 또는 그 직에 있었던 자는 업무처리 중 알게 된 비밀을 누설하여서는 아니 된다는 규정(제89조의8)에도 불구하고「인사청문회법」에 따른 인사청문회 또는「국정감사 및 조사에 관한 법률」에 따른 국정조사를 위하여 국회의 요구가 있을 경우에는 제89조의4 제3항 및 제89조의5 제2항에 따라 제출받은 자료 중 다음 각 호의 구분에 따른 자료를 국회에 제출하여야 한다(동조 제2항).

① 공직퇴임변호사로부터 제출받은 자료(제89조의4 제3항): 공직퇴임변호사의 성명, 공직퇴임일, 퇴직 당시의 소속 기관 및 직위, 수임일자, 사건명, 수임사건의 관할 기관, 처리 결과(제1호)

② 특정변호사로부터 제출받은 자료(제89조의5 제2항): 변호사의 성명, 사건목록(수임일자 및 사건명에 한한다)(제2호).

Chapter 11 기업변호사 및 국선변호인의 윤리

Ⅰ. 기업변호사의 윤리

1. 기업변호사의 의의

1) 기업변호사란 기업에 직접 고용되거나 고문계약 또는 사건수임계약을 통하여 기업관련 업무를 지속적, 전문적으로 수행하는 변호사를 말한다.

2) 변호사는 ① 경영자로서, ② 사내변호사로서, ③ 고문변호사로서, ④ 사건수임변호사로서 기업과 관련을 맺고 있다. ①의 업무는 변호사와 직접 관련된 것이 아니며, 변호사의 겸직 제한 여부만 문제된다. ④의 경우는 의뢰인이 개인인 경우와 다르지 않다. 따라서 기업변호사로서 변호사윤리가 특히 문제되는 것은 사내변호사와 고문변호사의 경우이다.

2. 사내변호사

가. 의의

1) 사내변호사의 개념은 변호사법에는 없다.[1] 변호사윤리장전은 제51조에서 사내변호사의 독립성을 규정하면서 사내변호사를 "정부, 공공기관, 비영리단체, 기업, 기타 각종의 조직 또는 단체 등(단, 법무법인 등은 제외한다. 이하 '단체 등'이라 한다)에서 임원 또는 직원으로서 법률사무 등에 종사하는 변호사"라고 하였다.[2]

---

1 사내변호사의 개념을 도출할 수 있는 법률규정으로는 법원조직법이 있다. 법원조직법 제42조 제1항 제2호에서 법관 임용자격에 관하여 '변호사의 자격이 있는 자로서 국가기관, 지방자치단체, 「공공기관의 운영에 관한 법률」 제4조에 따른 공공기관, 그 밖의 법인에서 법률에 관한 사무에 종사한 자'의 경력도 포함하고 있다. 사내변호사의 경력이 있는 변호사도 법관에 임용될 수 있음을 보여주는 규정이다. 이 때의 사내변호사의 개념에는 ① 변호사의 자격이 있을 것, ② 국가기관, 지방자치단체, 「공공기관의 운영에 관한 법률」 제4조에 따른 공공기관, 그 밖의 법인에서 근무하고 있을 것, ③ 법률에 관한 사무에 종사할 것이다. 변호사의 자격은 변호사법 제4조에 따르면 사법시험에 합격하여 사법연수원의 과정을 마친 자, 변호사시험에 합격한 자이다. 그러나 변호사로서 변호사등록을 하지 않는 상태에서 변호사업을 하는 것은 변호사법 제112조 제4호 위반이므로 제4조를 등록할 수 있는 자격으로 해석하는 것이 타당하다고 생각된다.

2 오승종, 『회사변호사의 윤리』, 집문당, 2004. 31면에 의하면, 회사변호사는 회사(기업)에 고용되어 기업 내에 상주하면서

2) 이에 대하여 사내변호사는 변호사 자격을 가진 자로서 대한변호사협회에 변호사등록은 하였으나 휴업한 상태에서 또는 겸직허가를 받아(변호사법 제38조 제2항) 기업이나 단체에 고용되어 있는 변호사를 의미한다는 견해가 있다.[3] 그러나 정부에 속한 변호사는 국가공무원법상 겸직금지규정에 의해서 휴업해야 한다. 국가공무원법 제64조 제1항에서 "공무원은 공무 외에 영리를 목적으로 하는 업무에 종사하지 못하며 소속 기관장의 허가 없이 다른 직무를 겸할 수 없다."라고 규정되어 있다. 겸직금지규정에 의하여 휴업이 강제된 경우를 제외한다면, 휴업신고가 본래 변호사 업무를 일시로 중단하고 한동안 쉬고자 낸 신고이므로 정부 이외 단체 등에 소속되어 있으면서 휴업한 변호사는 변호사법의 규율을 받는 변호사로 포함되기는 어렵다고 생각된다.[4]

3) 사내변호사의 관련 규정은 개업 등록을 하지 않거나 휴업 중인 사내변호사에게는 적용되지 않을 것이다.[5]

나. 사내변호사의 지위

1) 회사의 소송대리인의 지위

사내변호사는, 회사로부터 수임한 소송사건에 관하여 회사의 소송대리인으로서의 지위에 있다. 사내변호사가 회사의 소송대리인의 지위에서 그 업무를 수행할 경우에는 비록 회사의 사용인이기는 하나, 변호사법 제2조 소정의 지위에 있다고 볼 수 있으므로 변호사로서의 권리를 가짐과 동시에 변호사법이 정한 제반 의무(제24조의 품위유지의무, 제26조의 비밀유지의무 등)를 준수해야 할 책임이 있다. 또한 민법이 정한 위임에 관한 제반 규정의 적용을 받는다.[6]

2) 회사내부업무를 처리하는 사용인(피용자)로서의 지위

그 밖의 법률사무에 관한 회사내부업무를 처리하는 지위에 있다. 사내변호사가 회사내부업무를 처리하는 경우에는 그것이 비록 법률에 관한 사항이라 할지라도 회사의 사용인으로서 고용계약이 정한 제반규정 및 회사의 복무규정에 따라 그 업무를 수행하여야 한다. 따라서 계약서 검토, 법률 질의 검토 등 회사내부 법률사무에 관한 상사의 지시, 감독은 고용계약내용이나 회사의 복무규정에 위배되지 아니하는 한, 변호사법 제34조(변호사가 아닌 자와의 동업 금지 등)나 같은

기업의 법률관련 업무를 처리하고 경영에 법률적 조언을 하는 사내변호사(社內辯護士)와 기업의 외부에서 일정한 사안에 대하여 기업으로부터 의뢰 또는 위임을 받아 기업의 법률관련 업무를 처리하고 법률적 조언을 하는 사외변호사(社外辯護士)로 크게 나누어 볼 수 있다.

3 정선주, "사내변호사의 지위와 증언거부권", 인권과 정의 제420호, 2011. 81-82면.

4 대한변호사협회,「[2014-02-24 2014년도 정기총회] 규칙 개정 공포」(대한변호사협회, 2014. 2. 25) 출처: http://www.koreanbar.or.kr 최종방문일: 2015. 10. 12. 대한변호사협회는 개정안 제51조의 개정이유로 "변호사법상 소속 지방변호사회의 겸임허가를 요하는 영리업무뿐 아니라 정부, 공공기관 등의 법률사무에 종사하는 자를 포괄하는 사내변호사의 독립적 업무수행을 규정함. 이 조항을 포함한 사내변호사 관련 규정은 윤리장전의 다른 조항과 마찬가지로 개업 등록을 하지 않거나 휴업 중인 사내 변호사에게는 적용되지 않을 것임."이라고 밝혔다.

5 박휴상, 『핵심 법조윤리』, 도서출판 피데스, 2016. 363면.

6 대한변협 2006. 6. 22. 법제 1739호.

법 제109조(벌칙) 위반 여부가 문제되지 아니한다.

다. 사내변호사의 독립성

1) 사내변호사는 그 직무를 수행함에 있어 독립성의 유지가 변호사로서 준수해야 하는 기본윤리임을 명심하고, 자신의 직업적 양심과 전문적 양심과 전문적 판단에 따라 업무를 성실히 수행해야 한다(변호사윤리장전 제51조).

2) 사내변호사는 최고경영진의 단순한 대리인이 아니라 독립적 지위에서 기업이익을 법적인 주장으로 구성할 책임이 있다.

라. 사내변호사의 충실의무

1) 사내변호사는 변호사 윤리의 범위 안에서 그가 속한 회사의 이익을 위하여 성실히 업무를 수행한다(변호사윤리장전 제52조).

2) 사내변호사는 회사 자체의 이익을 도모해야 하며 그것을 구성하는 구성원의 이익을 우선해서는 안 된다. 따라서 사내변호사는 회사 자치의 이익과 구성원의 이익이 충돌될 경우 언제나 회사의 이익을 대변해야 한다. 이 때 만약 경영자가 회사의 이익을 희생시키고 자신의 사적인 이익을 추구하는 경우 사내변호사는 그에 조력하여서는 안 된다.

마. 사내변호사의 직무범위

1) 사내변호사는 변호사의 명의로 사용자인 회사의 소송업무를 수행할 수 있다. 이를 수행하기 위해서는 소속 지방변호사회의 겸직허가를 받아야 하며, 이 경우 소속 지방변호사회는 수임하는 소송건수의 제한 등 부관을 붙여 허가할 수 있다. 변호사가 겸직허가를 받은 경우에는 소송수임건수의 제한 등 겸직허가를 받은 범위 내에서 당해 변호사의 사용자인 회사의 소송업무를 수행할 수 있다.[7]

2) 사내변호사는 자신이 근무하는 회사나 회사 직원의 사건을 수임할 수 있다. 위임장을 받아 소속 지방변호사회를 경유해야 한다.

3) 회사와 직원 간 책임분담 비율이 다투어지는 경우에는 회사와 직원의 동시에 대리하는 것은 할 수 없다. 동일 사건에서 둘 이상의 의뢰인의 이익이 서로 충돌하는 경우이기 때문이다. 다만 관계 의뢰인들이 모두 동의하고 의뢰인의 이익이 침해되지 않는다는 합리적인 사유가 있는 경우에만 수임이 가능하다(변호사윤리장전 제22조 제1항 제5호).

4) 사내변호사는 회사의 지시나 방침에 따라 회사의 고객, 기타 제3자에게 소송대리나 법률

7 「서울지방변호사회 겸직허가 및 신고지침(2016. 4. 5.)」 제6조 제1항 제1호에서 겸직허가를 받은 회원이 당해 회사의 송무사건을 연간 10건을 초과하여 수임 또는 처리하였는지 여부를 겸직허가 취소기준으로 삼고 있다.

자문 등 법률사무를 처리해 줄 수 없다. 이러한 행위는 비변호사의 변호사를 고용한 법률사무소 개설 운영 금지, 비변호사와의 보수분배 등 동업금지에 반한다(법 제34조 제4항 제5항).

5) 법무법인 소속 변호사의 사내변호사의 겸직 가부

법무법인의 구성원 및 구성원 아닌 소속 변호사는 자기 또는 제3자의 계산으로 변호사 업무를 수행할 수 없으므로(법 제52조 제1항) 법무법인이 아닌 제3자에게 고용되는 사내변호사 형태로 변호사 업무를 수행할 수 없다. 따라서 예컨대, 일주일 중 2일은 법무법인의 소속변호사로서 급여를 받고, 나머지 3일은 겸직허가를 받아 주식회사의 사내변호사로서 근무 하는 것은 허용되지 않는다.[8]

바. 사내변호사의 회사의 위법행위에 대한 대응

1) 사내변호사는 기업의 위법행위가 행해지거나 행해지려고 하는 것을 알게 된 때에 이를 시정하기 위한 적절한 조치를 취해야 한다.

2) 상부 보고

① 우선 담당자에게 위법성을 지적해야 한다. 효과가 없을 때에는 직속의 상사, 다시 그 윗단계의 상사에게 순차적으로 보고하여 시정토록 해야 한다.

② 그럼에도 불구하고 위법행위가 시정되지 않는 경우에는, 그 조직의 최고집행기관이나 이사회 등 최고의사결정기관에게까지 보고하는 것도 고려해 보아야 한다.

③ 다만 우리나라 변호사윤리장전에는 이에 관한 규정이 없다.

3) 협조 중단

변호사는 직무수행 중 의뢰인의 행위가 범죄행위, 기타 위법행위에 해당된다고 판단된 때에는 즉시 그에 대한 협조를 중단한다(변호사윤리장전 제11조 제1항).

4) 사임

회사에서 적절한 조치를 취하지 않으면 사내변호사에게 취후의 수단으로 남는 방법은 사임이다. 다만 사내변호사의 경우에는 그 직을 잃는 것을 의미하기 때문에 사임을 의무로서 요구하는 것은 가혹하다고 본다.

3. 고문변호사

가. 의의

1) 기업의 고문변호사란, 기업으로부터 법률상담 및 법률사무에 관하여 계속적으로 의뢰를

---

8 대한변협, 『변호사법 질의회신』, 2010. 5. 3. 제522호.

받는 계약관계에 있는 변호사를 말한다.

2) 고문변호사는 사내변호사처럼 고문기업과 사용, 종속의 관계에 있는 것이 아니다. 하지만 위임계약관계에 있기 때문에 일정한 범위의 성실의무를 부담한다.

나. 고문변호사의 이사취임

1) 변호사의 이사 취임

변호사가 이사로 취임하기 위해서는 소속 지방변호사회의 겸직허가를 받아야 한다(법 제38조 제2항 제2호). 다만 변호사가 휴업을 하고 그러한 직책을 맡는 것은 허용된다(법 제38조 제3항).

2) 고문변호사의 사외이사 취임

① 상장회사의 경우 해당 상장회사와 주된 법률자문계약을 체결하고 있는 법무법인, 법무법인(유한), 법무조합, 변호사 2명 이상이 사건의 수임 처리나 그 밖의 변호사 업무수행 시 통일된 형태를 갖추고 수익을 분배하거나 비용을 분담하는 형태로 운영되는 법률사무소에 소속된 변호사는 그 회사의 사외이사가 될 수 없다(상법 제542조의8 제2항 제7호, 상법 시행령 제34조 제5항 제2호 사목). 따라서 고문계약을 체결한 의뢰인 회사가 상장회사라면 위 법무법인 등의 소속 변호사는 사외이사로 선임 될 수 없다.

② 반면, 상장회사에 있어서 위①에 해당하지 않는 변호사나, 상장회사가 아닌 경우에는 상법 등에 직접적인 제한 규정이 없으므로 사외이사의 겸직이 가능할 것이다.

③ 다만 위 ②의 경우 등기된 이사라면, 해당 회사와의 법률고문계약 체결은 이사와 회사 간의 자기거래에 해당되므로 그에 관한 이사회의 승인을 얻어야 한다(상법 제398조). 이미 법률고문계약이 체결된 상태에서 회사의 이사로 취임하는 경우에도 해당 고문계약의 유지에 관해서는 이사회의 승인을 요한다.[9]

다. 고문변호사의 감사취임

변호사는 감사로 취임할 수 있고, 변호사회의 겸직허가 대상도 아니다. 감사의 직무가 이사나 사용인의 직무와는 달리 영리적 성격이 적고, 이를 제한하는 명문의 규정도 없기 때문이다.[10]

---

9 대한변협 2006. 5. 12, 법제 1582호.

10 한인섭 외 6인, 『법조윤리』, 제2판, 박영사, 2011. 284면, 이상수 집필부분.

II. 국선변호인

1. 의의

1) 법원에 의하여 선정된 변호인을 국선변호인이라고 한다. 변호인은 당사자주의에 의한 실체진실의 발견이나 공정한 재판의 이념을 실현하기 위한 불가결한 전제이고 형사절차를 위한 최소한의 요구라고 할 수 있다. 그러나 아무리 변호인선임권을 보장하고 있다고 할지라도 경제적 빈곤 등으로 인하여 사선변호인을 선임할 수 없는 자에 대하여 국가가 변호인을 선정하여 피고인의 소송활동을 보완하지 않을 때에는 피고인의 변호권을 실질적으로 보장할 수 없을 것이다.[11]

2) 헌법은 누구든지 체포 또는 구속을 당한 때에는 즉시 변호인의 조력을 받을 권리를 가진다. 다만, 형사피고인이 스스로 변호인을 구할 수 없을 때에는 국가가 변호인을 붙인다고 규정하여 국선변호를 헌법상 보장하고 있다(대한민국헌법 제12조 제4항).

3) 변호사는 국선변호 등 공익에 관한 직무를 위촉받았을 때에는 공정하고 성실하게 직무를 수행하며, 이해관계인 등으로부터 부당한 보수를 받지 아니한다(변호사윤리장전 제4조 제2항).

4) 변호사는 법원을 비롯한 국가기관 또는 대한변호사협회나 소속 지방변호사회로부터 국선변호인, 국선대리인, 당직변호사 등의 지정을 받거나 기타 임무의 위촉을 받은 때에는, 신속하고 성실하게 이를 처리하고 다른 일반 사건과 차별하지 아니한다. 그 선임된 사건 또는 위촉받은 임무가 이미 수임하고 있는 사건과 이해관계가 상반되는 등 정당한 사유가 있는 경우에는, 그 취지를 알리고 이를 거절한다(변호사윤리장전 제16조 제3항).

2. 국선변호인의 조력을 받을 권리

헌법상 보장되는'변호인의 조력을 받을 권리'는 변호인의 '충분한 조력'을 받을 권리를 의미하므로, 피고인에게 국선변호인의 조력을 받을 권리를 보장하여야 할 국가의 의무에는 피고인이 국선변호인의 실질적 조력을 받을 수 있도록 할 의무가 포함된다.[12]

공소사실 기재 자체로 보아 어느 피고인에 대한 유리한 변론이 다른 피고인에 대하여는 불리한 결과를 초래하는 경우 공동피고인들 사이에 그 이해가 상반된다고 할 수 있다. 이와 같이 이해가 상반된 피고인들 중 어느 피고인이 특정 법무법인을 변호인으로 선임하고, 해당 법무법인이 담당변호사를 지정하였을 때, 법원이 위 담당변호사 중 1인 또는 수인을 다른 피고인을 위한 국선변호인으로 선정한다면, 국선변호인으로 선정된 변호사는 이해가 상반된 피고인들 모두에

---

11 이재상, 『신형사소송법(제2판)』, 박영사, 2011. 132면.

12 대법원 2012. 2. 16. 자 2009모1044 전원합의체 결정.

게 유리한 변론을 하기 어렵다. 결국 이로 인하여 위 다른 피고인은 국선변호인의 실질적 조력을 받을 수 없게 되었다고 보아야 하고, 따라서 위와 같은 국선변호인 선정은 국선변호인의 조력을 받을 피고인의 권리를 침해하는 것이다.[13]

3. 국선변호인의 선임

1) 법원은 ① 피고인이 구속된 때, ② 피고인이 미성년자인 때, ③ 피고인이 70세 이상인 때, ④ 피고인이 농아자인 때, ⑤피고인이 심신장애의 의심이 있는 때, ⑥ 피고인이 사형, 무기 또는 단기 3년 이상의 징역이나 금고에 해당하는 사건으로 기소된 때에는 직권으로 변호인을 선정하여야 한다(형사소송법 제33조 제1항).

2) 법원은 피고인이 빈곤 그 밖의 사유로 변호인을 선임할 수 없는 경우에 피고인의 청구가 있는 때에는 변호인을 선정하여야 한다(동조 제2항). 법원은 피고인의 연령·지능 및 교육 정도 등을 참작하여 권리보호를 위하여 필요하다고 인정하는 때에는 피고인의 명시적 의사에 반하지 아니하는 범위 안에서 변호인을 선정하여야 한다(동조 제3항).

4. 직전 연도 국선변호인 활동에 대해 작성한 평가서 참조하여 명부 작성

각급법원은 매년 1월 중 당해 연도에 국선변호를 담당할 변호사로 예정한 사람을 일괄 등재한 국선변호인예정자명부를 작성하여야 한다(국선변호에 관한 예규 제3조 제1항). 명부에 등재할 변호사는 수석부장판사 및 법원장이 지명하는 판사 3인과 주무과장으로 구성하는 회의체에서 각 재판장이 그 직전 연도 국선변호인 활동에 대하여 작성한 평가서 등을 참고하여 지정한다. 법무법인 소속 변호사의 경우에는 그 변호사 개인을 지정한다(동조 제2항).

5. 국선변호인의 부당한 보수 수령 금지

1) 부당한 보수 수령 금지

국선변호인은 이해관계인 등으로부터 부당한 보수를 받지 아니한다.[14] 법원으로부터 실비변상이 이루어질 수 있는 사항에 대해서 보수를 받는 것은 정당한 보수로 인정되기 어려울 것이다.[15]

2) 국선변호인의 보수

① 국선변호인의 일당은 매년 예산의 범위안에서 대법관회의에서 정한다(형사소송비용 등에 관한

---

13 대법원 2015. 12. 23. 선고 2015도9951 판결. 원심판결 중 피고인 1에 대한 부분은 파기하고 원심법원에 환송되었다.

14 과거에는 따로 보수를 받아서는 아니 된다고 규정되어 있었다.

15 홍관표, 『핵심 법조윤리』, 제7판, 에듀비, 2020. 415면.

규칙 제5조 제1항).

② 국선변호인의 보수는 심급별로 지급하되, 체포 또는 구속적부심에 있어서는 심급에 관계없이 별도로 지급한다(형사소송비용 등에 관한 규칙 제6조 제1항).

③ 사안의 난이, 국선변호인이 수행한 직무의 내용, 사건처리에 소요된 시간 등을 참작하여 예산의 범위안에서 당해재판장이 이를 증액할 수 있다(동조 제2항).

④ 공익법무관 또는 사법연수생인 국선변호인에 대하여는 보수를 지급하지 아니한다. 다만, 피고인 또는 피의자의 접견을 위한 비용 기타 재판장이 인정하는 실비를 변상할 수 있다(동조 제3항).

⑤ 변론활동을 위하여 피고인 또는 피의자접견, 기록의 열람, 복사, 통역, 번역을 시행하거나 여비, 숙박비, 식비 기타 비용을 지출한 경우에는 재판장이 인정하는 범위 내에서 국선변호인이 소명하는 비용을 지급한다(국선변호에 관한 예규 제15조 제1항 제6호).

6. 국선변호인의 사선변호인으로의 전환

1) 국선변호인 등 관련 법령에 따라 국가기관에 의하여 선임된 변호사는 그 사건을 사선으로 전환하기 위하여 부당하게 교섭하지 아니한다(변호사윤리장전 제17조 제1항).[16]

2) 의뢰인의 요청에 의해 국선변호인 등이 사선으로 전환한 경우에는 별도로 소송위임장, 변호사선임신고서 등을 제출한다(변호사윤리장전 제17조 제2항).

7. 국선변호인의 사임

1) 국선변호인은 ① 질병 또는 장기여행으로 인하여 국선변호인의 직무를 수행하기 곤란할 때, ② 피고인 또는 피의자로부터 폭행, 협박 또는 모욕을 당하여 신뢰관계를 지속할 수 없을 때, ③ 피고인 또는 피의자로부터 부정한 행위를 할 것을 종용받았을 때, ④ 그 밖에 국선변호인으로서의 직무를 수행하는 것이 어렵다고 인정할 만한 상당한 사유가 있을 때에는 법원 또는 지방법원 판사의 허가를 얻어 사임할 수 있다(형사소송규칙 제20조).

2) 법원 또는 지방법원 판사는 국선변호인의 사임을 허가한 때에는 국선변호인의 선정을 취소하여야 한다(형사소송규칙 제18조 제1항 제3호).

8. 국선변호인에 대한 선정취소

법원 또는 지방법원 판사는 국선변호인이 그 직무를 성실하게 수행하지 아니하는 때에는 국선변호인의 선정을 취소할 수 있다(형사소송규칙 제18조 제2항 제1호).

16 과거에는 사선으로 전환하기 위하여 교섭하여서는 아니 된다고 규정되어 있었다.

9. 국선전담변호사의 위촉 및 해촉

1) 국선전담변호사의 위촉

법원행정처장에 의하여 2년의 위촉기간으로 위촉된다(국선변호에 관한 예규 제21조의1 제1항).

2) 국선전담변호사의 해촉

법원행정처장은 ① 국선전담변호사가 품위를 잃은 행위를 한 경우, ② 국선전담변호사에 대한 평가가 평균수준에 미치지 못하는 경우, ③ 국선전담변호사가 보고의무를 다하지 아니한 경우, ④ 그 밖에 국선전담변호사로서 계속 활동하기 어렵다고 인정할 상당한 이유가 있는 경우는 해촉할 수 있다.

3) 국선전담변호사는 위촉기간 중 국선변호인으로 선정된 사건에 대하여는 해촉된 이후에도 당해 사건의 심급이 종결될 때까지 국선변호 업무를 담당하여야 한다.

Chapter

12 외국법자문사, 외국법자문법률사무소 및 합작법무법인

Ⅰ. 외국법자문사법의 제정

외국법자문사법은 2009. 3. 25. 법률 제9524호로 제정되어 2009. 9. 26.부터 시행되었다. 제정이유는 「대한민국과 유럽자유무역연합 간의 자유무역협정」, 「대한민국과 미합중국 간의 자유무역협정」 등의 국제통상협상 중 법률서비스 분야의 대외 개방에 관하여 합의된 내용대로 외국법자문사제도를 도입하고, 외국 로펌의 국내 사무소 설립을 허용하며, 이를 관리·감독하는 법률을 제정함으로써, 국내 법률서비스의 국제화와 선진화를 촉진하고, 국내 소비자에게 고급 법률서비스를 제공할 수 있는 제도적 틀을 마련하는 한편, 법률시장 개방에 따른 혼란을 방지하고 소비자 보호를 철저히 하려는 것이다.[1] 국내 법률시장은 그 효력이 발생한 자유무역협정 등 통상협상의 체결 상대국을 원자격국으로 하는 외국 로펌 및 외국변호사에게만 개방된다(외국법자문사법 제2조 제8호, 제16조 제1항 제1호).[2]

Ⅱ. 외국법자문사 자격승인 및 등록

1. 의의

외국법자문사란 외국변호사의 자격을 취득한 후 법무부장관으로부터 자격승인을 받고 대한

1 법제처, 제정이유.

2 연합뉴스, 2017. 11. 1일자, "법무부, 중국법·싱가포르법 자문사 국내 첫 자격승인", 이저헌 : 법무부는 중국 및 싱가포르 변호사 각 1명이 아시아 국가 변호사 중에서는 처음으로 외국법자문사 자격 승인을 받았다고 1일 밝혔다. 현재 외국법자문사 자격승인을 받은 외국 변호사는 총 147명으로, 이 가운데 111(75.5%)명이 미국법자문사다. 국내에 진출한 외국계 법무법인은 총 27곳이며, 이 중 22곳은 미국, 나머지 5곳은 영국계다.
법률신문, 2019. 5. 30일자, 김병수 : 한국에서 활동하고 있는 외국법자문사는 현재 170여명가량이다. 이들은 한국에 진출한 외국법자문법률사무소를 통해서 자격등록을 하였다. 국내에 진출한 외국로펌들은 2014년에 외국법자문법률사무소협회(Foreign Law Firm Association)를 설립하였고, 그 산하에 공익활동위원회(CSR Committee)를 만들었다.

변호사협회에 등록한 사람을 말한다(동법 제2조 제3호).

2. 외국법자문사 자격승인 신청

외국법자문사가 되려는 외국변호사는 법무부장관에게 자격승인을 신청하여야 한다(동법 제3조 제1항). 외국변호사의 자격을 갖춘 변호사가 자격승인을 신청하는 경우에는 변호사업을 휴업하거나 폐업하어야 한다(동법 제6조 제1항 제6호, 제3조 제2항).

3. 외국법자문사의 자격승인요건

법무부장관은 신청인이 다음의 요건을 갖춘 경우 외국법사무를 수행할 수 있는 원자격국을 지정하여 외국법자문사의 자격승인을 할 수 있다. 이때 둘 이상의 국가에서 위 요건을 모두 갖춘 경우 그 전부를 원자격국으로 지정할 수 있다(동법 제6조 제1항, 제2항).

1) 원자격국이 자유무역협정 등의 당사국이어야 한다(동법 제6조 제1항 제1호).

원자격국(原資格國)이란 외국변호사가 그 자격을 취득한 후 법률사무 수행에 필요한 절차를 마친 국가로서 대한민국에서 그 국가의 법령 등에 관한 자문 업무 등을 수행할 수 있도록 법무부장관이 지정한 국가를 말한다. 다만, 어느 국가 내에 지역적으로 한정된 자격이 부여되는 여러 개의 도(道)·주(州)·성(省)·자치구 등이 있는 경우에는 그 국가의 법령 등에 따라 그 자격이 통용되는 지역의 전부를 원자격국으로 본다(동법 제2조 제5호).

2) 외국변호사의 자격을 취득한 후 원자격국에서 3년 이상 법률 사무를 수행한 자이어야 한다(동법 제6조 제1항 제3호, 제4조 제1항).

신청인이 대한민국에서 고용계약에 따라 사용자에 대하여 원자격국의 법령에 관한 조사·연구·보고 등의 사무를 근로자인 자기의 주된 업무로 수행한 경우에는 최대 2년까지 경력 기간에 산입할 수 있다(동법 제4조 제3항, 영 제4조 제2호).

3) 대한민국 내에서 서류 등을 송달받을 장소를 가지고 있을 것

4) 외국변호사 자격을 갖춘 변호사가 신청하는 경우 변호사업을 휴업하거나 폐업하였을 것

5) 결격사유가 없을 것

다음 각 호의 어느 하나에 해당하는 사람은 외국법자문사가 될 수 없다(동법 제5조).

① 국가를 불문하고 금고 이상의 형벌에 해당하는 형을 선고받고 그 집행이 끝나거나 그 집행을 받지 아니하기로 확정된 후 5년이 지나지 아니한 사람

② 국가를 불문하고 금고 이상의 형벌에 해당하는 형의 집행유예를 선고받고 그 유예기간 중이거나 그 기간이 지난 후 2년이 지나지 아니한 사람

③ 국가를 불문하고 금고 이상의 형벌에 해당하는 형의 선고를 유예받고 그 유예기간 중에

있는 사람

④ 국가를 불문하고 공직에서 탄핵으로 파면된 후 5년이 지나지 아니하거나, 징계로 해임 이상의 처분을 받은 후 3년이 지나지 아니한 사람

⑤ 국가를 불문하고 영구제명, 제명, 3년 이하의 정직(법 제90조 제1호부터 제3호까지) 또는 법무부장관의 업무정지명령(법 제102조 제2항)에 따른 처분에 상당하는 처분을 받은 후 그 처분이 실효되지 아니한 사람

⑥ 피성년후견인, 피한정후견인, 파산선고를 받고 복권(復權)되지 아니한 사람 및 원자격국의 법령에 따라 이와 같이 취급되는 사람

사례

변호사 甲은 미국 뉴욕주 변호사 자격을 취득한 뒤 뉴욕의 법률사무소에서 10개월 동안 근무하였다. 그 뒤 甲은 국내 법무법인 A에서 2년 2개월 동안 미국 뉴욕주 법의 조사 연구 등에 관한 업무를 수행하고 있다. 甲이 외국법자문사 자격승인요건을 충족하였는지 여부

- 甲가은 외국법자문사 자격승인요건을 충족하지 못하였다. 대한민국에서 고용계약에 따라 사용자에 대하여 원자격국의 법령에 관한 조사·연구·보고 등의 사무를 근로자인 자기의 주된 업무로 수행한 경우에는 최대 2년까지만 인정하기 때문에 뉴욕에서의 경력 10개월과 국내에서의 경력 2년만 인정되므로 경력기간요건을 충족하지 못한 것이다.[3]

4. 법무부장관의 자격승인, 자격승인 거절

법무부장관은 자격승인 여부를 결정할 때에 대한변호사협회의 장의 의견을 들을 수 있다(동법 제6조 제3항). 법무부장관은 신청인이 외국법자문사의 자격승인요건을 갖추지 못하여 자격승인을 거절하는 경우 지체 없이 그 취지와 사유를 신청인에게 알려야 한다(동조 제4항).

5. 법무부장관의 자격승인 취소

1) 법무부장관은 ① 외국변호사의 자격이 상실되거나 정지된 경우, ② 결격사유가 발견되거나 새로 발생한 경우에는 자격승인을 취소해야 한다(동법 제7조 제1항).

2) 법무부장관은 외국법자문사가 다음에 해당하는 경우에는 자격승인을 취소할 수 있다(동조 제2항) 법무부장관은 아래의 ①,②,③ 따라 외국법자문사의 자격승인을 취소하려는 경우에는 청문을 하여야 한다.

① 자격승인신청서 또는 그 증빙서류의 중요 부분이 누락되었거나 그 내용이 거짓으로 보이는 상당한 사정이 있는 경우

3 법조윤리 변호사시험 제9회.

② 업무능력이나 재산상황이 현저히 악화되어 의뢰인이나 제3자에게 손해를 입힐 우려가 있고, 그 손해를 방지하기 위하여 부득이하다고 판단되는 경우

③ 자격승인 및 그 취소에 관한 보고 또는 자료 제출을 하지 아니하거나 거짓의 보고 또는 자료 제출을 한 경우

④ 자격승인을 받고 정당한 사유 없이 1년 이내에 대한변호사협회에 제10조에 따른 등록신청을 하지 아니한 경우

⑤ 등록의 유효기간(5년)이 지난 후 3년 이내에 외국법자문사 등록을 하지 아니한 경우

6. 대한변호사협회에 등록 및 등록거부사유

1) 외국법자문사가 업무를 수행하기 위해서는 자격승인를 받은 후 대한변호사협회에 외국법자문사로 등록하여야 한다(동법 제10조). 그 등록의 유효기간은 외국법자문사 명부에 등록된 날로부터 5년이고(동법 제11조 제2항), 그 유효기간이 끝나는 날의 6개월 전부터 1개월 전까지 갱신신청을 할 수 있다(동조 제3항).

2) 대한변호사협회는 등록신청자가 아래의 해당하는 경우에는 외국법자문사등록심사위원회의 의결을 거쳐 등록 또는 등록의 갱신을 거부할 수 있다. 이 경우 지체 없이 그 사유를 밝혀 신청인에게 알려야 한다(동법 제12조 제1항).

① 심신장애로 인하여 외국법자문사의 직무를 수행하는 것이 현저히 곤란한 경우

② 국가를 불문하고 공무원 재직 중의 직무에 관한 위법행위로 인하여 형사소추 또는 징계처분(파면 및 해임은 제외한다)을 받거나 퇴직한 자로서 외국법자문사의 직무를 수행하는 것이 현저히 부적당하다고 인정되는 경우

③ 법무부장관의 자격승인이 취소된 경우

④ 등록 또는 등록 갱신이 거부되거나 등록이 취소된 후 2년이 지나지 아니한 경우

7. 등록취소

1) 필수적 취소

대한변호사협회는 아래의 사항의 경우에는 등록을 취소하여야 한다(동법 제13조 제1항).

① 외국법자문사가 사망한 경우

② 자격이 없거나 자격승인이 취소된 경우

③ 등록취소를 신청한 경우(다만, 징계를 회피할 목적으로 등록취소를 신청하였다고 볼 만한 상당한 이유가 있는 경우는 제외한다)

④ 변호사의 자격을 갖춘 외국법자문사가 대한변호사협회에 변호사로 등록하는 경우

2) 임의적 취소

대한변호사협회는 외국법자문사가 아래의 사항을 위반한 경우 외국법자문사등록심사위원회의 의결을 거쳐 그 등록을 취소할 수 있다(동법 제13조 제2항).

① 심신장애로 인하여 외국법자문사의 직무를 수행하는 것이 현저히 곤란한 경우

② 국가를 불문하고 공무원 재직 중의 직무에 관한 위법행위로 인하여 형사소추 또는 징계처분(파면 및 해임은 제외한다)을 받거나 퇴직한 자로서 외국법자문사의 직무를 수행하는 것이 현저히 부적당하다고 인정되는 경우

③ 업무범위(제24조), 업무수행의 방식(제25조) 및 고용, 동업, 겸임의 금지(제34조)를 위반하거나, 제35조에 따라 준용되는 독직행위의 금지(법 제33조) 및 변호사가 아닌 자와의 동업 금지 등(법 제34조)를 위반한 경우

III. 외국법자문사의 권리와 의무

1. 업무범위

1) 외국법자문사는 ① 원자격국의 법령에 관한 자문, ② 원자격국이 당사국인 조약 및 일반적으로 승인된 국제관습법에 관한 자문, ③ 국제중재사건의 대리 업무(다만, 대한민국 법령에 대한 사무는 제외)를 처리할 수 있다(동법 제24조 각 호).

2) 외국법자문사 아닌 외국변호사(결격사유에 해당되는 외국변호사는 제외)도 일시 입국을 통하여 국제중재사건(동법 제24조 제3호의 사무)을 수행할 수 있다(동법 제24조의2 제1항). 이 경우 이 외국변호사는 국제중재사건의 사무 처리와 관련하여 1년에 90일 이상 대한민국에 체류할 수 없다. 다만, 본인의 부상이나 질병, 친족의 부상이나 질병으로 인한 간호·문병, 그 밖의 부득이한 사정으로 대한민국에 체류한 기간은 체류 기간을 산정할 때 산입하지 아니한다(동조 제2항).

2. 업무수행의 방식

1) 업무수행의 방식

외국법자문사는 ① 외국법자문법률사무소의 구성원, ② 외국법자문법률사무소의 구성원이 아닌 소속 외국법자문사, ③ 법률사무소, 법무법인, 법무법인(유한), 법무조합 소속 외국법자문사, ④ 합작법무법인의 선임외국법자문사(동법 제35조의11 제1항 요건을 갖춘 외국법자문사를 말한다), ⑤ 합작법무법인의 선임외국법자문사 아닌 소속 외국법자문사로서 업무를 수행할 수 있다(동법 제25조 제1항). 따라서 외국법자문사가 개인사무소를 개설, 운영하는 것은 허용되지 않는다. 이를 위반하여 업무 범위 외의 업무를 수행한 외국법자문사는 형사처벌의 대상이다(동법 제47

조 제1호).

외국법자문사는 동시에 2개 이상의 외국법자문법률사무소, 법률사무소, 법무법인, 법무법인(유한), 법무조합 또는 합작법무법인에 소속 또는 고용되거나 그 직책을 겸임할 수 없다(동법 제25조 제2항).

2) 국내변호사 등 고용 금지, 동업, 겸임 등의 금지

변호사·법무사·변리사·공인회계사·세무사 및 관세사를 고용할 수 없다(동법 제34조 제1항). 이를 위반하면 고용한 사람과 이에 고용된 변호사·법무사·변리사·공인회계사·세무사 및 관세사는 형사처벌의 대상이다(동법 제47조 제3호, 제48조 제2호).

3) 국내변호사 등과의 동업 등 금지

① 변호사·법무사·변리사·공인회계사·세무사 및 관세사와 동업, 업무제휴, 포괄적 협력관계의 설정, 사건의 공동수임, 그 밖의 어떠한 방식으로든 사건을 공동으로 처리하고 그로 인한 보수나 수익을 분배할 수 없다(동법 제34조 제2항). 이를 위반하면 외국법자문사와 변호사·법무사·변리사·공인회계사·세무사 및 관세사는 형사처벌의 대상이다(동법 제47조 제4호, 제48조 제4호).

② 변호사·법무법인·법무법인(유한)·법무조합·법무사·법무사합동법인·변리사·특허법인·공인회계사·회계법인·세무사 및 관세사 및 관세사법인과 조합계약, 법인설립, 지분참여, 경영권 위임을 할 수 없으며, 그 밖의 어떠한 방식으로든 법률사무소·법무법인·법무법인(유한)·법무조합·법무사사무소·법무사합동법인·변리사사무소·특허법인·공인회계사사무소·회계법인·세무사사무소·세무법인·관세사사무소 및 관세사법인을 공동으로 설립, 운영하거나 동업할 수 없다(동법 제34조 제3항). 이를 위반하면 외국법자문사와 변호사·법무사·변리사·공인회계사·세무사 및 관세사는 형사처벌의 대상이다(동법 제47조 제4호, 제48조 제4호).

3. 자격의 표시

1) 외국법자문사는 직무를 수행하면서 본인을 표시할 때는 대한민국에서 통용되는 원자격국의 명칭(원자격국이 도·주·성·자치구 등 한 국가 내의 일부 지역인 경우 그 국가의 명칭을 위 원자격국의 명칭으로 사용할 수 있다)에 이어 "법자문사"를 덧붙인 직명을 사용하여야 한다. 이 경우 직명과 함께 괄호 안에 원자격국언어로 된 원자격국의 명칭을 포함한 해당 외국변호사의 명칭을 부기할 수 있고, 이어 국어로 된 대한민국에서 통용되는 원자격국의 명칭에 "변호사"를 덧붙인 명칭을 병기할 수 있다(동법 제27조 제1항).

2) 외국법자문법률사무소는 본점사무소의 명칭 다음에 "외국법자문법률사무소"를 덧붙인 명칭을 사용하여야 한다(동법 제27조 제2항 전단). 예컨대, '클리포드 챈스 외국법자문법률사무소'라고 표시하여야 한다. 이 경우 외국법자문법률사무소가 위치한 지역 명을 병기할 수 있다(동항 후단).

3) 외국법자문법률사무소는 일반인이 쉽게 알아볼 수 있도록 사무소 안팎의 적절한 장소에 구성원, 소속 외국법자문사 및 그 원자격국을 모두 표시하여야 한다. 합작법무법인도 일반인이 쉽게 알아볼 수 있도록 사무소 안팎의 적절한 장소에 전체 합작참여자, 선임변호사, 소속변호사, 선임외국법자문사 및 소속외국법자문사를 모두 표시하여야 한다.

4) 외국법자문사 또는 합작법무법인은 의뢰인과 외국법사무 등에 관한 계약을 체결하기 전에 의뢰인에게 그 원자격국(합작법무법인의 경우에는 담당외국법자문사의 원자격국을 말한다)과 업무 범위를 명시하여야 하며, 그 밖에 직무 범위에 오해를 일으킬 명칭을 사용해서는 안 된다(동법 제27조 제6항).

4. 윤리기준 등

1) 윤리기준 준수

① 외국법자문사는 그 품위를 손상하는 행위를 하여서는 아니 된다(동법 제28조 제1항).

② 외국법자문사는 그 직무를 수행하면서 진실을 은폐하거나 거짓의 진술을 하여서는 아니 된다(동조 제2항).

③ 외국법자문사는 대한변호사협회가 정하는 윤리장전을 준수하여야 한다(동조 제3항).

2) 체류의무

① 외국법자문사는 최초의 업무개시일부터 1년에 180일 이상 대한민국에 체류하여야 한다(동법 제29조 제1항).

② 외국법자문사가 본인의 부상이나 질병, 친족의 부상이나 질병으로 인한 간호·문병, 그 밖의 부득이한 사정으로 외국에 체류한 경우 그 기간은 대한민국에 체류한 것으로 본다(동조 제2항).

3) 비밀유지의무

① 외국법자문사 또는 외국법자문법률사무소는 직무와 관련하여 알게 된 비밀을 누설하여서는 아니 된다. 다만 법률에 특별한 규정이 있는 경우에는 그러하지 아니하다(동법 제30조).

② 이를 위반하여 비밀을 누설한 사람 및 그 위반 사실을 알고도 이를 이용하여 부정한 이익을 얻을 목적으로 취득, 사용한 사람은 형사처벌의 대상이다(동법 제47조 제2호).

5. 광고

① 외국법자문사, 외국법자문법률사무소 및 합작법무법인은 자기 또는 그 구성원(합작법무법인의 경우에는 합작참여자, 선임변호사 및 선임외국법자문사를 말한다)의 원자격국, 학력, 경력, 전문분야, 업무 실적, 그 밖에 그 업무의 홍보에 필요한 사항을 방송·신문·잡지·컴퓨터통신 등의

매체를 이용하여 광고할 수 있다(동법 제31조 제1항).

② 제1항의 광고에 관한 사항을 심사하기 위하여 대한변호사협회에 외국법자문사광고심사위원회를 둔다(동조 제2항).

③ 외국법자문사의 광고에 관하여는 「변호사법」 제23조 제2항 및 제4항을 준용한다(동조 제3항).

④ 준용되는 변호사법 제23조 제2항 제1호(거짓내용의 광고)를 위반하여 광고를 한 사람은 형사처벌의 대상이다(동법 제49조 제1호).

6. 법무부장관의 감독 등

1) 외국법자문사, 외국법자문법률사무소 및 합작법무법인은 그 활동에 관하여 법무부장관과 대한변호사협회의 감독을 받는다(동법 제32조 제1항).

2) 외국법자문사의 직무 등에 관하여는 변호사법 제28조의2(수임사건의 건수 및 수임액의 보고), 제30조부터 제34조까지(연고관계 등의 선전금지, 수임제한, 계쟁권리 양수금지, 독직행위의 금지, 변호사 아닌 자와의 동업 금지 등) 및 제38조(겸직제한)를 준용한다(동법 제35조). 이와 같이 준용되는 제33조(독직행위의 금지) 및 제34조(변호사 아닌 자와의 동업금지 등)를 위반한 사람(동법 제46조 제2호), 변호사법 제32조(계쟁권리의 양수)를 위반하여 계쟁권리를 양수한 사람(동법 제48조 제4호), 변호사법 제31조 제1항 제3호(공무원 등으로 취급한 사건의 수임제한)를 위반하여 사건을 수임한 사람(동법 제49조 제2호)은 형사처벌의 대상이다.

7. 징계

1) 징계의 종류로는 ① 자격승인의 취소, ② 등록취소, ③ 3년 이하의 정직, ④ 3천만원 이하의 과태료, ④ 견책이 있다(동법 제36조).

2) 자격승인취소의 징계사유는 ① 외국법자문사법 제13조 제2항 제2호(공무원 재직 중 직무상 위법행위로 형사소추, 징계처분 받거나 퇴직한 자) 또는 제36조 제2호(징계)에 따른 등록취소처분을 받은 사람으로서 외국법자문사의 직무를 수행하는 것이 현저히 부적당하다고 인정되는 경우, ② 제36조 제3호(정직처분)에 따른 정직 처분을 2회 이상 받은 후 다시 제2항에서 정하는 징계 사유가 있는 사람으로서 외국법자문사의 직무를 수행하는 것이 현저히 부적당하다고 인정되는 경우(동법 제37조 제1항)이다.

등록취소, 정직, 과태료, 견책의 징계사유는 ① 외국법자문사법을 위반한 경우, ② 대한변호사협회가 정하는 윤리장전을 위반한 경우, ③ 직무의 내외를 막론하고 외국법자문사로서의 품위를 손상하는 행위를 한 경우이다(동조 제2항).

3) 외국법자문사의 징계는 대한변호사협회와 법무부의 외국법자문사징계위원회가 담당한다(동법 제38조). 변협징계위원회는 자격승인취소 외의 징계사유(동법 제37조 제2항)에 해당하는 징계사건을 심의한다. 법무부징계위원회는 자격승인취소(동법 제37조 제1항)의 징계 사유에 해당하는 징계사건과 변협징계위원회의 징계결정에 대한 이의신청 사건을 심의한다(동법 제41조).

4) 대한변호사협회의 장은 외국법자문사가 제37조 제1항에 따른 징계 사유에 해당한다고 판단되면 법무부징계위원회에 징계개시를 청구하여야 하고, 제37조 제2항에 따른 징계 사유에 해당한다고 판단되면 변협징계위원회에 징계개시를 청구하여야 한다. 다만, 징계 사유가 발생한 날부터 3년이 지난 때에는 이를 청구하지 못한다(동법 제42조 제1항).

5) 법무부장관은 외국법자문사에 대하여 공소가 제기되거나 제42조 제1항에 따른 징계 절차가 개시되어 그 재판이나 징계 결정의 결과 자격승인취소 또는 등록취소에 이르게 될 가능성이 매우 크고, 그대로 두면 장차 의뢰인이나 공공의 이익을 해칠 구체적인 위험성이 있는 경우에는 법무부징계위원회에 그 외국법자문사의 업무정지에 관한 결정을 청구할 수 있다. 다만, 약식명령이 청구된 경우와 과실범으로 공소제기된 경우에는 그러하지 아니하다(동법 제45조 제1항). 법무부장관은 법무부징계위원회의 결정에 따라 해당 외국법자문사에 대하여 업무정지를 명할 수 있다(동조 제2항).

Ⅳ. 외국법자문법률사무소의 개설 및 운영

1. 의의

외국법자문법률사무소를 운영하기 위해서는 법무부장관의 설립인가와 대한변호사협회에의 등록이 필요하다. 그러나 기존의 외국 로펌과 연관된 분사무소 형태의 외국법자문법률사무소 설립만 허용되고, 외국법자문사가 개인사무소를 운영할 수는 없다(동법 제16조 제1항 제2호).

2. 설립인가

1) 원자격국에서 법률사무의 수행을 주된 목적으로 설립된 사무소나 법인(이하 본점사무소라 한다)에 소속된 외국법자문사는 법무부장관의 설립인가를 받아 외국법자문법률사무소를 설립할 수 있다(동법 제15조 제1항). 위 외국법자문사는 2개 이상의 외국법자문법률사무소를 설립할 수 없다(동조 제3항).

2) 설립인가 요인은 다음과 같다.

① 본점사무소가 자유무역협정 등의 당사국에서 그 나라의 법률에 따라 적법하게 설립되어 5년 이상 정상적으로 운영되어야 한다(동항 제1호).

② 본점사무소가 대한민국 내에서 외국법사무를 수행하기 위한 대표사무소로 그 외국법자문법률사무소를 설립하기로 의결 또는 결정하였어야 한다(동항 제2호).

③ 외국법자문법률사무소의 대표자가 될 외국법자문사가 외국변호사의 자격을 취득한 후 원자격국에서 3년 이상의 기간을 포함하여 총 5년 이상 법률사무를 수행한 경력이 있어야 한다(동항 제3호).

④ 본점사무소가 외국법자문법률사무소의 업무와 관련한 민사·상사상 책임에 대하여 그 이행을 보증하여야 한다(동항 제4호).

3) 법무부장관은 설립인가를 한 경우 지체 없이 신청인과 대한변호사협회에 각각 서면으로 통지하고 관보에 고시하여야 한다(동법 제17조 제1항).

4) 외국법자문법률사무소의 설립인가는 위 고시가 있는 날부터 그 효력이 있다(동법 제17조 제2항).

3. 등록

설립인가를 받은 외국법자문법률사무소의 대표자는 법무부장관의 고시가 있었던 날로부터 3개월 이내에 대한변호사협회에 외국법자문법률사무소의 등록을 신청하여야 한다(동법 제18조 제1항).

4. 사무직원 및 장부의 작성

1) 외국법자문법률사무소는 사무소에 사무직원을 둘 수 있다(동법 제20조 제1항). 그 사무직원에 관하여는 「변호사법」 제22조 제2항·제4항·제5항을 준용한다(외국법자문사법 제20조 제2항).

2) 외국법자문법률사무소는 수임에 관한 장부를 작성하고, 이를 보관하여야 한다. 이 경우 수임장부의 기재 등에 관하여는 「변호사법」 제28조 제2항 및 제3항을 준용한다(외국법자문사법 제22조).

5. 수임사건과 관련된 손해배상책임

1) 외국법자문법률사무소의 구성원은 외국법사무의 수행 및 외국법자문법률사무소의 운영 등과 관련된 손해배상책임을 보장하기 위하여 설립이나 고시가 있었던 날로부터 1개월 이내에 보험 또는 공제기금에 가입하여야 한다(동법 제21조 제1항, 시행령 제8조 제1항).

2) 외국법자문법률사무소의 대표자는 제1항에 따른 손해배상책임에 관한 사항을 대통령령으로 정하는 바에 따라 수임 계약서와 광고물에 밝혀야 한다(동법 제21조 제2항).

6. 외국법자문법률사무소의 운영

1) 외국법자문법률사무소는 국내에 분사무소를 둘 수 없다(동법 제23조 제1항).

2) 외국법자문법률사무소의 업무집행 방법 및 그 구성원 등의 업무제한에 관하여는 법무법인의 업무집행방법(변호사법 제50조 제1항, 제3항-제7항)과 그 구성원 등의 업무제한(변호사법 제52조)의 규정을 준용한다(동법 제23조 제1항).

3) 외국법자문법률사무소(구성원이 2명 이상인 경우에 한한다)에 관하여 이 법에 정한 것 외에는 「민법」 중 조합에 관한 규정을 준용한다(동조 제3항).

7. 외국법자문법률사무소의 업무수행방식

1) 자유무역협정등에 따라 법무부장관이 고시하는 자유무역협정 등의 당사국에 본점사무소가 설립·운영되고 있는 외국법자문법률사무소는 사전에 대한변호사협회에 공동 사건 처리 등을 위한 등록(동법 제34조의3)을 한 경우 법률사무소, 법무법인, 법무법인(유한) 또는 법무조합과 국내법사무와 외국법사무가 혼재된 법률사건을 사안별 개별 계약에 따라 공동으로 처리하고 그로부터 얻게 되는 수익을 분배할 수 있다(동법 제34조의2 제1항).

2) 법무부장관은 공동사건처리등을 위한 등록을 마친 외국법자문법률사무소의 본점사무소가 법무부장관이 고시하는 자유무역협정등의 당사국에서 설립·운영되고 있지 아니한 경우에는 대한변호사협회에 그 등록의 취소를 명할 수 있다(동법 제34조의4 제1항). 대한변호사협회는 위 등록취소명령이 있거나 등록취소명령 사유가 있는 경우에는 공동사건처리 등을 위한 등록을 하여야 한다(동조 제2항).

사례

L 외국법자문사는 외국법자문사법률사무소를 운영하려고 한다.

① 법무부장관의 설립인가만 받으면 충분한 지 여부

- 외국법자문법률사무소를 운영하기 위해서는 법무부장관의 설립인가와 대한변호사협회에의 등록이 필요하다.

② L 외국법자문사는 개인 사무소를 운영할 수 있는지 여부

- 기존의 외국 로펌과 연관된 분사무소 형태의 외국법자문법률사무소 설립만 허용되고, 외국법자문사가 개인 사무소를 운영할 수는 없다(동법 제16조 제1항).

V. 합작법무법인

1. 의의

2016. 3. 2. 개정된 외국법자문사법은 「대한민국과 유럽연합 및 그 회원국 간의 자유무역협

정」, 「대한민국과 미합중국 간의 자유무역협정」 등의 국제통상협상 중 법률서비스 분야의 3단계 대외 개방에 관한 합의에 따라 합작법무법인의 설립을 위한 절차와 요건 및 그 업무수행의 구체적인 범위 등을 정함으로써 국내 법률서비스의 국제화와 선진화를 촉진하고 있다. 여기서 합작법무법인이란 외국법사무와 이 법에서 규정하는 국내법사무 등을 수행하기 위하여 이 법에 따라 설립된 법인을 말한다(동법 제2조 제9호).

2. 설립

1) 법무법인, 법무법인(유한) 또는 법무조합('국내 합작참여자'라 한다)은 법무부장관이 고시하는 자유무역협정등 당사국에서 그 법적 형태를 불문하고 법률사무의 수행을 주된 목적으로 설립된 자와 합작하여 법무법인을 설립할 수 있다(동법 제35조의2 제1항).

2) 합작법무법인을 설립하려면 합작참여자가 정관을 작성하여 주사무소 소재지의 지방변호사회와 대한변호사협회를 거쳐 법무부장관의 인가를 받아야 한다(동법 제35조의3 제1항). 위 인가의 유효기간은 법무부장관의 설립인가일부터 5년이다(동조 제3항). 설립인가의 갱신신청은 위 유효기간이 끝나는 날의 10개월 전부터 5개월 전까지 할 수 있다(동조 제4항).

3) 합작법무법인은 설립인가를 받으면 2주일 이내에 설립등기를 하여야 한다(동법 제35조의5 제1항). 합작법무법인은 주사무소 소재지에서 설립등기를 함으로써 성립한다(동조 제3항).

4) 합작법무법인은 전체 합작참여자의 명칭(통용되는 약칭을 포함한다)을 병기하고, 그 명칭에 합작법무법인이라는 문자를 사용해야 한다(동법 제35조의6 제1항).

3. 합작법무법인의 구성과 합작참여자 자격 기준

1) 합작법무법인은 1개 이상의 국내 합작참여자와 1개 이상의 외국 합작참여자로 구성한다(동법 제35조의7 제1항). 합작참여자는 2개 이상의 합작법무법인을 설립할 수 없다(동조 제2항). 합작법무법인이 제1항에 따른 합작참여자 요건을 충족하지 못하게 된 경우에는 3개월 이내에 보충하여야 한다(동조 제3항).

2) 합작법무법인을 설립하는 국내 합작참여자는 다음 각 호의 요건을 충족하여야 한다(제35조의8). ① 설립 후 3년 이상 정상적으로 운영되었어야 하고, ② 5년 이상 법률사무에 종사한 5명 이상의 변호사(외국 합작참여자의 경우에는 외국변호사)를 보유하고, 이들 중 최소 3명을 해당 합작참여자의 구성원으로 하여야 하며, ③ 최근 5년 간 변호사법에 따른 징계 또는 형사처벌을 받은 사실이 없어야 하고, ④ 최근 5년간 그 대표가 합작참여자의 업무 집행과 관련하여 변호사법에 따른 징계 또는 금고 이상의 형을 받은 사실이 없어야 한다.

4. 선임·소속변호사, 대표, 사무소

1) 합작법무법인에 5년 이상의 법률사무 수행 경력을 갖춘 각 2명 이상의 선임변호사 및 선임외국법자문사를 둔다(동법 제35조의11 제1항). 이들 선임변호사 및 선임외국법자문사는 합작참여자의 구성원이어야 한다. 선임외국법자문사의 경우에는 원자격국을 법무부장관이 고시하는 자유무역협정 등의 당사국으로 한정되며, 그 수가 선임변호사의 수를 넘을 수 없다(동조 제1항, 제2항). 합작법무법인 내 선임변호사 및 선임외국법자문사는 법무부장관의 허가를 받아 합작참여자 구성원직을 겸할 수 있다(동조 제3항).

2) 합작법무법인은 선임변호사 아닌 소속변호사 및 선임외국법자문사 아닌 소속외국법자문사를 둘 수 있다. 소속외국법자문사의 경우에는 원자격국을 법무부장관이 고시하는 자유무역협정 등의 당사국으로 한정되며, 그 수가 소속변호사 수를 넘을 수 없다(동법 제35조의12).

3) 합작법무법인의 대표는 선임변호사 또는 선임외국법자문사 중에서 선임하고, 합작법무법인의 대표가 외국법자문사인 경우에는 원자격국이 외국 합작참여자의 소재지국이어야 한다(동법 제35조의13).

4) 합작법무법인은 분사무소를 둘 수 있다(동법 제35조의15 제1항). 합작법무법인이 사무소를 개업 또는 이전하거나 분사무소를 둔 경우에는 지체 없이 주사무소 소재지의 지방변호사회와 대한변호사협회를 거쳐 법무부장관에게 신고하여야 한다(동조 제2항). 합작법무법인 내 변호사 및 외국법자문사는 그 법적 형태를 불문하고 합작법무법인 외에 따로 법률사무의 수행을 주된 목적으로 하는 사무소를 둘 수 없다(동조 제3항). 다만 앞에서 본 바와 같이 선임변호사 및 선임외국법자문사는 법무부장관의 허가를 받아 합작참여자 구성원직을 겸할 수 있다(동법 제35조의11 제3항).

5. 국내 합작참여자와 외국 합작참여자 간 지분 비율 등

1) 외국 합작참여자는 100분의 49를 초과하여 합작법무법인의 지분을 보유할 수 없다(동법 제35조의16 제1항). 합작법무법인 내에 복수의 외국 합작참여자가 있을 경우 제1항을 적용할 때 각 외국 합작참여자의 지분을 합산한 것을 기준으로 한다(동조 제2항). 합작참여자는 다른 모든 합작참여자의 동의를 얻지 아니하면 그 지분의 전부 또는 일부를 양도하지 못한다(동조 제3항).

2) 합작참여자는 합작참여자 회의에서 지분 비율에 따라 의결권을 행사하고, 합작참여자의 회의는 총의결권의 과반수로 의결한다(동법 제35조의17).

3) 현재 「변호사법」 제34조 제5항(변호사가 아닌 자는 변호사가 아니면 할 수 없는 업무를 통하여 보수나 그 밖의 이익을 분배받을 수 없다)에도 불구하고 합작참여자는 그 지분 비율에 따라 수익을 수취하도록 하되 정관에서 달리 정할 수 있도록 하고 있다(외국법자문사법 제35조의18).

6. 합작법무법인의 업무범위

1) 합작법무법인은 이 법 및 다른 법률에 저촉되지 아니하는 범위에서 다음의 사항을 제외한 사무를 수행할 수 있다(동법 제35조의19). 수행금지하는 사무를 규정하여 네거티브 방식으로 규제하고 있다.

① 국가·지방자치단체와 그 밖의 공공기관에서의 사법절차 또는 법적 절차를 위한 대리 및 그러한 절차를 위한 법률 문서의 작성

② 「공증인법」 제2조 각 호에 따른 증서 작성의 촉탁 대리

③ 노동 분야 자문

④ 대한민국에 있는 부동산에 관한 권리, 지식재산권, 광업권, 그 밖에 행정기관에 등기 또는 등록함을 성립요건이나 대항요건으로 하는 권리의 득실변경(득실변경)을 주된 목적으로 하는 사무의 대리 및 이를 목적으로 한 문서의 작성

⑤ 대한민국 국민이 당사자이거나, 관련된 재산이 대한민국에 소재하고 있는 경우의 친족·상속 관계 사무의 대리 및 이를 목적으로 한 문서의 작성

2) 국내 합작참여자는 합작법무법인과 별도로 변호사법 제3조의 직무를 수행할 수 있다(동법 제35조의23). 따라서 합작법무법인이 수행하지 못하는 위1)에서 열거한 동법 제35조의19 각 호의 사무는 합작에 참여하는 국내 합작참여자가 별도로 수행할 수 있다.

3) 합작법무법인에 대해서도 수임제한(동법 제35조의25)에 관한 규정, 법무사, 변리사 등의 고용, 동업, 겸임 등의 금지(동법 제35조의26)에 관한 규정이 있다.

7. 합작법무법인의 책임 등

1) 합작법무법인을 대표하는 자(담당변호사 및 담당외국법자문사를 포함한다)가 그 업무집행으로 인하여 타인에게 손해를 가한 때에는 합작법무법인은 그 대표와 연대하여 배상할 책임이 있다(동법 제35조의28 제1항).

2) 합작법무법인은 합작법무법인의 업무 처리 및 운영 등과 관련된 손해배상책임을 보장하기 위하여 보험 또는 공제기금에 가입하여야 하고 이러한 사항을 수임 계약서와 광고물에 밝혀야 한다(동조 제2항, 제3항).

3) 합작법무법인에 대한 징계에 관하여는 위에서 설명한 외국법자문사의 징계에 관한 규정(동법 제6장)을 준용한다(동법 제35조의32).

Chapter 13 법관과 검사의 윤리

Ⅰ. 법관에 대한 징계

1. 법관의 신분보장

1) 재판의 독립이 확보되려면 법관의 신분이 보장되어야 한다. 헌법은 법관의 신분보장을 위하여 파면, 불리한 처분, 강제퇴직의 제한 등을 명시하고 있다.

2) 법관은 탄핵 또는 금고 이상의 형의 선고에 의하지 아니하고는 파면되지 아니한다(헌법 제106조 제1항). 따라서 헌법재판소에 의한 탄핵결정이나 금고 이상의 형의 선고가 있는 경우에만 파면할 수 있다.

3) 법관은 징계처분에 의하지 아니하고는 정직, 감봉 기타 불리한 처분을 받지 아니한다(헌법 제106조 제1항, 법원조직법 제46조 제1항).

4) 법관이 중대한 심신상의 장해로 직무를 수행할 수 없을 때에는 법률이 정하는 바에 의하여 퇴직하게 할 수 있다(헌법 제106조 제2항). 따라서 중대한 심신상의 장해로 직무를 수행 할 수 없는 경우에만 강제퇴직이 가능하다.

2. 징계 사유 및 종류

1) 법관에 대한 징계 사유는 법관이 직무상 의무를 위반하거나 직무를 게을리 한 경우, 법관이 그 품위를 손상하거나 법원의 위신을 실추시킨 경우이다(법관징계법 제2조).

2) 징계종류

법관의 징계처분은 파면을 제외하고, 정직(1월 이상 1년 이하), 감봉(1월 이상 1년 이하), 견책이다(법관징계법 제3조).

3. 법관징계위원회

법관에 대한 징계사건을 심의 결정하기 위하여 대법원에 법관징계위원회를 둔다(법관징계법 제4조 제1항). 위원회의 위원장은 대법관 중에서 대법원장이 임명한다(동법 제5조 제1항).

4. 징계절차

1) 법관징계위원회의 징계심의는 대법원장, 대법관, 해당법관에 대하여 법원조직법에 따라 사법행정사무에 관한 감독권을 가지는 법원행정처장, 사법연수원장, 각급 법원장, 법원도서관장의 징계청구에 의하여 개시한다(법관징계법 제7조 제1항). 징계의 청구는 법관징계위원회에 서면으로 제출하는 방식으로 한다(동조 제4항).

2) 징계부가금

징계청구권자가 징계를 청구하는 경우 그 징계 사유가 ① 금전, 물품, 부동산, 향응 또는 그 밖에 대법원규칙으로 정하는 재산상 이익을 취득하거나 제공한 경우, ② 「국가재정법」에 따른 예산 및 기금 등을 횡령(橫領), 배임(背任), 절도, 사기 또는 유용(流用)한 경우에는 해당 징계 외에 위 행위로 취득하거나 제공한 금전 또는 재산상 이득(금전이 아닌 재산상 이득의 경우에는 금전으로 환산한 금액을 말한다)의 5배 내의 징계부가금 부과 의결을 위원회에 청구하여야 한다(동법 제7조의2 제1항).

3) 퇴직 희망 법관의 징계 사유 확인 등

대법원장은 법관이 퇴직을 희망하는 경우에는 징계 사유가 있는지 여부를 확인하여야 한다(동법 제7조의4 제1항). 확인 결과 정직에 해당하는 징계 사유가 있는 경우 징계청구권자는 지체 없이 징계등을 청구하여야 한다(동조 제2항). 위원회는 징계등이 청구된 경우 다른 징계사건에 우선하여 징계등을 의결하여야 한다(동조 제3항).

4) 징계사유가 있는 날로부터 3년(금품 및 향응 수수, 공금의 횡령 및 유용의 경우는 5년)이 경과하면 징계를 청구하지 못한다(동법 제8조).

5) 징계청구가 있는 때에는 위원장은 심의기일을 정하여 피청구인의 출석을 요구하여야 한다(동법 제12조). 징계의 심의는 공개하지 아니한다(동법 제13조 제4항). 그리고 법관징계위원회의 심의, 결정에 참여한 자는 직무상 알게 된 비밀을 누설하여서는 아니 된다(동조 제5항). 법관징계위원회는 피청구인이 적법한 송달을 받고도 심의기일에 출석하지 아니하거나 진술권을 포기한 때에는 피청구인의 진술 없이 서면에 의하여 심의할 수 있다(동법 제17조).

6) 대법원장은 법관징계위원회의 결정에 따라 징계처분을 하고 이를 집행한다(동법 제26조 제1항). 대법원장은 징계처분을 한 때에는 이를 관보에 게재한다(동법 제26조 제1항).

7) 피청구인이 징계처분에 대하여 불복하고자 하는 경우에는 징계처분이 있음을 안 날부터 14일 이내에 전심절차를 거치지 아니하고 대법원에 징계처분의 취소를 청구하여야 한다(동법 제27조 제1항). 대법원은 위 취소청구사건을 단심으로 재판한다(동조 제2항).

Ⅱ. 검사에 대한 징계

1. 징계사유

검사에 대한 징계사유는 ① 검찰청법 제43조(정치운동 등의 금지)의 규정[1]에 위반하였을 때, ② 직무상의 의무에 위반하거나 직무를 태만하였을 때, ③ 직무의 내외를 막론하고 검사로서의 체면이나 위신을 손상하는 행위를 하였을 때이다(검사징계법 제2조).

2. 징계종류

징계는 해임, 면직, 정직(1월 이상 6월 이하) 및 감봉(1월 이상 1년 이하) 및 견책으로 구분한다(동법 제3조 제1항).

3. 검사징계위원회

징계사건을 심의하기 위하여 법무부 내에 검사징계위원회를 둔다(동법 제4조).

4. 징계절차

1) 징계의 청구

검사징계위원회의 징계심의는 검찰총장의 청구에 의하여 시작한다(동법 제7조 제1항). 검찰총장인 검사에 대한 징계 및 징계부가금 부과는 법무부장관이 청구하여야 한다(동조 제3항). 징계등은 징계등의 사유가 있는 날부터 3년(「국가공무원법」 제78조의2제1항 각 호의 어느 하나에 해당하는 경우에는 5년)이 경과하면 이를 청구하지 못한다(동법 제25조 제1항).

2) 징계부가금

검찰총장이 검사에 대하여 징계를 청구하거나 법무부장관이 검찰총장인 검사에 대하여 징계

---

1 검찰청법 제43조(정치운동 등의 금지) 검사는 재직 중 다음 각 호의 행위를 할 수 없다.
1. 국회 또는 지방의회의 의원이 되는 일
2. 정치운동에 관여하는 일
3. 금전상의 이익을 목적으로 하는 업무에 종사하는 일
4. 법무부장관의 허가 없이 보수를 받는 직무에 종사하는 일

를 청구하는 경우 그 징계 사유가 「국가공무원법」 제78조의2제1항 각 호의 어느 하나에 해당하는 경우[2]에는 해당 징계 외에 그 행위로 취득하거나 제공한 금전 또는 재산상 이득(금전이 아닌 재산상 이득의 경우에는 금전으로 환산한 금액을 말한다)의 5배 내의 징계부가금 부과 의결을 위원회에 청구하여야 한다(동법 제7조의2 제1항).

3) 퇴직 희망 검사의 징계 사유 확인

법무부장관은 검사가 퇴직을 희망하는 경우에는 징계 사유가 있는지 여부를 대검찰청에 확인하여야 한다(동법 제7조의4 제1항). 확인 결과 해임, 면직 또는 정직에 해당하는 징계 사유가 있는 경우 검찰총장(검찰총장인 검사에 대한 징계등의 경우에는 법무부장관)은 지체 없이 징계등을 청구하여야 한다(동조 제2항). 위원회는 위 징계등이 청구된 경우 다른 징계사건에 우선하여 징계등을 의결하여야 한다(동조 제3항).

4) 징계혐의자에 대한 직무정지

법무부장관은 필요하다고 인정할 때에는 징계혐의자에 대하여 직무집행의 정지를 명할 수 있다(동법 제8조 제2항). 검찰총장은 해임, 면직 또는 정직 사유에 해당한다고 인정되는 사유로 조사 중인 검사에 대하여 징계청구가 예상되고, 그 검사가 직무 집행을 계속하는 것이 현저하게 부적절하다고 인정되는 경우에는, 법무부장관에게 그 검사의 직무 집행을 정지하도록 명하여 줄 것을 요청할 수 있다. 이 경우 법무부장관은 그 요청이 타당하다고 인정할 때에는 2개월의 범위에서 직무 집행의 정지를 명하여야 한다(동조 제3항).

5) 징계의 청구가 있을 때에는 위원장은 징계심의의 기일을 정하고 징계혐의자의 출석을 명할 수 있다(동법 제9조). 징계혐의자가 위원장의 출석명령을 받고 심의기일에 출석하지 아니한 때에는 서면에 의하여 심의할 수 있다(동법 제14조).

6) 검사징계위원회 위원장과 위원의 제척·기피·회피

위원장과 위원은 자기 또는 자기의 친족이거나 친족이었던 사람에 대한 징계 사건의 심의에

---

2 국가공무원법 제78조의2(징계부가금) ① 제78조에 따라 공무원의 징계 의결을 요구하는 경우 그 징계 사유가 다음 각 호의 어느 하나에 해당하는 경우에는 해당 징계 외에 다음 각 호의 행위로 취득하거나 제공한 금전 또는 재산상 이득(금전이 아닌 재산상 이득의 경우에는 금전으로 환산한 금액을 말한다)의 5배 내의 징계부가금 부과 의결을 징계위원회에 요구하여야 한다.

1. 금전, 물품, 부동산, 향응 또는 그 밖에 대통령령으로 정하는 재산상 이익을 취득하거나 제공한 경우
2. 다음 각 목에 해당하는 것을 횡령(橫領), 배임(背任), 절도, 사기 또는 유용(流用)한 경우
   가. 「국가재정법」에 따른 예산 및 기금
   나. 「지방재정법」에 따른 예산 및 「지방자치단체 기금관리기본법」에 따른 기금
   다. 「국고금 관리법」 제2조제1호에 따른 국고금
   라. 「보조금 관리에 관한 법률」 제2조제1호에 따른 보조금
   마. 「국유재산법」 제2조제1호에 따른 국유재산 및 「물품관리법」 제2조제1항에 따른 물품
   바. 「공유재산 및 물품 관리법」 제2조제1호 및 제2호에 따른 공유재산 및 물품
   사. 그 밖에 가목부터 바목까지에 준하는 것으로서 대통령령으로 정하는 것

관여하지 못한다(동법 제17조 제1항). 징계를 청구한 사람은 사건심의에 관여하지 못한다(동조 제2항). 징계혐의자는 위원장 또는 위원에게 위 사유가 있거나 징계결정의 공정을 기대하기 어려운 사정이 있을 때에는 위원회에 그 사실을 서면으로 소명하여 기피를 신청할 수 있다(동조 제3항). 위원회는 제3항의 기피신청이 있을 때에는 재적위원 과반수의 출석과 출석위원 과반수의 찬성으로 기피 여부를 의결한다. 이 경우 기피신청을 받은 사람은 그 의결에 참여하지 못한다(동조 제4항). 위원장이나 위원은 위 경우에는 회피할 수 있다(동조 제5항).

7) 징계의결

검사징계위원회가 사건 심의를 마치면 출석위원 과반수의 찬성으로써 징계를 의결한다(동법 제18조 제1항). 위원회가 징계결정을 할 때 의견이 나뉘어 출석위원 과반수에 이르지 못한 경우에는 출석위원 과반수에 이르기까지 징계혐의자에게 가장 불리한 의견의 수에 차례로 유리한 의견의 수를 더하여 그 중 가장 유리한 의견에 따른다(동조 제2항). 위원회는 징계 사유가 있으나 징계처분을 하지 아니하는 것이 타당하다고 인정되는 경우에는 불문(不問)으로 하는 결정을 할 수 있다(동조 제3항). 검찰총장은 징계의결에 앞서 위원회에 의견을 제시할 수 있다(동조 제4항).

8) 징계의 집행은 견책에 있어서는 징계처분을 받은 검사가 소속하는 검찰청의 검찰총장, 고등검찰청검사장 또는 지방검찰청검사장이 행하고 해임, 면직, 감봉, 정직에 있어서는 법무부장관의 제청으로 대통령이 행한다(동법 제23조 제1항). 검사에 대한 징계처분을 한 때에는 이를 관보에 게재하여야 한다(동법 제23조 제2항).

Ⅲ. 법관윤리강령

법관은 국민의 기본적 인권과 정당한 권리행사를 보장함으로써 자유·평등·정의를 실현하고, 국민으로부터 부여받은 사법권을 법과 양심에 따라 엄정하게 행사하여 민주적 기본질서와 법치주의를 확립하여야 한다.

법관은 이 같은 사명을 다하기 위하여 사법권의 독립과 법관의 명예를 굳게 지켜야 하며 국민으로부터 신뢰와 존경을 받아야 한다. 그러므로 법관은 공정하고 청렴하게 직무를 수행하며, 법관에게 요구되는 높은 수준의 직업윤리를 갖추어야 한다.

이에 우리 법관은 뜻을 모아 법관이 지녀야 할 윤리기준과 행위전범을 마련하여 법관으로서의 자세와 마음가짐을 새롭게 하고자 한다. 모름지기 모든 법관은 이 강령을 스스로의 책임과 규율 아래 잘 지켜 법관의 사명과 책무를 다하여야 할 것이다.

제1조 (사법권 독립의 수호)

법관은 모든 외부의 영향으로부터 사법권의 독립을 지켜 나간다.

제2조 (품위 유지)

법관은 명예를 존중하고 품위를 유지한다.

제3조 (공정성 및 청렴성)

① 법관은 공평무사하고 청렴하여야 하며, 공정성과 청렴성을 의심받을 행동을 하지 아니한다.

② 법관은 혈연·지연·학연·성별·종교·경제적 능력 또는 사회적 지위 등을 이유로 편견을 가지거나 차별을 하지 아니한다.

제4조 (직무의 성실한 수행)

① 법관은 맡은 바 직무를 성실하게 수행하며, 직무수행 능력을 향상시키기 위하여 꾸준히 노력한다.

② 법관은 신속하고 능률적으로 재판을 진행하며, 신중하고 충실하게 심리하여 재판의 적정성이 보장되도록 한다.

③ 법관은 당사자와 대리인 등 소송 관계인을 친절하고 정중하게 대한다.

④ 법관은 재판업무상 필요한 경우를 제외하고는 당사자와 대리인 등 소송 관계인을 법정 이외의 장소에서 면담하거나 접촉하지 아니한다.

⑤ 법관은 교육이나 학술 또는 정확한 보도를 위한 경우를 제외하고는 구체적 사건에 관하여 공개적으로 논평하거나 의견을 표명하지 아니한다.

제5조 (법관의 직무외 활동)

① 법관은 품위 유지와 직무 수행에 지장이 없는 경우에 한하여, 학술 활동에 참여하거나 종교·문화 단체에 가입하는 등 직무외 활동을 할 수 있다.

② 법관은 타인의 법적 분쟁에 관여하지 아니하며, 다른 법관의 재판에 영향을 미치는 행동을 하지 아니한다.

③ 법관은 재판에 영향을 미치거나 공정성을 의심받을 염려가 있는 경우에는 법률적 조언을 하거나 변호사 등 법조인에 대한 정보를 제공하지 아니한다.

제6조 (경제적 행위의 제한)

법관은 재판의 공정성에 관한 의심을 초래하거나 직무수행에 지장을 줄 염려가 있는 경우에는, 금전대차 등 경제적 거래행위를 하지 아니하며 증여 기타 경제적 이익을 받지 아니한다.

제7조 (정치적 중립)

① 법관은 직무를 수행함에 있어 정치적 중립을 지킨다.

② 법관은 정치활동을 목적으로 하는 단체의 임원이나 구성원이 되지 아니하며, 선거운동 등 정치적 중립성을 해치는 활동을 하지 아니한다.

사례

① 법관은 진행 중인 사건을 화해나 조정으로 해결하는 것이 보다 바람직하다고 판단하여 두 당사자를 법정이 아닌 판사실로 불러 면담을 하였다.[3] 이는 법관윤리강령 제4조 제4항상 업무상 필요한 경우에 해당한다.

② 법관은 대학에서 학생들을 대상으로 특강을 진행하면서 특강의 주제와 관련하여 다른 법관이 선고한 구체적인 사건을 예로 들면서 공개적으로 논평할 수 있다.[4] 법관윤리강령 제4조 제5항 참조

③ 법관은 자신이 담당한 공무원의 뇌물죄 사건에서 무죄를 선고하였는데, 기자가 정확한 보도를 위하여 무죄 이유에 대한 설명을 요청하여 이를 응하였다.[5] 법관윤리강령 제4조 제5항의 정확한 보도를 위한 경우에 해당한다.

④ 법관의 특정 정당 또는 국회의원에 대한 소액 후원금을 기부하는 것은 법관윤리강령 제7조상 바람직하지 않다.

⑤ 법관의 배우자가 국회의원선거에 출마한 경우에 배우지를 위하여 선거운동을 할 수 있다. 공직선거법상 예비후보자, 후보자의 배우자이거나 후보자의 직계존속, 직계비속인 법관의 선거운동은 허용된다(공직선거법 제60조 제1항 단서). 이러한 공직선거법의 규정은 일반적 금지 규정인 법원조직법 등에 대하여 특별규정이다. 그러나 이 경우에도 법관의 정치적 중립성에 대한 국민의 신뢰를 손상하지 않아야 한다는 제한은 여전히 유효하다.[6]

Ⅳ. 검사윤리강령

제1조(사명)

검사는 공익의 대표자로서 국법질서를 확립하고 국민의 인권을 보호하며 정의를 실현함을 그 사명으로 한다.

제2조(국민에 대한 봉사)

검사는 직무상의 권한이 국민으로부터 위임된 것임을 명심하여 성실하고 겸손한 자세로 국민에게 봉사한다.

제3조(정치적 중립과 공정)

① 검사는 정치 운동에 관여하지 아니하며, 직무 수행을 할 때 정치적 중립을 지킨다.

② 검사는 피의자나 피해자, 기타 사건 관계인에 대하여 정당한 이유 없이 차별 대우를 하지 아니하며 어떠한 압력이나 유혹, 정실에도 영향을 받지 아니하고 오로지 법과 양심에 따라 엄정하고 공평하게 직무를 수행한다.

---

3 법조윤리 변호사시험 제8회.

4 법조윤리 변호사시험 제11회.

5 법조윤리 변호사시험 제2회.

6 박휴상, 『법조윤리』, 제3판, 도서출판 피데스, 2013, 564면.

제4조(청렴과 명예)

검사는 공·사생활에서 높은 도덕성과 청렴성을 유지하고, 명예롭고 품위 있게 행동한다.

제5조(자기계발)

검사는 변화하는 사회현상을 직시하고 높은 식견과 시대가 요구하는 새로운 지식을 쌓아 직무를 수행함에 부족함이 없도록 하기 위하여 끊임없이 자기계발에 노력한다.

제6조(인권보장과 적법절차의 준수)

검사는 피의자·피고인, 피해자 기타 사건 관계인의 인권을 보장하고 헌법과 법령에 규정된 절차를 준수한다.

제7조(검찰권의 적정한 행사)

검사는 적법한 절차에 의하여 증거를 수집하고 법령의 정당한 적용을 통하여 공소권이 남용되지 않도록 한다.

제8조(검찰권의 신속한 행사)

검사는 직무를 성실하고 신속하게 수행함으로써 국가형벌권의 실현이 부당하게 지연되지 않도록 한다.

제9조(사건의 회피)

① 검사는 취급 중인 사건의 피의자, 피해자 기타 사건 관계인(당사자가 법인인 경우 대표이사 또는 지배주주)과 민법 제777조의 친족관계에 있거나 그들의 변호인으로 활동한 전력이 있을 때 또는 당해 사건과 자신의 이해가 관련되었을 때에는 그 사건을 회피한다.

② 검사는 취급 중인 사건의 사건 관계인과 제1항 이외의 친분 관계 기타 특별한 관계가 있는 경우에도 수사의 공정성을 의심받을 우려가 있다고 판단했을 때에는 그 사건을 회피할 수 있다.

제10조(사건 관계인에 대한 자세)

검사는 인권보호수사준칙을 준수하고 피의자, 피해자 등 사건 관계인의 주장을 진지하게 경청하며 객관적이고 중립적인 입장에서 사건 관계인을 친절하게 대하도록 노력한다.

제11조(변호인에 대한 자세)

검사는 변호인의 변호권행사를 보장하되 취급 중인 사건의 변호인 또는 그 직원과 정당한 이유 없이 사적으로 접촉하지 아니한다.

제12조(검사 상호간의 자세)

① 검사는 상급자에게 예의를 갖추어 정중하게 대하며, 직무에 관한 상급자의 지휘·감독에 따라야 한다. 다만, 구체적 사건과 관련된 상급자의 지휘·감독의 적법성이나 정당성에 이견이 있을 때에는 절차에 따라서 이의를 제기할 수 있다.

② 검사는 하급자의 인격과 명예를 존중하고, 하급자에 대하여 업무와 관련 없는 지시를 하

지 아니한다.

③ 상급자와 하급자는 상호 소통하며 공정한 직무수행을 위해 노력한다.

제13조(사법경찰관리에 대한 자세)

검사는 수사의 주재자로서 엄정하고 합리적으로 사법경찰관리를 지휘하고 감독한다.

제14조(외부 인사와의 교류)

검사는 직무 수행의 공정성을 의심받을 우려가 있는 자와 교류하지 아니하며 그 처신에 유의한다.

제15조(사건 관계인 등과의 사적 접촉 제한)

검사는 자신이 취급하는 사건의 피의자, 피해자 등 사건 관계인 기타 직무와 이해관계가 있는 자와 정당한 이유 없이 사적으로 접촉하지 아니한다.

제16조(직무 등의 부당 이용 금지)

① 검사는 항상 공·사를 분명히 하고 자기 또는 타인의 부당한 이익을 위하여 그 직무나 직위를 이용하지 아니한다.

② 검사는 직무와 관련하여 알게 된 사실이나 취득한 자료를 부당한 목적으로 이용하지 아니한다.

제17조(영리행위 등 금지)

검사는 금전상의 이익을 목적으로 하는 업무에 종사하거나 법무부장관의 허가 없이 보수 있는 직무에 종사하는 일을 하지 못하며, 법령에 의하여 허용된 경우를 제외하고는 다른 직무를 겸하지 아니한다.

제18조(알선·청탁 등 금지)

① 검사는 다른 검사나 다른 기관에서 취급하는 사건 또는 사무에 관하여 공정한 직무를 저해할 수 있는 알선·청탁이나 부당한 영향력을 미치는 행동을 하지 아니한다.

② 검사는 부당한 이익을 목적으로 타인의 법적 분쟁에 관여하지 아니한다.

제19조(금품수수금지)

검사는 제14조에서 규정한 직무 수행의 공정성을 의심받을 우려가 있는 자나 제15조에서 규정한 사건관계인 등으로부터 정당한 이유 없이 금품, 금전상 이익, 향응이나 기타 경제적 편의를 제공받지 아니한다.

제20조(특정 변호사 선임 알선 금지)

검사는 직무상 관련이 있는 사건이나 자신이 근무하는 기관에서 취급 중인 사건에 관하여 피의자, 피고인 기타 사건 관계인에게 특정 변호사의 선임을 알선하거나 권유하지 아니한다.

제21조(외부 기고 및 발표에 관한 원칙)

검사는 직무와 관련된 사항에 관하여 검사의 직함을 사용하여 대외적으로 그 내용이나 의견을 기고·발표하는 등 공표할 때에는 소속 기관장에게 미리 신고를 한다. 다만, 수사사건의 공개에 관한 사항은 인권보호를 위한 수사공보준칙을 우선 적용한다.

제22조(직무상 비밀유지)

검사는 수사사항, 사건 관계인의 개인 정보 기타 직무상 파악한 사실에 대하여 비밀을 유지하여야 하며, 전화, 팩스 또는 전자우편 그리고 기타 통신수단을 이용할 때에는 직무상 비밀이 누설되지 않도록 유의한다.

제23조(검사실 직원 등의 지도·감독)

검사는 그 사무실의 검찰공무원, 사법연수생, 기타 자신의 직무에 관여된 공무원을 인격적으로 존중하며, 그들이 직무에 관하여 위법 또는 부당한 행위를 하거나 업무상 지득한 비밀을 누설하거나 부당하게 이용하지 못하도록 지도·감독 한다.

사례

① 강도강간의 피해자가 제출한 팬티에 대한 국립과학수사연구소의 유전자검사결과 그 팬티에서 범인으로 지목되어 기소된 원고나 피해자의 남편과 다른 남자의 유전자형이 검출되었다는 감정결과를 검사가 공판과정에서 입수한 경우 그 감정서는 원고의 무죄를 입증할 수 있는 결정적인 증거에 해당하는데도 검사가 그 감정서를 법원에 제출하지 아니하고 은폐하였다면 검사의 그와 같은 행위는 위법하다고 보아 국가배상책임을 인정한 사례 : 검사는 공익의 대표자로서 실체적 진실에 입각한 국가 형벌권의 실현을 위하여 공소제기와 유지를 할 의무뿐만 아니라 그 과정에서 피고인의 정당한 이익을 옹호하여야 할 의무를 진다고 할 것이고, 따라서 검사가 수사 및 공판과정에서 피고인에게 유리한 증거를 발견하게 되었다면 피고인의 이익을 위하여 이를 법원에 제출하여야 한다. 결정적인 물증을 입수하고도 이를 제출하지 아니한 것은 국가형벌권의 남용으로서 위법하다.[7]

② 검사 등의 수사기관이 피의자를 수사하여 공소를 제기하였으나 법원에서 무죄판결이 확정된 경우, 수사기관에게 불법행위책임을 인정할 수 있는 경우는 무엇인가?

- 객관적으로 보아 사법경찰관이나 검사가 당해 피의자에 대하여 유죄의 판결을 받을 가능성이 있다는 혐의를 가지게 된 데에 상당한 이유가 있는 때에는 후일 재판과정을 통하여 그 범죄사실의 존재를 증명함에 족한 증거가 없다는 이유로 그에 관하여 무죄의 판결이 확정되더라도, 수사기관의 판단이 경험칙이나 논리칙에 비추어 도저히 그 합리성을 긍정할 수 없는 정도에 이른 경우에만 귀책사유가 있다고 할 것이다.[8]

③ 검사 甲은 평소 국회의원 A와 두터운 친분이 있어 매년 소액의 후원금을 국회의원 A가 소속된 정당에 기부하였다. 검사 甲의 행위는 검사윤리강령에 위배되지 않는가?

- 검사는 정치인에게 후원금을 포함한 정치자금을 제공하는 행위를 할 수 없다(검사윤리강령 제3조 제1항). 검사 甲의 행위는 검사윤리강령에 위배된다.

---

7 대법원 2002. 2. 22. 선고 2001다23447 판결.

8 대법원 2005. 12. 23. 선고 2004다46366 판결.

④ 검사는 사돈인 자기 형수의 동생이 고소한 사건을 배당받는 경우, 고소인 또는 피고소인의 변호인으로 활동한 전력이 없고 자신과 이해관계가 없는 사건이라도 그 사건을 회피해야 하는지 여부

- 검사는 취급 중인 사건의 피의자, 피해자 기타 사건 관계인(당사자가 법인인 경우 대표이사 또는 지배주주)과 민법 제777조의 친족관계에 있거나 그들의 변호인으로 활동한 전력이 있을 때 또는 당해 사건과 자신의 이해가 관련되었을 때에는 그 사건을 회피한다(검사윤리강령 제9조 제1항). 민법 제777조의 친족의 범위는 8촌 이내의 혈족, 4촌 이내의 인척, 배우자이다. 민법 제769조는 인척의 계원은 혈족의 배우자, 배우자의 혈족, 배우자의 혈족의 배우자이다. 자기 형수의 동생은 인척이 아니다. 따라서 자기 형수의 동생 사건은 회피 대상 사건이 아니다.[9]

⑤ 서울중앙지방검찰청 소속 공보담당관인 검사는 최근 소속 청의 검사가 공소 제기한 사건에 관하여 기자로부터 취재 요청을 받고는, 검찰청의 장의 승인을 받아 작성한 공보자료에 의하여 수사결과를 설명하였다.[10] 이는 검사윤리강령 제21조에 위반되지 않는다.

9 법조윤리 변호사시험 제11회.

10 법조윤리 변호사시험 제3회.

참고문헌

김건호, 『법조윤리강의』, 제2판, 진원사, 2013.
김준호, 『민법강의』, 제20판, 2014.
대한변호사협회, 『징계사례집(제4집)』.
______________, 『징계사례집(제7집)』.
______________, 『변호사법 축조해설』.
______________, 『변호사법 질의회신』.
박 준, 이상원, 이효원, 박준석, 윤지현, 『주요 국가의 변호사 윤리규범-영국·독일·프랑스·EU·일본-』, 도서출판 소화, 2011.
박휴상, 『핵심 법조윤리』, 신정3판, 도서출판 피데스, 2016.
______, 『법조윤리』, 제3판, 도서출판 피데스, 2013.
사법연수원, 『법조윤리론』, 2006.
이상수, 『법조윤리의 이론과 실제』, 서강대학교출판부, 2009.
이시윤, 『신민사소송법』, 제14판, 박영사, 2020.
이재상, 『신형사소송법』, 제2판, 박영사, 2011.
______, 『형법각론』, 제7판, 박영사, 2010.
이철송, 『회사법강의』, 박영사, 2012.
오승종, 『회사변호사의 윤리』, 집문당, 2004.
정형근, 『변호사법 주석』, 피앤씨미디어, 2016.
최진안, 『법조윤리』, 제2판, 세창출판사, 2012.
한인섭 외 6인, 『법조윤리』, 제2판, 박영사, 2011.
홍관표, 『핵심 법조윤리』, 제7판, 에듀비, 2020.

부록 1 - 소송위임장 양식

<table>
<tr><td colspan="2">소 송 위 임 장</td></tr>
<tr><td>사 건</td><td></td></tr>
<tr><td>원 고</td><td></td></tr>
<tr><td>피 고</td><td></td></tr>
<tr><td colspan="2">위 사건에 관하여 아래 수임인을 소송대리인으로 선임하고, 아래에서 정한 권한을 수여합니다.</td></tr>
<tr><td>수임인</td><td>변호사
주 소 :
전 화 : 팩스:</td></tr>
<tr><td>수권사항</td><td>(1) 일체의 소송행위
(2) 변제의 수령 (3) 상소의 제기 (4) 반소의 제기
(5) 재판상 또는 재판외의 화해 (6) 복대리인의 선임
(7) 기타 특별수권사항 [권한을 부여하면 ○표시, 보류하면 ×표시]
<table>
<tr><th colspan="2">기타 특별수권사항</th><th>수권여부</th></tr>
<tr><td>소의 취하</td><td>제기된 소송의 전부 또는 일부를 철회하여 소송을 종료할 수 있는 권한</td><td>○</td></tr>
<tr><td>상소의 취하</td><td>원심을 유지·확정하면서 상소의 신청을 철회할 수 있는 권한</td><td>○</td></tr>
<tr><td>청구의 포기</td><td>위임인의 청구가 이유 없다고 인정하여 소송을 종료할 수 있는 권한</td><td>○</td></tr>
<tr><td>청구의 인낙</td><td>상대방의 청구가 이유 있다고 인정하여 소송을 종료할 수 있는 권한</td><td>○</td></tr>
<tr><td>소송 탈퇴</td><td>제3자가 소송에 참가한 경우 그 소송에서 탈퇴할 수 있는 권한(민사소송법 제80조에 따른 탈퇴)</td><td>○</td></tr>
</table></td></tr>
<tr><td>20 년 월 일

위임인
주 소</td><td>지방변호사회
경유증표</td></tr>
</table>

부록 2 - 변호인선임신고서 양식

변호인선임신고서

사건번호

사 건 명

피 고 인

(피 의 자)

위 사건에 관하여 법무법인 OO을 변호인으로 선임하였으므로 이에 변호인선임신고서를 제출합니다.

2019. . .

선임인 ○ ○ ○ (인)

위 본인의 무인임을 증명합니다. 교위 O O O (인)

위 변호인 법무법인 O O

대표변호사 O O O

지방변호사회 경유증표

※ 위 변호인의 주 담당 변호사 OOO은 아래 연락처로 각종 통지를 받을 의사가 있음을 확인합니다.

핸드폰 번호	
이메일 주소	

귀중

부록 3 - 사건위임계약서(민사·행정 등)

사건위임계약서(민사·행정 등)

위임인(갑) :
수임인(을) : 변호사 / 법무법인

사건의 표시

사건번호		사 건 명	
당 사 자		상 대 방	

위 당사자들은 위 표시 사건의 제____심에 있어서의 사건처리에 관한 위임계약을 다음과 같이 체결한다.

제1조 [목적] 갑은 을에게 위 표시 사건의 처리(이하 "위임사무"라 한다)를 위임하고, 을은 이를 수임한다.

제2조 [위임한계] 갑이 을에게 위임하는 위임사무의 한계는 당해 심급에 한하고, 파기 환송된 사건이나 상소의 제기, 강제집행, 강제집행정지, 보전처분 등 부수적 절차에 관한 사항은 따로 정한다. 보전처분 사건의 경우, 이의사건 또는 취소사건은 별개의 위임사무로 한다.

제3조 [수권범위] 갑은 을에게 따로 작성하여 교부하는 위임장 또는 선임서에 적은 자격과 권한을 수여한다.

제4조 [수임인의 의무] 을은 변호사로서 법령에 정한 권리와 의무에 입각하여, 위임의 내용에 따라 선량한 관리자의 주의를 다하여 위임사무를 처리한다.

제5조 [자료제공 등] 을이 위임사무를 처리하는데 필요하다고 인정하여 요구한 자료 또는 조회한 사항에 대하여 갑은 지체 없이 이에 응하여야 한다.

제6조 [착수보수] ① 갑은 을에게 위임계약의 성립과 동시에 착수보수로 금____________원(부가가치세 별도)을 지급한다.
② 제1항의 착수보수는 을이 위임사무에 관한 연구, 조사, 서면작성을 하는 등 위임사무에 착수한 후, 을에게 책임 없는 사유로 인한 당사자의 소의 부제기 또는 취하, 상소의 부제기 또는 취하, 청구의 포기, 인락, 소송상 화해, 조정, 소송물의 양도,

당사자의 사망 등의 경우에는 갑이 그 반환을 청구하지 못하는 것을 원칙으로 하되, 필요한 경우 갑과 을의 협의 하에 이를 조정할 수 있다.

③ 을이 위임사무를 착수하기 이전이라도 을에게 책임 없는 사유로 인한 갑의 일방적인 위임계약 해지, 또는 제9조에 의한 위임계약의 해지 등의 사유가 발생한 경우에는 이로 인하여 을이 입거나 입게 되는 손해 혹은 손실에 해당하는 금액을 공제한 나머지 금액을 반환하기로 한다.

④ 갑과 을이 합의로 위임계약을 해지 또는 을이 부득이한 사유로 위임계약을 해지하는 경우에는, 당시까지 을의 변호사 및 전문보조인력들이 갑을 위하여 일한 일체의 시간(수임을 위하여 상담하거나 연구한 시간 포함)에 을이 정하고 있는 시간당 보수율을 곱하여 산출된 금액을 착수보수에서 공제하고 잔액이 있을 경우 이를 반환한다.

제7조 [성과보수]

가. 성과보수

위임사무가 판결, 재판상 내지 재판외 화해(화해권고결정 포함), 조정(조정에 갈음한 결정 포함) 등으로 성공한 때에는 다음 구분에 의하여 성과보수를 지급하기로 한다.

① 전부 승소한 경우 : 금________________원(부가가치세 별도)

일부 승소한 경우 : 위 금액을 승소비율로 계산한 금액(부가가치세 별도)

② 승소로 얻은 경제적 이익가액의 ______%에 해당하는 금액(부가가치세 별도)

③ 상소심의 경우 달리 정함이 없는 한 상소심의 심판의 대상 전부를 기준으로 하여 승소 비율을 정한다.

나. 승소로 보는 경우 : 다음의 경우에는 승소로 보고, 위 가항에 정한 성과보수액을 지급하여야 한다.

① 을이 위임사무처리를 위하여 상당한 노력을 투입한 후 갑이 임의로 청구의 포기 또는 인락, 소의 취하, 상소를 취하한 경우

② 을의 소송수행 결과로 인하여 상대방이 청구의 포기 또는 인락, 소의 취하, 상소를 취하한 경우(상대방이 이러한 사정으로 청구취지 또는 항소취지를 감축하는 경우에도 감축된 부분에 관하여 성공한 것으로 본다.)

③ 을의 소송수행 결과로 인하여 소송대상인 행정처분이 직권취소되거나 경정처분된 경우

④ 을이 위임사무 처리를 위하여 상당한 노력을 투입한 후 갑이 정당한 사유 없이 위임계약을 해지하거나, 제9조에 따라 을이 위임계약을 해지한 경우

다. 전항 제1호 사유 중 갑이 아무런 경제적인 이득 또는 기타 이득이 없이 청구의 포기, 소의 취하, 인락, 상소를 취하한 때에는 을의 노력 및 업무 수행 경과를 감안, 갑과 을이 상호 협의하여 성과보수를 조정할 수 있다.

제8조 [비용부담] ① 을이 위임사무를 처리하는데 필요한 인지대, 송달료, 감정료, 예납금, 보증금, 등사료, 여비, 기타 필요한 실비는 그 전액을 갑이 부담한다.

② 갑은 제1항의 비용에 충당하기 위하여 금 ________________원을 예치한다.

③ 출장 일당으로 1일 금 ________________원을 비용 발생 때 지급한다.

④ 전항의 비용은 제2항의 예치금 중에서 충당할 수 있다.

제9조 [계약해지] 갑이 이 위임계약에 정한 의무를 이행하지 아니하거나 위임사무의 내용에 관하여 진술한 사실이 허위인 때에는, 고의가 아닌 경우라도 을은 이 계약을 해지하고 사임할 수 있다.

제10조 [통지의무] 을은 위임사무의 중요한 처리상황 및 그 결과를 갑에게 통지하고, 위임이 종료한 때에는 그 결과를 갑에게 지체 없이 통지하여야 한다.

제11조 [보수지급의 지체] ① 갑이 이 위임계약에 정한 비용 또는 보수의 지급을 지체한 때에는, 을은 위임사무에 착수하지 않거나 그 위임사무의 처리를 중단하거나 사임할 수 있다.
② 전항의 경우 을은 신속하게 갑에게 그 취지를 통지하여야 한다.

제12조 [자료의 보관책임] 을이 위임사무를 처리하기 위하여 갑으로부터 제공받은 자료는 위임 종료시 갑에게 수령할 것을 통지한 후 3개월 내에 별다른 의사표시가 없을 경우 을은 이를 임의로 폐기할 수 있다.

제13조 [지급보장] ① 을은 이 위임계약에 정한 비용 또는 보수의 지급을 확실하게 보장하기 위하여 갑에게 필요한 조치를 요구할 수 있다.
② 을은 갑이 제1항의 비용 또는 보수의 지급의무를 이행하지 아니하는 때에는, 위임사무의 처리에 관련하여 보관하게 된 금전, 문서 또는 자료 등을 유치하거나 상계처리할 수 있다.
③ 전항의 경우 을은 신속하게 갑에게 그 취지를 통지하여야 한다.

제14조 [인장조각] 이 위임계약의 수행 상 필요한 경우, 을은 갑 또는 당사자의 인장을 조각하여 사용할 수 있다. 단, 을은 사후에 인장조각 및 사용사실을 통지하여야 한다.

제15조 [비밀유지] 을은 업무상 취득한 갑의 모든 비밀정보를 비밀로 유지하고, 업무수행상 필요하거나 법적으로 공개가 요구되는 경우 이외에는 갑의 동의 없이 제3자에게 공개하지 아니한다.

제16조 [민법과의 관계] 기타 위임사항에 관하여 이 위임계약서에 특별히 규정되어 있는 사항을 제외하고는 민법상 위임에 관한 규정이 정한 바에 의한다.

* 특약사항

이 계약의 성립을 증명하기 위하여 이 계약서 2통을 작성하고, 갑과 을이 각 1통씩 보관한다.

20 . . .

갑 : 위임인

성 명 날인(서명)

주 소

주민등록번호 또는 사업자등록번호

전화 또는 핸드폰 번호

이메일 주소

을 : 수임인 변호사 / 법무법인

담당변호사

수임인이 판결문 기재, 채권 추심, 판결(판결과 동일한 효력이 있는 화해, 조정결정 등 포함)의 집행 등 위임인과 관련된 사건의 수행을 위하여 위에 기재된 위임인의 정보를 처리하고 처리 목적 달성 시 또는 위임인의 파기 요청 시까지 보유함에 대해, 위임인은 이에 동의합니다.

위임인 성명 ____________ 날인(서명) ______________

부록 4 - 변호사 윤리장전

1962. 6. 30. 선 포
1973. 5. 26. 개 정
1993. 5. 24. 개 정
1995. 2. 25. 개 정
2000. 7. 4. 전문개정
2014. 2. 24. 전문개정
2016. 2. 29. 개 정
2017. 2. 27. 개 정

윤 리 강 령

1. 변호사는 기본적 인권의 옹호와 사회정의의 실현을 사명으로 한다.
2. 변호사는 성실·공정하게 직무를 수행하며 명예와 품위를 보전한다.
3. 변호사는 법의 생활화 운동에 헌신함으로써 국가와 사회에 봉사한다.
4. 변호사는 용기와 예지와 창의를 바탕으로 법률문화향상에 공헌한다.
5. 변호사는 민주적 기본질서의 확립에 힘쓰며 부정과 불의를 배격한다.
6. 변호사는 우애와 신의를 존중하며, 상호부조·협동정신을 발휘한다.
7. 변호사는 국제 법조 간의 친선을 도모함으로써 세계 평화에 기여한다.

윤 리 규 약

제1장 일반적 윤리

제1조 [사명] ① 변호사는 인간의 자유와 권리를 보호하고 향상시키며, 법을 통한 정의의 실현을 위하여 노력한다.

② 변호사는 공공의 이익을 위하여 봉사하며, 법령과 제도의 민주적 개선에 노력한다.

제2조 [기본 윤리] ① 변호사는 공정하고 성실하게 독립하여 직무를 수행한다.

② 변호사는 그 직무를 행함에 있어서 진실을 왜곡하거나 허위진술을 하지 아니한다.

③ 변호사는 서로 존중하고 예의를 갖춘다.

④ 변호사는 법률전문직으로서 필요한 지식을 탐구하고 윤리와 교양을 높이기 위하여 노력한다.

제2장 직무에 관한 윤리

제3조 [회칙 준수 등] 변호사는 법령과 대한변호사협회 및 소속 지방변호사회의 회칙·규칙·규정 등을 준수하고, 그 구성과 활동에 적극 참여한다.

제4조 [공익 활동 등] ① 변호사는 공익을 위한 활동을 실천하며 그에 참여한다.

② 변호사는 국선변호 등 공익에 관한 직무를 위촉받았을 때에는 공정하고 성실하게 직무를 수행하며, 이해관계인 등으로부터 부당한 보수를 받지 아니한다.

제5조 [품위유지의무] 변호사는 품위를 유지하고, 명예를 손상하는 행위를 하지 아니한다.

제6조 [겸직 제한] ① 변호사는 보수를 받는 공무원을 겸하지 아니한다. 다만, 법령이 허용하는 경우와 공공기관에서 위촉한 업무를 행하는 경우에는 그러하지 아니하다.

② 변호사는 소속 지방변호사회의 허가 없이 상업 기타 영리를 목적으로 하는 업무를 경영하거나, 이를 경영하는 자의 사용인이 되거나, 또는 영리법인의 업무집행사원·이사 또는 사용인이 될 수 없다.

③ 제1항 및 제2항의 규정은 변호사가 휴업한 때에는 이를 적용하지 아니한다.

제7조 [이중 사무소 금지] 변호사는 어떠한 명목으로도 둘 이상의 법률사무소를 둘 수 없다. 다만, 사무공간 부족 등 부득이한 사유가 있어 대한변호사협회가 정하는 바에 따라 인접한 장소에 별도의 사무실을 두고 변호사가 주재하는 경우에는, 본래의 법률사무소와 함께 하나의 사무소로 본다.

제8조 [사무직원] ① 변호사는 사건의 유치를 주된 임무로 하는 사무직원을 채용하지 아니한다.

② 변호사는 사무직원에게 사건유치에 대한 대가를 지급하지 아니한다.

③ 변호사는 사무직원을 채용함에 있어서 다른 변호사와 부당하게 경쟁하거나 신의에 어긋나는 행위를 하지 아니한다.

④ 변호사는 사무직원이 법령과 대한변호사협회 및 소속 지방변호사회의 회칙, 규칙 등을 준수하여 성실히 사무에 종사하도록 지휘·감독한다.

제9조 [부당한 사건유치 금지 등] ① 변호사는 사건의 알선을 업으로 하는 자로부터 사건의 소개를 받거나, 이러한 자를 이용하거나, 이러한 자에게 자기의 명의를 이용하게 하는 일체의 행위를 하지 아니한다.

② 변호사는 어떠한 경우를 막론하고 사건의 소개·알선 또는 유인과 관련하여 소개비, 기타 이와 유사한 금품이나 이익을 제공하지 아니한다.

제10조 [상대방 비방 금지 등] ① 변호사는 상대방 또는 상대방 변호사를 유혹하거나 비방하지 아니한다.

② 변호사는 수임하지 않은 사건에 개입하지 아니하고, 그에 대한 경솔한 비판을 삼간다.

제11조 [위법행위 협조 금지 등] ① 변호사는 의뢰인의 범죄행위, 기타 위법행위에 협조하지 아니

한다. 직무수행 중 의뢰인의 행위가 범죄행위, 기타 위법행위에 해당된다고 판단된 때에는 즉시 그에 대한 협조를 중단한다.

② 변호사는 범죄혐의가 희박한 사건의 고소, 고발 또는 진정 등을 종용하지 아니한다.

③ 변호사는 위증을 교사하거나 허위의 증거를 제출하게 하거나 이러한 의심을 받을 행위를 하지 아니한다.

第12조 [개인정보의 보호] 변호사는 업무를 수행함에 있어서 개인정보의 보호에 유의한다.

제3장 의뢰인에 대한 윤리

제1절 일반규정

第13조 [성실의무] ① 변호사는 의뢰인에게 항상 친절하고 성실하여야 한다.

② 변호사는 업무처리에 있어서 직업윤리의 범위 안에서 가능한 한 신속하게 의뢰인의 위임목적을 최대한 달성할 수 있도록 노력한다.

第14조 [금전거래의 금지] 변호사는 그 지위를 부당하게 이용하여 의뢰인과 금전대여, 보증, 담보제공 등의 금전거래를 하지 아니한다.

第15조 [동의 없는 소 취하 등 금지] 변호사는 의뢰인의 구체적인 수권 없이 소 취하, 화해, 조정 등 사건을 종결시키는 소송행위를 하지 아니한다.

第16조 [수임 거절 등] ① 변호사는 의뢰인이나 사건의 내용이 사회 일반으로부터 비난을 받는다는 이유만으로 수임을 거절하지 아니한다.

② 변호사는 노약자, 장애인, 빈곤한 자, 무의탁자, 외국인, 소수자, 기타 사회적 약자라는 이유만으로 수임을 거절하지 아니한다.

③ 변호사는 법원을 비롯한 국가기관 또는 대한변호사협회나 소속 지방변호사회로부터 국선변호인, 국선대리인, 당직변호사 등의 지정을 받거나 기타 임무의 위촉을 받은 때에는, 신속하고 성실하게 이를 처리하고 다른 일반 사건과 차별하지 아니한다. 그 선임된 사건 또는 위촉받은 임무가 이미 수임하고 있는 사건과 이해관계가 상반되는 등 정당한 사유가 있는 경우에는, 그 취지를 알리고 이를 거절한다.

第17조 [국선변호인 등] ① 국선변호인 등 관련 법령에 따라 국가기관에 의하여 선임된 변호사는 그 사건을 사선으로 전환하기 위하여 부당하게 교섭하지 아니한다.

② 의뢰인의 요청에 의해 국선변호인 등이 사선으로 전환한 경우에는 별도로 소송위임장, 변호사선임신고서 등을 제출한다.

第18조 [비밀유지 및 의뢰인의 권익보호] ① 변호사는 직무상 알게 된 의뢰인의 비밀을 누설하거나 부당하게 이용하지 아니한다.

② 변호사는 직무와 관련하여 의뢰인과 의사교환을 한 내용이나 의뢰인으로부터 제출받은 문

서 또는 물건을 외부에 공개하지 아니한다.

③ 변호사는 직무를 수행하면서 작성한 서류, 메모, 기타 유사한 자료를 외부에 공개하지 아니한다.

④ 제1항 내지 제3항의 경우에 중대한 공익상의 이유가 있거나, 의뢰인의 동의가 있는 경우 또는 변호사 자신의 권리를 방어하기 위하여 필요한 경우에는, 최소한의 범위에서 이를 공개 또는 이용할 수 있다.

제2절 사건의 수임 및 처리

제19조 [예상 의뢰인에 대한 관계] ① 변호사는 변호사로서의 명예와 품위에 어긋나는 방법으로 예상 의뢰인과 접촉하거나 부당하게 소송을 부추기지 아니한다.

② 변호사는 사무직원이나 제3자가 사건유치를 목적으로 제1항의 행위를 하지 않도록 주의한다.

제20조 [수임 시의 설명 등] ① 변호사는 의뢰인이 사건 위임 여부를 결정할 수 있도록 의뢰인으로부터 제공받은 정보를 기초로 사건의 전체적인 예상 진행과정, 수임료와 비용, 기타 필요한 사항을 설명한다.

② 변호사는 의뢰인이 기대하는 결과를 얻을 가능성이 없거나 희박한 사건을 그 가능성이 높은 것처럼 설명하거나 장담하지 아니한다.

③ 변호사는 상대방 또는 상대방 대리인과 친족관계 등 특수한 관계가 있을 때에는, 이를 미리 의뢰인에게 알린다.

④ 변호사는 사건의 수임을 위하여 재판이나 수사업무에 종사하는 공무원과의 연고 등 사적인 관계를 드러내며 영향력을 미칠 수 있는 것처럼 선전하지 아니한다.

제21조 [부당한 사건의 수임금지] 변호사는 위임의 목적 또는 사건처리의 방법이 현저하게 부당한 경우에는 당해 사건을 수임하지 아니한다.

제22조 [수임 제한] ① 변호사는 다음 각 호의 어느 하나에 해당하는 사건을 수임하지 아니한다. 다만, 제3호의 경우 수임하고 있는 사건의 의뢰인이 동의하거나, 제4호의 경우 의뢰인이 동의하거나, 제5호 및 제6호의 경우 관계되는 의뢰인들이 모두 동의하고 의뢰인의 이익이 침해되지 않는다는 합리적인 사유가 있는 경우에는 그러하지 아니하다.

1. 과거 공무원·중재인·조정위원 등으로 직무를 수행하면서 취급 또는 취급하게 된 사건이거나, 공정증서 작성사무에 관여한 사건
2. 동일한 사건에 관하여 상대방을 대리하고 있는 경우
3. 수임하고 있는 사건의 상대방이 위임하는 다른 사건
4. 상대방 또는 상대방 대리인과 친족관계에 있는 경우
5. 동일 사건에서 둘 이상의 의뢰인의 이익이 서로 충돌하는 경우
6. 현재 수임하고 있는 사건과 이해가 충돌하는 사건

② 변호사는 위임사무가 종료된 경우에도 종전 사건과 기초가 된 분쟁의 실체가 동일한 사건에서 대립되는 당사자로부터 사건을 수임하지 아니한다. (개정 2016. 2. 29.)

③ 변호사는 의뢰인과 대립되는 상대방으로부터 사건의 수임을 위해 상담하였으나 수임에 이르지 아니하였거나 기타 그에 준하는 경우로서, 상대방의 이익이 침해되지 않는다고 합리적으로 여겨지는 경우에는, 상담 등의 이유로 수임이 제한되지 아니한다.

제23조 [위임장 등의 제출 및 경유] ① 변호사는 사건을 수임하였을 때에는 소송위임장이나 변호인 선임신고서 등을 해당 기관에 제출한다. 이를 제출하지 아니하고는 전화, 문서, 방문, 기타 어떠한 방법으로도 변론활동을 하지 아니한다.

② 변호사는 법률사건 또는 법률사무에 관한 소송위임장이나 변호인선임신고서 등을 공공기관에 제출할 때에는, 사전에 소속 지방변호사회를 경유한다. 다만, 사전에 경유할 수 없는 급박한 사정이 있는 경우에는 사후에 지체 없이 경유 절차를 보완한다.

제24조 [금전 등의 수수] 변호사는 예납금, 보증금 등의 금전 및 증거서류 등의 수수를 명백히 하고, 이로 인한 분쟁이 발생하지 아니하도록 주의한다.

제25조 [다른 변호사의 참여] ① 변호사는 의뢰인이 다른 변호사에게 해당 사건을 의뢰하는 것을 방해하지 아니한다.

② 변호사는 의뢰인이 변호사를 바꾸고자 할 경우에는 업무의 인수인계가 원활하게 이루어질 수 있도록 합리적인 범위 내에서 협조한다.

제26조 [공동 직무수행] ① 변호사는 동일한 의뢰인을 위하여 공동으로 직무를 수행하는 경우에는, 의뢰인의 이익을 위해 서로 협력한다.

② 변호사는 공동으로 직무를 수행하는 다른 변호사와 의견이 맞지 아니하여 의뢰인에게 불이익을 미칠 수 있는 경우에는, 지체 없이 의뢰인에게 이를 알린다.

제27조 [의뢰인 간의 이해 대립] 수임 이후에 변호사가 대리하는 둘 이상의 의뢰인 사이에 이해의 대립이 발생한 경우에는, 변호사는 의뢰인들에게 이를 알리고 적절한 방법을 강구한다.

제28조 [사건처리 협의 등] ① 변호사는 의뢰인에게 사건의 주요 경과를 알리고, 필요한 경우에는 의뢰인과 협의하여 처리한다.

② 변호사는 의뢰인의 요청이나 요구가 변호사의 품위를 손상시키거나 의뢰인의 이익에 배치된다고 인정하는 경우에는, 그 이유를 설명하고 이에 따르지 않을 수 있다.

제29조 [사건처리의 종료] 변호사는 수임한 사건의 처리가 종료되면, 의뢰인에게 그 결과를 신속히 설명한다.

제30조 [분쟁 조정] 변호사는 의뢰인과 직무와 관련한 분쟁이 발생한 경우에는, 소속 지방변호사회의 조정에 의하여 분쟁을 해결하도록 노력한다.

제3절 보 수

제31조 [원칙] ① 변호사는 직무의 공공성과 전문성에 비추어 부당하게 과다한 보수를 약정하지 아니한다.

② 변호사의 보수는 사건의 난이도와 소요되는 노력의 정도와 시간, 변호사의 경험과 능력, 의뢰인이 얻게 되는 이익의 정도 등 제반 사정을 고려하여 합리적으로 결정한다.

제32조 [서면계약] 변호사는 사건을 수임할 경우에는 수임할 사건의 범위, 보수, 보수 지급방법, 보수에 포함되지 않는 비용 등을 명확히 정하여 약정하고, 가급적 서면으로 수임계약을 체결한다. 다만, 단순한 법률자문이나 서류의 준비, 기타 합리적인 이유가 있는 경우에는 그러하지 아니하다.

제33조 [추가 보수 등] ① 변호사는 정당한 사유 없이 추가보수를 요구하지 아니한다.

② 변호사는 명백한 서면 약정 없이 공탁금, 보증금, 기타 보관금 등을 보수로 전환하지 아니한다. 다만, 의뢰인에게 반환할 공탁금 등을 미수령 채권과 상계할 수 있다.

③ 변호사는 담당 공무원에 대한 접대 등의 명목으로 보수를 정해서는 아니 되며, 그와 연관된 명목의 금품을 요구하지 아니한다.

제34조 [보수 분배 금지 등] ① 변호사는 변호사 아닌 자와 공동의 사업으로 사건을 수임하거나 보수를 분배하지 아니한다. 다만, 외국법자문사법에서 달리 정하는 경우에는 그러하지 아니하다.

② 변호사는 소송의 목적을 양수하거나, 정당한 보수 이외의 이익분배를 약정하지 아니한다.

제4장 법원, 수사기관, 정부기관, 제3자 등에 대한 윤리

제1절 법원, 수사기관 등에 대한 윤리

제35조 [사법권의 존중 및 적법 절차 실현] 변호사는 사법권을 존중하며, 공정한 재판과 적법 절차의 실현을 위하여 노력한다.

제36조 [재판절차에서의 진실의무] ① 변호사는 재판절차에서 의도적으로 허위 사실에 관한 주장을 하거나 허위증거를 제출하지 아니한다.

② 변호사는 증인에게 허위의 진술을 교사하거나 유도하지 아니한다.

제37조 [소송 촉진] 변호사는 소송과 관련된 기일, 기한 등을 준수하고, 부당한 소송지연을 목적으로 하는 행위를 하지 아니한다.

제38조 [영향력 행사 금지] 변호사는 개인적 친분 또는 전관관계를 이용하여 직접 또는 간접으로 법원이나 수사기관 등의 공정한 업무 수행에 영향을 미칠 행위를 하지 아니한다.

제39조 [사건 유치 목적의 출입 금지] 변호사는 사건을 유치할 목적으로 법원, 수사기관, 교정기관 및 병원 등에 직접 출입하거나 사무원 등으로 하여금 출입하게 하지 아니한다.

제40조 [공무원으로부터의 사건 소개 금지] 변호사는 법원, 수사기관 등의 공무원으로부터 해당기

관의 사건을 소개받지 아니한다.

제2절 정부기관에 대한 윤리

제41조 [비밀 이용 금지] 변호사는 공무를 수행하면서 알게 된 정부기관의 비밀을 업무처리에 이용하지 아니한다.

제42조 [겸직 시 수임 제한] 변호사는 공정을 해할 우려가 있을 때에는, 겸직하고 있는 당해 정부기관의 사건을 수임하지 아니한다.

제3절 제3자에 대한 윤리

제43조 [부당한 이익 수령 금지] 변호사는 사건의 상대방 또는 상대방이었던 자로부터 사건과 관련하여 이익을 받거나 이를 요구 또는 약속받지 아니한다.

제44조 [부당한 이익 제공 금지] 변호사는 사건의 상대방 또는 상대방이었던 자에게 사건과 관련하여 이익을 제공하거나 약속하지 아니한다.

제45조 [대리인 있는 상대방 당사자와의 직접교섭 금지] 변호사는 수임하고 있는 사건의 상대방 당사자에게 변호사 또는 법정대리인이 있는 경우에는, 그 변호사 또는 법정대리인의 동의나 기타 다른 합리적인 이유가 없는 한 상대방 당사자와 직접 접촉하거나 교섭하지 아니한다.

제5장 업무 형태

제1절 법무법인 등

제46조 [법무법인 등의 구성원, 소속 변호사의 규정 준수 의무] ① 변호사법에 의한 법무법인, 법무법인(유한), 법무조합 및 대한변호사협회 회칙에서 정한 공증인가합동법률사무소 및 공동법률사무소(이하 '법무법인 등'이라고 한다)의 구성원, 소속 변호사는 이 절의 규정을 준수한다.

② 구성원 변호사는 소속 변호사가 변호사 업무의 수행에 관련하여 이 절의 규정을 준수하도록 노력한다.

③ 변호사는 다른 변호사의 지시에 따라 업무를 수행하는 경우에도 이 절의 규정을 준수한다.

④ 소속 변호사는 그 업무수행이 이 절의 규정에 위반되는 것인지 여부에 관하여 이견이 있는 경우, 그 업무에 관하여 구성원 변호사의 합리적인 결론에 따른 때에는 이 절의 규정을 준수한 것으로 본다.

제47조 [비밀유지의무] 법무법인 등의 구성원 변호사 및 소속 변호사는 정당한 이유가 없는 한 다른 변호사가 의뢰인과 관련하여 직무상 비밀유지의무를 부담하는 사항을 알게 된 경우에는, 이를 누설하거나 이용하지 아니한다. 이는 변호사가 해당 법무법인 등으로부터 퇴직한 경우에도 같다.

제48조 [수임 제한] ① 제22조 및 제42조의 규정은 법무법인 등이 사건을 수임하는 경우에 준용

한다. 다만, 제2항에서 달리 정하는 경우는 제외한다.

② 법무법인 등의 특정 변호사에게만 제22조 제1항 제4호 또는 제42조에 해당하는 사유가 있는 경우, 당해 변호사가 사건의 수임 및 업무수행에 관여하지 않고 그러한 사유가 법무법인 등의 사건처리에 영향을 주지 아니할 것이라고 볼 수 있는 합리적 사유가 있는 때에는 사건의 수임이 제한되지 아니한다.

③ 법무법인 등은 제2항의 경우에 당해 사건을 처리하는 변호사와 수임이 제한되는 변호사들 사이에 당해 사건과 관련하여 비밀을 공유하는 일이 없도록 합리적인 조치를 취한다.

제49조 [수임 관련 정보의 관리] 법무법인 등은 전조의 규정에 의해 수임이 제한되는 사건을 수임하지 않도록 의뢰인, 상대방 당사자, 사건명 등 사건 수임에 관한 정보를 관리하고, 필요한 합리적인 범위 내에서 사건 수임에 관한 정보를 구성원 변호사들이 공유할 수 있도록 적절한 조치를 취한다.

제50조 [동일 또는 유사 명칭의 사용 금지] 변호사법에서 정한 바에 따라서 설립된 법무법인, 법무법인(유한), 법무조합이 아닌 변호사의 사무소는 그와 동일 또는 유사한 명칭을 사용하지 아니한다.

제2절 기 타

제51조 [사내변호사의 독립성] 정부, 공공기관, 비영리단체, 기업, 기타 각종의 조직 또는 단체 등(단, 법무법인 등은 제외한다. 이하 '단체 등'이라 한다)에서 임원 또는 직원으로서 법률사무 등에 종사하는 변호사(이하 '사내변호사'라 한다)는 그 직무를 수행함에 있어 독립성의 유지가 변호사로서 준수해야 하는 기본 윤리임을 명심하고, 자신의 직업적 양심과 전문적 판단에 따라 업무를 성실히 수행한다.

제52조 [사내변호사의 충실의무] 사내변호사는 변호사윤리의 범위 안에서 그가 속한 단체 등의 이익을 위하여 성실히 업무를 수행한다.

제53조 [중립자로서의 변호사] ① 변호사는 자신의 의뢰인이 아닌 당사자들 사이의 분쟁 등의 해결에 관여하는 경우에 중립자로서의 역할을 수행한다. 중립자로서 변호사가 행하는 사무에는 중재자, 조정자로서 행하는 사무 등을 포함한다.

② 중립자로서 역할을 수행하는 변호사는 당사자들에게 자신이 그들을 대리하는 것이 아님을 적절히 설명한다.

제54조 [증인으로서의 변호사] ① 변호사는 스스로 증인이 되어야 할 사건을 수임하지 아니한다. 다만, 다음 각 호의 1에 해당하는 경우에는 그러하지 아니하다.

1. 명백한 사항들과 관련된 증언을 하는 경우
2. 사건과 관련하여 본인이 제공한 법률사무의 내용에 관한 증언을 하는 경우
3. 사건을 수임하지 아니함으로써 오히려 의뢰인에게 불리한 영향을 미치는 경우

② 변호사는 그가 속한 법무법인 등의 다른 변호사가 증언함으로써 의뢰인의 이익이 침해되거나 침해될 우려가 있을 경우에는 당해 사건에서 변호사로서의 직무를 수행하지 아니한다.

부 칙

제1조 [시행일] 이 윤리장전은 2000. 7. 29.부터 시행한다.

제2조 [경과조치] 이 윤리장전 시행 당시 이 윤리장전 위반으로 징계위원회에 계속 중인 징계사건은 종전의 규정에 의한다.

부 칙 (2014. 2. 24.)

제1조 [시행일] 이 윤리장전은 공포한 날부터 시행한다.

제2조 [경과조치] 이 윤리장전은 종전의 윤리장전 위반을 이유로 하여 이 윤리장전 시행 당시 계속 중이거나 이 윤리장전 시행 후에 개시되는 징계사건에도 적용한다. 다만 종전의 규정이 징계혐의자에게 유리한 경우에는 그러하지 아니하다.

부 칙 (2016. 2. 29.)

이 규약은 공포한 날부터 시행한다.

부 칙 (2017. 2. 27.)

이 윤리장전은 공포한 날부터 시행한다.

부록 5 - 변호사 전문분야 등록에 관한 규정 별표 1(개정 2019. 7. 8.)

전문분야 등록신청 분류표

순 번	전문분야
1	민사법
2	부동산
3	건설
4	재개발·재건축
5	의료
6	손해배상
7	교통사고
8	임대차관련법
9	국가계약
10	민사집행
11	채권추심
12	등기·경매
13	상사법
14	회사법
15	인수합병
16	도산
17	증권
18	금융
19	보험
20	해상
21	무역
22	조선
23	중재
24	IT
25	형사법
26	군형법
27	가사법
28	상속
29	이혼
30	소년법

순 번	전문분야
31	행정법
32	공정거래
33	방송통신
34	헌법재판
35	환경
36	에너지
37	수용 및 보상
38	식품·의약
39	노동법
40	산재
41	조세법
42	법인세
43	관세
44	상속증여세
45	국세조세
46	지적재산권법
47	특허
48	상표
49	저작권
50	영업비밀
51	엔터테인먼트
52	국제관계법
53	국제거래
54	국제중재
55	이주 및 비자
56	해외투자
57	스포츠
58	종교
59	성년후견
60	스타트업
61	학교폭력

부록 6 - 변호사 전문분야 등록에 관한 규정 별표 2(개정 2019. 7. 8.)

전문분야 요구되는 사건수임 건수

순 번	전문분야
가사법	30건
건설	30건
교통사고	30건
군형법	30건
도산	30건
등기·경매	30건
민사법	30건
민사집행	30건
보험	30건
부동산	30건
상사법	30건
소년법	30건
손해배상	30건
이혼	30건
임대차관련법	30건
재개발·재건축	30건
채권추심	30건
형사법	30건
공정거래	25건
금융	25건
수용 및 보상	25건
식품·의약	25건
의료	25건
증권	25건
행정법	25건
관세	20건
국가계약	20건
국제거래	20건
노동법	20건
무역	20건

순 번	전문분야
법인세	20건
산재	20건
상속	20건
상속증여세	20건
상표	20건
엔터테인먼트	20건
영업비밀	20건
인수합병	20건
저작권	20건
조세법	20건
지적재산권법	20건
특허	20건
해외투자	20건
회사법	20건
IT	10건
국제관계법	10건
국제조세	10건
국제중재	10건
방송통신	10건
스포츠	10건
에너지	10건
이주 및 비자	10건
조선	10건
종교	10건
중재	10건
해상	10건
헌법재판	10건
환경	10건
성년후견	10건
스타트업	10건
학교폭력	10건

찾아보기